LA PRATIQUE

DU

CHAUFFAGE CENTRAL

A LA MÊME LIBRAIRIE

A. Magné et H. Charlent. — Traité pratique de plomberie, ouvrage illustré de 420 figures et hors-texte, 1 volume in-16, pleine toile.. **15 fr.**

H. CHARLENT ✳✠ E.D.P.
ENTREPRENEUR
MEMBRE DES CONSEILS DE PERFECTIONNEMENT
DES ÉCOLES DE MÉTIERS

Lucien BOURCIER
Ingénieur A et M.

LA PRATIQUE DU CHAUFFAGE CENTRAL

OUVRAGE ILLUSTRÉ DE 225 FIGURES ET HORS-TEXTE

PARIS
LIBRAIRIE GARNIER FRÈRES
6, Rue des Saints-Pères, 6
1928

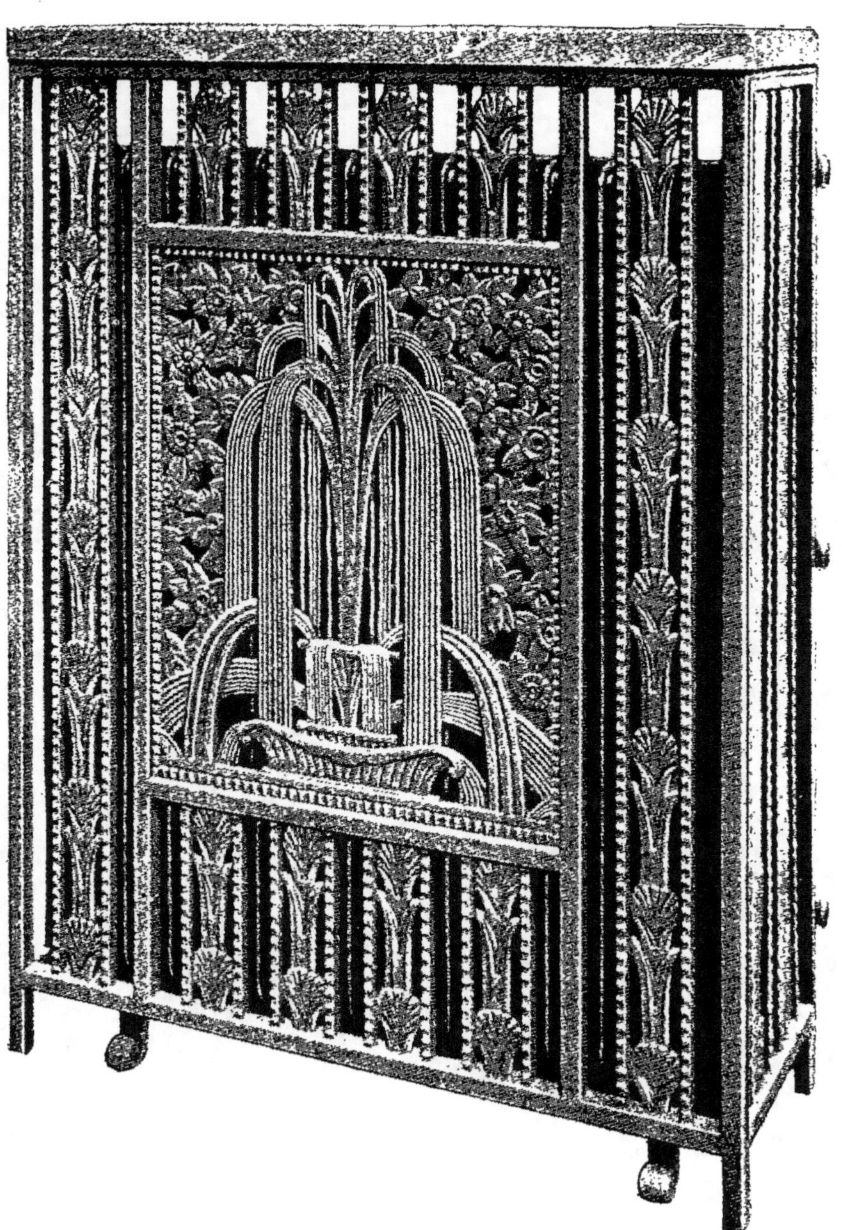

LISTE

DES FABRICANTS ET FOURNISSEURS

dont le concours

a été acquis gracieusement aux auteurs

ATELIERS DE CONSTRUCTION DIGARD FRÈRES. — Tôlerie, chaudières, aéro-thermes.

COMPAGNIE NATIONALE DES RADIATEURS — Fournitures générales.

CONSTRUCTEURS ASSOCIÉS DE PARIS. — Fourneaux de cuisine.

DE DIETRICH ET Cie. — Fournitures générales.

DEFOIN. — Tôlerie et accessoires robinetterie.

ÉTABLISSEMENTS CHAPPÉE. — Fournitures générales

ÉTABLISSEMENTS DUCHARME. — Fourneaux de cuisine.

ÉTABLISSEMENTS DES HAUTS FOURNEAUX ET FONDERIES BROUSSEVAL. — Fournitures générales.

ÉTABLISSEMENTS FAVIER. — Tuyaux à ailettes.

ÉTABLISSEMENTS MALADRY. — Chauffe-eau.

ÉTABLISSEMENTS NANQUETTE. — Fournitures générales.

ÉTABLISSEMENTS ODELIN, NATHEY, BOURDON. — Fourneaux de cuisine.

ÉTABLISSEMENTS PINCHART-DENIS. — Tôlerie.

GUENET ET ABBAT. — Cache-radiateurs.

LES FILS DE A. PIAT ET Cie. — Chaudières et radiateurs.

SCHMUTZ ET Cie. — Robinetterie.

SOCIÉTÉ ANONYME POUR TOUS APPAREILLAGES MÉCANIQUES. — Équipement au mazout.

SOCIÉTÉ ANONYME POUR LA VENTE DES RACCORDS SUISSES. — Raccords.

SOCIÉTÉ FRANÇAISE D'INCANDESCENCE PAR LE GAZ. — Chaudières à gaz.

AVANT-PROPOS

Ce livre de pratique s'adresse aux installateurs et monteurs de chauffage, aux entrepreneurs qui s'intéressent à cette spécialité (entrepreneurs généraux, plombiers, fumistes) et à tous ceux que leur profession ou leurs besoins mettent en rapport avec les chauffeurs.

Nous avons voulu en faire à la fois un ouvrage de vulgarisation et un manuel pratique, un conseiller pour l'installateur et l'usager, un guide pour le monteur.

On y trouvera, après une revision rapide des principes généraux indispensables :

La technique élémentaire du chauffage à eau chaude par thermosiphon ;

Un exemple pratique, réel, d'étude et d'exécution d'une installation courante (chapitre V) ;

Des documents sur les chauffages à eau chaude spéciaux et particulièrement sur les chauffages à niveau et les chauffages par cuisinières ;

La technique élémentaire du chauffage à vapeur à basse pression et des données pratiques sur ce système ;

Des considérations sur les systèmes utilisant la vapeur et l'air chaud et sur les chauffages centraux au gaz, au mazout, à l'électricité, etc. ;

Un chapitre sur les distributions centrales d'eau chaude ;

Enfin, un chapitre sur le montage des installations, le travail de chantier.

Les formules ont été systématiquement évitées et remplacées par des tableaux et abaques d'une lecture facile et rapide.

Nous souhaitons que cet ouvrage soit utile aux praticiens et qu'en leur fournissant des méthodes et des documents simples il leur évite de tomber dans l'empirisme, facteur d'erreurs grossières et source de déboires.

H. CHARLENT, L. BOURCIER.

Paris, 1928.

La pratique du Chauffage Central

CHAPITRE PREMIER

LA CHALEUR

GÉNÉRALITÉS

Mesure de la chaleur. — La nature même de la chaleur est inconnue, mais on peut apprécier ses effets, ce qui explique que, pour définir *la calorie*, unité de quantité de chaleur, on ait envisagé les effets de la chaleur sur l'eau.

La calorie. — Pratiquement, la calorie est la quantité de chaleur nécessaire pour élever d'un degré la température d'un kilogramme d'eau (1).

La thermie vaut 1.000 calories.

On peut naturellement exprimer en calories des quantités de chaleur utilisées à toute autre chose qu'à échauffer de l'eau : la calorie, comme toute unité de mesure, n'est qu'un terme de comparaison.

La calorie-heure. — La puissance calorifique, c'est-à-dire la faculté de fournir un certain nombre de calories *dans un temps donné*, s'évalue en calories-heure.

---

(1) La quantité de chaleur nécessaire pour élever d'un degré la température d'un kilogramme d'un corps est appelée chaleur spécifique. En pratique, on peut admettre que la chaleur spécifique est constante.

Un appareil de chauffage a une puissance d'une calorie-heure quand il peut fournir une calorie à l'heure. Ainsi un appareil qui peut fournir 18.000 calories en trois heures a une puissance de 6.000 calories-heure.

TRANSMISSION DE LA CHALEUR

Modes de transmission de la chaleur. — Lorsque deux corps dont les températures sont différentes sont placés en contact, ou simplement au voisinage l'un de l'autre, il se produit entre eux un échange de chaleur qui tend à établir l'équilibre, c'est-à-dire l'égalité des températures.

La chaleur se transmet de quatre manières différentes : par mélange, par conductibilité, par convection, par rayonnement.

Mélange. — Ce mode de transmission est familier : on réchauffe l'atmosphère d'un local en y envoyant de l'air chaud, on échauffe l'eau froide en y mélangeant de l'eau chaude, etc...

Un exemple fera comprendre comment on peut calculer la température finale d'un mélange :

Si l'on veut calculer la température finale de 8 litres d'eau obtenus par mélange de 4 litres d'eau à 8 degrés avec 4 litres d'eau à 70 degrés, on raisonne comme suit :

4 litres à 8 degrés contiennent : $4 \times 8 = 32$ calories;

4 litres à 70 degrés contiennent : $4 \times 70 = 280$ calories.

Les 8 litres d'eau mélangés contiennent donc, $32 + 280 = 312$ calories.

Leur température finale est de : $312 : 8 = 39$ degrés.

Conductibilité (ou conduction). — Certains corps (les métaux en particulier) sont bons conducteurs de la chaleur, c'est-à-dire que la chaleur se transmet rapidement de proche en proche dans leur masse. D'autres sont mauvais conducteurs (c'est le cas des *calorifuges* dont on recouvre les chaudières, les tuyauteries, etc... pour réduire les pertes de chaleur). Les liquides et les gaz sont mauvais conducteurs. L'air sec immobilisé constitue un excellent calorifuge, c'est-à-dire un bon isolant.

Convection. — On sait qu'on obtient le poids d'un corps (en kilogrammes) en multipliant sa densité par son volume en litres ou décimètres cubes. (Voir tableau ci-dessous.)

Inversement, on retrouve la densité en divisant le poids par le volume. Donc, lorsque le volume augmente sans que le poids varie, la densité diminue. Lorsqu'on chauffe une portion inférieure d'une masse liquide ou gazeuse, cette portion se dilate, son volume augmente, son poids ne change pas, sa densité diminue. Devenue ainsi plus légère que les portions voisines, la portion chaude s'élève vers les couches supérieures pendant que les couches inférieures, plus denses, s'écoulent vers le bas. Les courants qui résultent de ces mouvements sont appelés **courants de convection.**

Les liquides et les gaz, mauvais conducteurs de la chaleur, ne s'échauffent que par convection : c'est pour cette raison que, pour les échauffer rapidement, il faut placer la source de chaleur près des couches inférieures.

DENSITÉS USUELLES
(par rapport à l'eau)

Eau	1
Fer	7,8 à 7,9
Fonte	6,8 à 7,8
Plomb	11,35

DENSITÉS USUELLES (par rapport à l'eau) *(Suite)*

Cuivre..........................	8,29
Sable.........................	1,4 à 1,9
Houille (en petits morceaux)....	0,8 à 1 (compris les vides)
— (en gros morceaux).....	0,9 à 1,1 Id.
Coke.........................	0,42 à 0,55 Id.
Machefer.....................	0,8 à 1
Mazout.......................	0,895
Mercure......................	13,6

DENSITÉS DES GAZ
(par rapport à l'air)

(1 mètre cube d'air pèse 1 kg. 293).

Air.................................	1
Gaz d'éclairage......................	0,48 à 0,57
Oxyde de carbone....................	0,9569
Acide carbonique....................	1,5291
Vapeur d'eau à 100°.................	0,6235

Rayonnement. — Les corps chauds émettent des rayons calorifiques qui transmettent la chaleur à distance (exemple familier : les rayons du soleil).

La quantité de chaleur rayonnée par un corps est d'autant plus grande que sa température est plus élevée. A température égale, les corps dont la surface est polie, brillante, ou claire, rayonnent beaucoup moins de chaleur que les corps mats ou sombres, c'est pour cette raison qu'il faut éviter de peindre les radiateurs avec des bronzes métalliques et *employer de préférence des teintes mates et sombres*. Les corps qui rayonnent mal absorbent mal la chaleur. C'est pour cette raison qu'on porte des vêtements blancs dans les pays chauds.

Un corps qui rayonne et qui est placé dans l'air ou dans l'eau y provoque des courants de convection qui finissent par réchauffer toute la masse d'air ou d'eau. C'est le principe du chauffage par corps de chauffe.

La conduction, la convection et le rayonnement se produisent presque toujours en même temps et sont à peu près inséparables.

Transmission de la chaleur à travers une paroi. — La transmission de la chaleur à travers une paroi s'opère à la fois par conductibilité, par convection et par rayonnement.

On obtient le nombre de calories transmises en une heure à travers une paroi en multipliant *le coefficient de transmission de la paroi* par la différence des températures des corps qu'elle sépare (en degrés) et par la surface de la paroi (en mètres carrés).

Coefficients de transmission à travers des parois métalliques.

(Vitesse du courant chaud Inférieure à 1 mètre par seconde.)

De la fumée à l'air.............	5 à 7
De l'eau à l'air................	9 à 13
De la vapeur à l'air...........	10 à 14
De l'eau à l'eau...............	300 à 400
De la vapeur à l'eau...........	800 à 1.000

Le coefficient de transmission d'une paroi dépend de tous les éléments qui influent sur la conductibilité, la convection et le rayonnement, soient : la nature, la forme, la hauteur, l'épaisseur de la paroi, et les natures, températures et vitesse relative des corps qu'elle sépare (1).

-----

(1) Par vitesse relative, on entend, si l'un des corps est immobile, la vitesse de l'autre; si les deux corps sont en mouvement dans le même sens, la différence de leurs vitesses; si les corps sont en mouvement en sens inverse, le total de leurs vitesses. (Dans ce dernier cas la transmission est dite méthodique.)

EFFETS DE LA CHALEUR ET LEURS APPLICATIONS

Dilatation. — Sous l'action de la chaleur tous les corps augmentent de volume, de longueur.

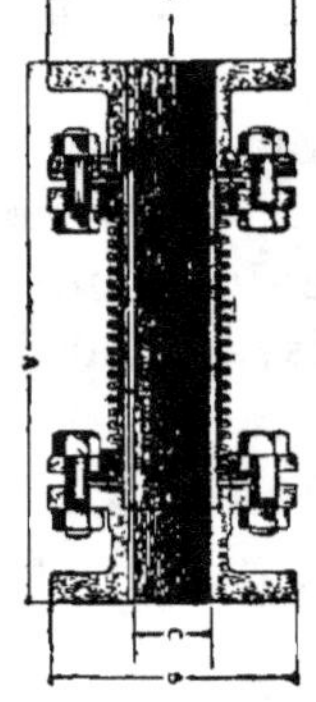

Fig. 1.
Compensateur Samson.

En particulier, les tuyauteries des chauffages à eau chaude et à vapeur à basse pression **s'allongent au cours du fonctionnement de 1 millimètre à 1,2 mm. par mètre (au maximum).** On doit prendre les précautions suivantes pour éviter les ruptures qui pourraient résulter de ces allongements :

Ne jamais brider les tuyauteries dans leurs colliers de support ;

Ne jamais sceller les tuyauteries dans les murs, cloisons ou planchers (employer des fourreaux) ;

Prévoir sur les longues tuyauteries des dispositifs compensateurs de dilatation : manchons **spéciaux,** lyres **déformables, etc...** (fig. 1 et 2).

Eviter les branchements que l'allongement des tuyauteries principales pourrait cisailler ou forcer.

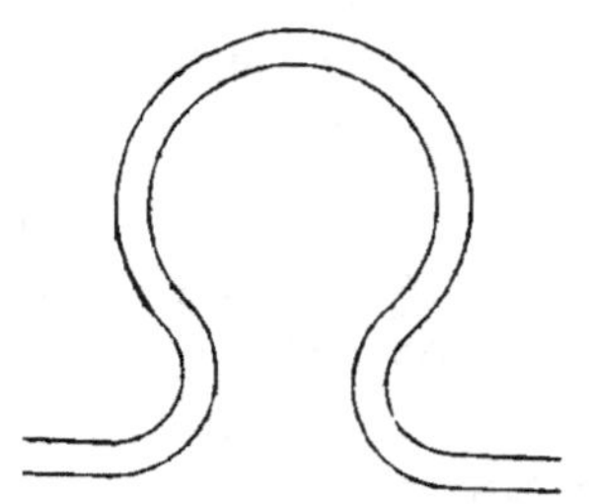

Fig. 2.
Lyre de dilatation.

Thermomètres. — Le thermomètre « monte » lorsque la température s'élève, parce que le liquide qu'il contient (mercure, alcool coloré, etc.) se dilate sous l'action de la chaleur.

Il a suffit de prendre pour points de repère des températures bien définies absolument stables : température de la glace fondante, température de la vapeur d'eau bouillante à l'air libre; et de diviser l'intervalle compris entre les points correspondants (nommés conventionnellement zéro et

FIG. 3.
Thermomètre
coudé.

FIG. 4.
Thermomètre
à cadran.

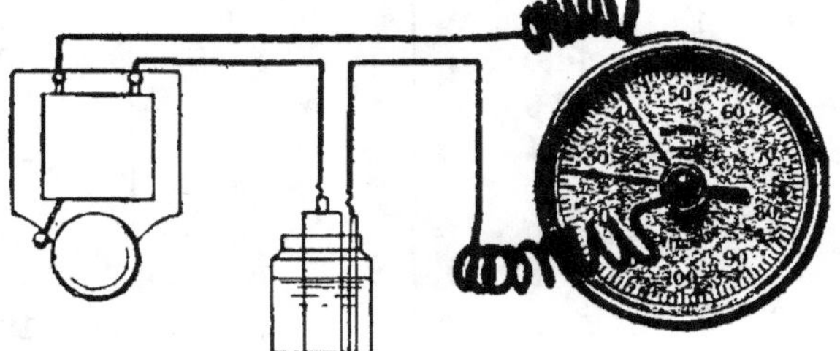

FIG. 5. — Thermomètre avertisseur.

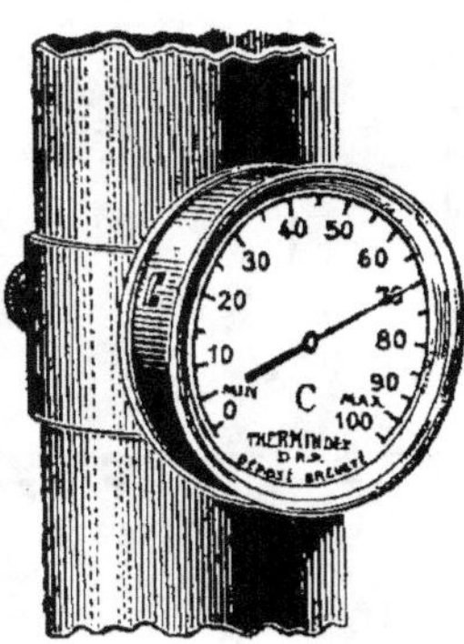

cent) en cent parties égales pour obtenir l'échelle thermométrique centigrade (ou Celsius).

Il existe des thermomètres à cadran, des thermomètres à maxima et minima, des ther-

FIG. 6.
Thermomètre
transmetteur.

FIG. 7.
Thermomètre mobile
pour tuyaux.

momètres enregistreurs, des thermomètres avertisseurs, des thermomètres transmetteurs, etc. (fig. 3, 4, 5, 6, 7).

On mesure les hautes températures au moyen de pyromètres et de couples thermo-électriques.

Correspondance de l'échelle thermométrique centigrade et de l'échelle Fahrenheit utilisée dans les pays de langue anglaise.

CENTIGRADE	FAHRENHEIT	CENTIGRADE	FAHRENHEIT
— 15	5,0	35	95,0
— 10	14,0	38	100,4
— 5	23,0	40	104,0
— 2	28,4	50	122,0
0	32,0	60	140,0
5	41,0	70	158,0
8	46,4	80	176,0
10	50,0	90	194,0
12	53,6	100	212,0
15	59,0	110	230,0
18	64,4	120	248,0
20	68,0	130	266,0
22	71,6	140	284,0
25	77,0	150	302,0
30	86,0		

COMBUSTIBLES ET COMBUSTION

Un **combustible** est un corps qui contient une forte proportion de carbone (élément chimique). Le diamant et le graphite sont les corps qui contiennent le plus de carbone, viennent ensuite les charbons.

Combustibles

Désignation	Pourcentage de carbone	Pouvoir calorifique d'un kilogramme (en calories)	Volume d'air pratiquement nécessaire pour la combustion complète (en mèt. cub.)	Volume des produits de la combustion en mètres cubes (2)
Solides :				
Bois (sec)............	40 à 45	2.500 à 3.500	10 à 12	9
Houille.............	75 à 85	7.500	18 à 20	14 à 15
Anthracite..........	90	8.000	22	20 à 21
Coke de gaz........	85	5.800 à 6.100	16 à 22	14 à 16
— métallurgique...	89	5.800 à 6.300		
Liquides :				
Mazout.............	»	10.500	»	»
Gazeux :				
Gaz d'éclairage.......	»	4.500 (1)	5 à 6	11

(1) Pour un mètre cube.
(2) Supposés ramenés à 0 degré et mesurés sous pression atmosphérique normale (760 $^m/_m$ de mercure).

La **combustion** est une combinaison chimique entre le carbone des combustibles et l'oxygène de l'air. (L'air contient 1/5 de son volume d'oxygène.)

Elle peut donner lieu à deux composés gazeux principaux : l'acide carbonique incombustible et l'oxyde de carbone combustible et très toxique.

Une combustion est complète lorsque tout le carbone du combustible est transformé en acide carbonique.

Le *pouvoir calorifique* d'un combustible est le nombre de calories dégagées par la combustion complète d'un kilogramme de combustible. (Les produits de la combustion étant supposés ramenés à 0 degré sous la pression atmosphérique normale de 760 millimètres de mercure.)

La combustion complète exige une quantité d'air bien déterminée. (Voir Tableau Combustibles.) En pratique, il est impossible d'obtenir la combustion complète avec le volume d'air théoriquement suffisant. En particulier, pour brûler convenablement les combustibles solides dont les particules se mélangent mal avec l'air, on est obligé d'admettre dans le foyer un certain excès d'air. Cet excès d'air provoque un refroidissement du foyer. Si l'excès d'air n'est pas exagéré, l'inconvénient est moindre que celui d'une combustion incomplète qui entraîne un dégagement d'oxyde de carbone, car l'oxyde de carbone étant combustible, si on le rejette, on perd une certaine quantité de chaleur. La présence d'oxyde de carbone dans les fumées est donc l'indice d'un gaspillage de combustible. Par contre, la présence d'acide carbonique en quantité convenable est l'indice d'une bonne combustion.

L'analyse chimique des fumées renseigne très exactement sur la marche de la combustion.

Les chaudières de chauffage sont généralement munies de dispositifs : tuyères, réglettes d'entrée d'air dans les portes de chargement, qui permettent d'amener aux endroits du foyer où l'oxyde de carbone a tendance à se produire la quantité d'air nécessaire à sa combustion (l'oxyde de carbone brûle avec une flamme bleue).

N. B. — L'ouverture de la porte de coupe-tirage des chaudières provoque la formation d'oxyde de carbone. Cette manœuvre doit donc être effectuée le moins possible. On doit régler le tirage en agissant sur l'entrée d'air sous la grille et sur le registre de fumée.

PRESSION

Définition. — Il est indispensable de posséder d'une' façon précise la notion de pression dont on a fréquemment besoin dans la pratique du chauffage, ce qui explique la parenthèse ouverte ici pour la définir.

Une pression est le rapport d'une force à une surface.

Ainsi lorsqu'une brique pesant 550 grammes repose sur le sol par sa base mesurant 5 centimètres sur 11, c'est-à-dire par une surface de : $5 \times 11 = 55$ centimètres carrés, la pression exercés par la brique sur le sol est de : $\frac{550}{55} = 10$ grammes par centimètre carré.

De la même façon, une colonne d'eau de 50 centimètres de hauteur, remplissant un tube vertical obturé à sa base et d'une section intérieure de 4 centimètres carrés exerce sur le fond du tube une pression par centimètre carré égale au quotient du poids de la colonne d'eau par la section du tube.

Or, le volume de la colonne d'eau est de : $4 \times 50 = 200$ centimètres cubes.

Son poids est donc de 200 grammes (puisqu'un centimètre cube d'eau pèse un gramme) et la pression est de : $\frac{200}{4} = 50$ grammes par centimètre carré.

Elle est équivalente en grammes à la hauteur de la colonne d'eau en centimètres.

Les gaz exercent sur les parois des récipients qui les contiennent une pression qui résulte de leur force élastique, c'est-à-dire de la force intérieure qui tend toujours à accroître leur volume. En particulier, la vapeur d'eau exerce dans les appareils de chauffage une pression qu'on peut exprimer en grammes par centimètre carré ou en centimètres d'eau par centimètre carré.

En pratique, on dit simplement : une pression de 50 grammes, de 50 centimètres d'eau. La surface à laquelle se rapporte cette pression, un centimètre carré, est sous-entendue.

Manomètres. — Les faibles pressions peuvent être mesurées au moyen de manomètres à eau. Les pres-

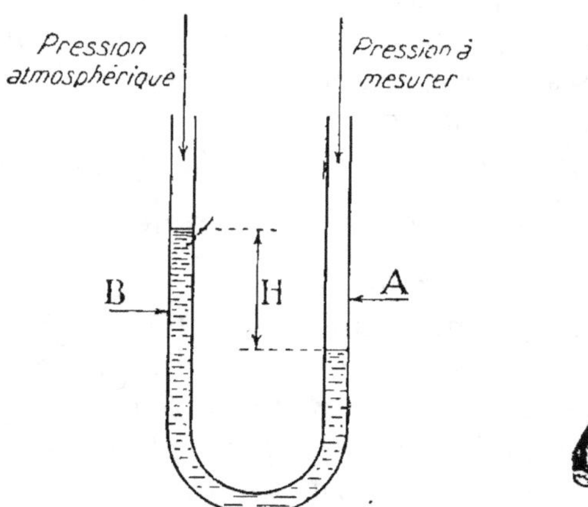

FIG. 8. — Manomètre à liquide.

FIG. 9. — Manomètre métallique.

sions plus élevées au moyen de manomètres à mercure ou de manomètres métalliques.

Le manomètre à liquide (eau ou mercure) se compose d'un simple tube en U (fig. 8 et 9).

La pression à mesurer s'exerce dans la branche A et refoule le liquide dans la branche B ouverte à l'air libre d'une hauteur H qui mesure, non pas la pression absolue, mais la pression effective, c'est-à-dire la différence entre la pression réelle à mesurer et la pression atmosphérique qui s'exerce naturellement dans la branche ouverte B.

Les manomètres métalliques comportent un tube ou une boîte métallique, ou une membrane, qui se déforme sous l'action de la pression et dont les déformations sont transmises par un jeu de leviers à une aiguille qui se déplace sur un cadran gradué par comparaison avec un manomètre à liquide. Ces appareils, comme les précédents, *n'indiquent que la pression effective.*

Il existe des manomètres enregistreurs dont la plume encrée trace sur une feuille de papier, mue par un mouvement d'horlogerie, une courbe ou graphique des variations de pression.

ÉQUIVALENCE DES UNITÉS DE PRESSION PRATIQUEMENT EMPLOYÉES

1 millimètre d'eau par centimètre carré (mm : cm²), équivaut à 1/10 de gramme par centimètre carré;

1 gramme d'eau par centimètre carré (gr. : cm²), équivaut à 10 millimètres ou 1 centimètre d'eau par centimètre carré;

1 mètre d'eau par centimètre carré équivaut à 100 grammes par centimètre carré;

1 kilogramme par centimètre carré équivaut à 10 mètres de hauteur d'eau par centimètre carré;

1 kilogramme par mètre carré équivaut à 1/10 de gramme par centimètre carré;

1 millimètre de mercure par centimètre carré équivaut à 13 gr. 6 ou à 13 mm. 6 de hauteur d'eau par centimètre carré;

Enfin, *le pièze* (Pz), *unité légale de pression*, équivaut sensiblement à 10 gr. 2 par centimètre carré.

CHAPITRE II

LE CHAUFFAGE

GÉNÉRALITÉS

Problème du chauffage. — Le problème du chauffage consiste à établir (mise en régime) et à maintenir dans les locaux certaines températures.

On doit pouvoir obtenir ces températures tant que la température extérieure ne s'abaisse pas au-dessous d'un minimum en rapport avec les températures les plus basses observées dans la région (tableau suivant).

Températures extérieures minimum *(bases)*.

Région parisienne et centre de la France......................	5° en-dessous de zéro.	
Nord de la France............	5 à 7°	—
Est de la France............	7 à 10°	—

L'installation de chauffage est calculée pour faire face à ce cas limite. Les quantités de chaleur nécessaires et les proportions des appareils sont déterminées en conséquence.

Lorsque la température extérieure est supérieure au minimum prévu on doit pouvoir ralentir la marche. Cette faculté de réglage présente un intérêt considérable : un système de chauffage est d'autant plus économique à l'usage qu'il peut s'adapter rapidement aux variations de la température extérieure qui sont d'ailleurs fréquentes dans les régions tempérées.

Régimes de chauffage. — Le chauffage peut être continu ou intermittent.

Lorsque le chauffage est continu, c'est-à-dire lorsqu'il fonctionne sans interruption pendant toute la saison froide, la mise en route n'a lieu qu'une fois au début de l'hiver. On ne s'en préoccupe pas et le problème se limite au maintien de la température.

Lorsque le chauffage est intermittent, les mises en régime sont fréquentes et elles doivent être rapides. Il faut alors adopter des dispositions spéciales et choisir des générateurs à allumage et extinction simples et rapides.

A première vue, il est anti-économique de chauffer continuellement des locaux qui ne sont occupés qu'une partie de la journée. Mais les extinctions et allumages des foyers à charbon entraînent des gaspillages de combustible et des frais de main-d'œuvre considérables; d'autre part, les combustibles qui permettent des allumages et des extinctions rapides coûtent cher (gaz) ou nécessitent des dispositifs spéciaux (mazout, etc...). Ce qui explique que le chauffage continu au charbon soit encore très employé.

Les mises en régime rapides nécessitent généralement des appareils plus puissants que ceux qui suffiraient au maintien de la température établie, ce qui augmente les frais d'installation.

Le chauffage intermittent présente incontestablement de grands avantages dans de nombreux cas, en particulier pour le chauffage de locaux tels que boutiques, bureaux, ateliers, salles de spectacles, etc...

C'est un problème complexe que de déterminer, dans un cas donné, lequel des deux régimes, continu ou intermittent, est le plus économique au sens complet du mot. Il y a lieu de prendre en considération :

Le prix d'installation, ou plus exactement son amortissement;

Le prix du combustible ;

La durée d'utilité effective du chauffage ;

Les frais de main-d'œuvre nécessaire pour l'allumage, la surveillance et l'entretien des générateurs, la facilité de stockage, etc.

La technique du chauffage intermittent est entièrement différente de celle du chauffage continu, et beaucoup plus complexe.

Ventilation. — Nous estimons que l'aération des locaux est encore plus indispensable que leur chauffage et qu'en tout cas chauffage et ventilation devraient toujours être *envisagés en même temps*. Par une étrange aberration on néglige généralement en pratique les dispositifs, même les plus simples, qui permettraient d'assurer le renouvellement régulier de l'atmosphère des locaux habités.

CHAUFFAGE CONTINU

Maintien de la température par un chauffage continu. — Pour maintenir la température d'un local par un chauffage continu, il suffit d'y apporter régulièrement des calories en quantité suffisante pour compenser les pertes (ou déperditions) de chaleur qui se produisent à travers les parois et par la ventilation naturelle ou artificielle des pièces.

Déperditions par les parois. — Entre l'atmosphère d'un local chauffé et l'atmosphère extérieure froide, il se produit à travers les parois, par convection, conductibilité et rayonnement, un échange de chaleur qui tend à refroidir le local chauffé.

On obtient le nombre de calories qui s'échappent en une heure à travers une paroi en multipliant le coefficient de déperdition de la paroi par sa surface en mètres carrés et par la différence de températures des atmosphères séparées par cette paroi (en degrés). Le tableau donne une série courante de coefficients de déperditions. On pourra trouver ailleurs des chiffres sensiblement différents. Un certain nombre de coefficients ne sont pas encore connus avec certitude.

COEFFICIENTS DE DÉPERDITIONS

Murs et cloisons extérieurs

Epaisseur en c/m :	3	8	10	12	20	25	30	38	40	45	50
Briques pleines..	»	»	»	2,2	»	1,5	»	1,2	»	»	»
Pierre à bâtir...	»	»	»	»	»	»	2.5	»	2,1	2	1,9
Meulière....... .	»	»	»	»	»	»	2,2	»	1,9	1,8	1,7
Ciment armé....	»	»	2,7	»	2	1,8	1,5	»	»	»	»
Plâtre..	»	2,8	»	»	»	»	»	»	»	»	»
Bois...........	2,3	»	»	»	»	»	»	»	»	»	»

Porte en bois........... 2,5 | Vitres minces........... 5
— fer........... 7 | — épaisses.... 4

Murs et parois intérieurs

Epaisseur en c/m :	3	8	10	12	20	25	30	38	40	45
Briques ....·	»	»	»	2	»	1,4	»	»	»	»
Plâtre.............	»	2,5	»	»	»	»	»	»	»	»

Portes et cloisons bois : 2.

Planchers

	sur voutains brique	sur terre-plein
Carrelage....................	1,6	1,4
Parquet chêne sur bitume....	1,4	1,
Id. sur lambourdes......	0,4	0,8

Parquet sur solives, sans plafonnage........... 1,6

Id.   sur solives, avec plafond en dessous... 0,7

Planchers en béton de........ 10   15   20

2,2   2   1,8

Plafonds

Plâtre sur lattis, avec parquet dessus.... 1

—   sans parquet dessus..... 2,5

Bois sur solives apparentes............. 1,6

Toitures

Zinc sur voliges........................ 2,2
Ardoises sur voliges.................... 2,1
Tuiles sur liteaux..................... 4,8
—   plafonnées....................... 1,6
Tôle ondulée.................... 7
Béton de 8...................... 2,6

Un exemple familiarisera avec l'emploi des coefficients de déperdition :

EXEMPLE. — Quelle est la quantité de chaleur qui s'échappe par heure à travers un mur en briques de 0 m. 25, d'une surface de 9 mètres carrés et qui sépare une pièce chauffée à 18 degrés de l'extérieur, celui-ci étant à 5 degrés au-dessous de 0 ?

Le coefficient de déperdition de la paroi est 1,5, comme l'indique le tableau ci-dessus.

La différence des températures de moins 5 à plus 18 degrés est de 23 degrés.

La déperdition horaire est donc de : $9 \times 1,5 \times 23 = 310$ calories environ.

Nota. — Les déperditions des parois doivent être majorées chaque fois que la paroi est placée dans des conditions particulières qui accentuent la transmission de chaleur. Il faut, en particulier, porter attention aux conditions qui activent les mouvements de convection (vitesse de l'air, hauteur des parois, etc.).

Majorations des déperditions

Murs extérieurs exposés :
    Au nord-ouest, nord, nord-est, est.........   20 %
    A l'ouest, au sud-ouest, au sud-est........   10 %
Murs extérieurs très exposés aux vents......... 10 à 15 %
Local d'angle :
    Sur murs extérieurs......................   10 %
Local ayant deux murs extérieurs opposés :
    Sur les murs extérieurs...................   5 %
Local ayant plus de 4 mètres de haut :
    Par mètre supplémentaire, majorer le total
des déperditions de.........................   2 %

Par contre, tout apport de chaleur, qu'il provienne de pièces voisines chauffées à températures plus élevées, des dispositifs d'éclairage ou de la présence d'êtres vivants, doit être porté en déduction des déperditions du local considéré.

Déductions à apporter aux déperditions

Par enfant.............. 50 calories-heure.
Par adulte.............. 100   —
Pour éclairage électrique. 85 cal. par hectowatt consommé

Déperditions par ventilation. — La ventilation, c'est-à-dire le renouvellement régulier de l'atmosphère des habitations, est indispensable à la santé. Cette nécessité devrait toujours être envisagée en même temps que le chauffage, car quel que soit le système employé, c'est en définitive l'air qui favorise la transmission de la chaleur des appareils aux occupants ou qui s'y oppose. Mais dans la pratique, par une sorte d'aberration, on néglige généralement même les plus simples des dispositifs d'aération régulière des habitations. On compte sur l'ouverture des fenêtres... et sur les fissures des portes, des fenêtres et le tirage des cheminées. Dans ces conditions, il est impossible d'estimer la quantité et la température de l'air neuf qui s'introduit dans les locaux chauffés et vient en abaisser la température. On l'admet empiriquement et on suppose qu'il est entièrement en provenance de l'extérieur. Le tableau suivant donnera une indication.

VENTILATION NATURELLE

VOLUME DU LOCAL	RENOUVELLEMENT D'AIR horaire
Moins de 100 mètres cubes..........	Volume de la pièce.
100 à 200 —	100 mètres cubes.
200 à 300 —	150 —
300 à 600 —	200 —
Plus de 600 —	1/3 à 1/6 du volume.

On obtient alors le nombre de calories perdues par ventilation en multipliant le renouvellement d'air admis par la différence de température entre le local chauffé et l'extérieur et par le nombre 0,3, parce qu'il faut 0,3 calorie pour élever d'un degré la température d'un mètre cube d'air (1).

---

(1) 0,3 est la chaleur spécifique de l'air, comme 1 est celle de l'eau (par définition).

L'installateur prudent majore toujours le renouvellement d'air lorsqu'il s'agit de locaux très ventilés par de fréquentes ouvertures des portes : halls, vestibules, salles de café, magasins, etc. Il y a d'ailleurs toujours intérêt dans ce cas à attirer les courants d'air froid, dès leur entrée, sur des corps de chauffe convenablement placés près des issues.

On conçoit tout de suite l'intérêt des systèmes combinés de chauffage et de ventilation qui fournissent aux locaux les quantités d'air pur nécessaire à la température convenable.

CALCUL DES DÉPERDITIONS

Il s'opère en fonction des trois éléments suivants :

1° *Température extérieure.* — On peut admettre pour températures extérieures les températures données par le tableau, page 14.

2° *Températures intérieures.* — On peut calculer les températures des locaux non chauffés, mais on se contente généralement de les admettre empiriquement.

TEMPÉRATURES DES LOCAUX NON CHAUFFÉS
(correspondant à une température de 5 degrés en dessous)

Vestibules, entrées	5°
Pièces non chauffées closes situées entre pièces chauffées	8 à 10°
Pièces non chauffées donnant sur extérieur	5°
Passages, couloirs	0°
Greniers	0°
Étage intermédiaire habité	8 à 10°
— sous grenier	5°
Caves	5°
Terre-plein	5 à 8°
Cuisines	10 à 12°

3° *Températures à maintenir.* — Les températures jugées généralement convenables sont indiquées par le tableau ci-dessous.

TEMPÉRATURES A MAINTENIR

Salles d'opérations, de maternités...............25 à 35°
  — de bains, infirmerie, salles de malades...... 18 à 22°
Salons, salles à manger, nurseries, bureaux......
Salles de classes, de réunions...................
Magasins de vente........................... 18°
Tous locaux où l'on séjourne assis...............
Chambres à coucher, cuisine................... 14 à 16°
Vestibules, escaliers, antichambres.............. 10 à 15°
Ateliers pour travail manuel actif.............. 12 à 15°
Grands ateliers d'usines. Églises................ 10 à 12°
Garages... 5°

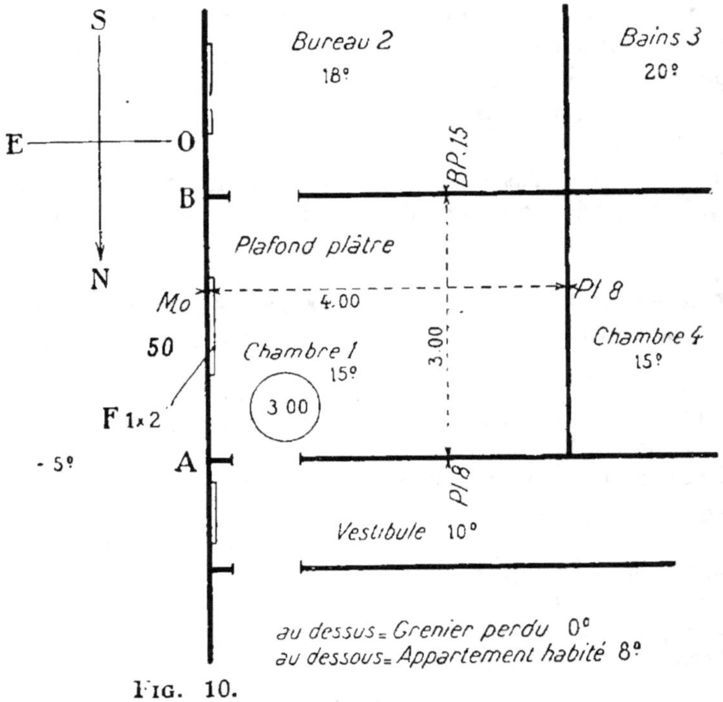

Fig. 10.

EXEMPLE DE CALCUL DE DÉPERDITIONS. — On veut calculer les déperditions de la chambre I (fig. 10).

Température extérieure minimum : 5 degrés en dessous de zéro.

CALCUL DE DÉPERDITIONS

1	2	3	4	5	6	7	8	9	10
Chambre 1.	20	Mo 50	ME	3×3	9	38	340	20	70
15 — 5	—	»	F	1×2	2	62	125	20	25
	5	Pl 8	Cl	4×3	12	12,5	150	»	»
	7	»	Pr	4×3	12	4,9	60	»	»
	15	Pl	Pd	4×3	12	45	540	»	»
	20	»	Von	$4 \times 3 \times 3$	36	6	220	»	
									1.435
								Total..	1.530
A déduire..	3	BP 15	MI	4×3	12	5,4			65
								Net...	1.465

Nota. — Les chiffres de la colonne 8 sont toujours arrondis en multiples de 5.

Le tableau indique comment on peut disposer les calculs. A défaut d'abréviations standardisées on peut employer, pour simplifier et éviter les confusions, les abréviations données par le tableau page 24.

Pour ne rien oublier, on procède toujours dans le même ordre : murs extérieurs, murs et cloisons intérieurs, planchers, plafonds, ventilation.

Les fenêtres, portes, vitrages, sont inscrits immédiatement en dessous des surfaces qui les comportent.

La première ligne horizontale du tableau ci-dessus, se rapporte au mur extérieur AB. Dans les colonnes verticales, on inscrit :

1º La désignation de la pièce et températures;

2° La différence de température entre le local et l'extérieur (ou le local mitoyen);

3° La nature et l'épaisseur de la paroi;

4° La désignation de la paroi;

5° Les dimensions de la paroi;

6° La surface de la paroi;

7° Le produit du coefficient de déperdition pris sur le tableau, page 17, par la différence de température (inscrite dans la colonne 2);

8° Les déperditions (produit des nombres de la colonne 6 par ceux de la colonne 7;

9° Les pourcentages de majorations (tableau page 19). Le mur AB est à l'Est;

10° Les majorations, totaux, résultats.

La deuxième ligne horizontale du même tableau se rapporte à la fenêtre F qui se trouve dans le mur AB.

Le tiret porté dans la deuxième colonne verticale rappelle que la surface de la fenêtre a été déjà comptée comme mur extérieur, à la première ligne, avec coefficient 1,9. Comme le coefficient pour la fenêtre est 5, on ne doit plus la compter qu'avec un coefficient $5 - 1,9 = 3,1$, ce qui justifie le nombre 62 $= 3,1 \times 20$ de la colonne 7.

L'avant-dernière ligne horizontale se rapporte à la ventilation. Le volume de la pièce est inscrit dans la colonne 6 et le produit de la différence de température 20 par le coefficient 0,3, soit 6, est inscrit dans la colonne 7.

On porte en déduction à la dernière ligne les calories fournies à la chambre 1 par le bureau 2.

ABRÉVIATIONS CONVENTIONNELLES

ME,	murs extérieurs.		Pr,	plancher.
MM,	— mitoyens.		Pd,	plafond.
MI,	— intérieurs.		V,	vitres.
Cl,	cloison.		F,	fenêtres.

ABRÉVIATIONS CONVENTIONNELLES
(suite)

PB,	portes bois.	PC,	parpaings ciment.
PV,	— vitrées.	PM.	— mâchefer.
PF,	portes-fenêtres.	B,	bois.
Von,	ventilation.	Fe,	fer.
NC,	non chauffé.	Pl,	plâtre.
TP,	terre-plein.	Zn,	zinc.
PT,	pierre de taille.	T,	tuile.
Mo,	moellons.	A,	ardoise.
Me,	meulière.	Bs,	brisis.
BA,	béton armé.	Pq,	parquet.
Ci,	ciments.	Ca,	carrelage.
BP,	briques pleines.	Tz,	terrazolith.
BC,	— creuses.		

Exactitude des calculs, approximations. — Les calculs de déperditions ne peuvent être d'une précision mathématique, parce que les coefficients de déperdition (déterminés par le calcul et vérifiés par des expériences de laboratoire) ne sont pas toujours conformes aux conditions de la pratique. C'est pourquoi il n'y a aucun inconvénient à arrondir à 5 ou 0 les nombres de calories et à employer pour faire les opérations, qui sont assez longues, une règle ou un cercle à calculs.

La valeur d'un projet de chauffage dépend tout d'abord du soin et de la réflexion qui ont été apportés aux calculs des déperditions. Il faut, en particulier, savoir tenir compte des éléments qui échappent au raisonnement (ventilation, exposition, etc.) et de l'imprécision de certaines données.

La détermination rapide des déperditions d'après le volume de la pièce ne présente aucune sécurité. Les spécialistes ne pratiquent d'ailleurs cette approximation qu'avec circonspection et il est prudent de ne jamais la considérer autrement que comme très grossière et bonne à donner une idée d'ensemble ou à permettre une sorte de vérification rapide. Elle doit être étayée sur un ensemble de statistiques se rapportant à des locaux de nature, d'importance, de destination et de disposition semblables à celles du local considéré.

CHAUFFAGE CENTRAL

Définition. — Un chauffage central est un système dans lequel on produit la chaleur nécessaire au chauffage de plusieurs locaux en un point unique, en brûlant un combustible approprié dans un foyer spécial disposé pour que la chaleur dégagée par la combustion soit absorbée par une masse d'eau ou d'air qui baigne le foyer.

L'eau ainsi chauffée (chauffage à eau chaude) ou transformée en vapeur (chauffage à vapeur) ou l'air chauffé, circulant naturellement ou mécaniquement dans un réseau de tuyauteries ou conduits, véhiculent jusqu'aux locaux à chauffer la chaleur emmagasinée au cours de leur passage dans le générateur.

Le fluide chauffant abandonne sa chaleur à l'atmosphère des locaux en se refroidissant par transmission à travers les parois des corps de chauffe (radiateurs, surfaces à ailettes, etc.) disposés dans les locaux (chauffage à vapeur et à eau chaude) ou en se mélangeant avec lui (chauffage à air chaud). Dans le premier cas, l'eau refroidie ou l'eau résultant de la condensation de la vapeur dans les corps de chauffe est ramenée au générateur pour y être réchauffée à nouveau, et remise en circuit.

Lorsque des corps de chauffe sont placés dans les locaux, le chauffage est direct. Lorsqu'on envoie de

l'air chaud dans les locaux, le chauffage est indirect.
Cet air peut d'ailleurs être chauffé par des batteries
de chauffe à vapeur ou à eau chaude.

Avantages généraux du chauffage central. — Les
avantages généraux du chauffage central peuvent être
résumés comme suit :

La simplicité du service puisqu'il n'y a qu'un seul
foyer à gouverner;

La sécurité, le foyer étant généralement placé dans
un local spécial;

La propreté, il n'y a pas de manipulations de combustible ou de cendres dans les pièces;

L'hygiène, parce qu'il n'y a pas d'émanations
toxiques et le confort, les températures étant régu-
lières et réglables.

ÉCONOMIE GÉNÉRALE
D'UN CHAUFFAGE CENTRAL

Pertes et rendement. — Dans toute installation de
chauffage central, il se produit des pertes de chaleur.
Si, lorsqu'on brûle sur la grille de la chaudière 1 kilogramme de combustible dont le pouvoir calorifique
est par exemple de 8.000 calories, on ne retrouve
dans les locaux à chauffer que 4.400 calories utilisables, les pertes sont de :

8.000 — 4.400 = 3.600, soit 45 %.

Le rendement de l'installation n'est que de :

100 % — 45 % = 55 %.

Pour un même résultat, la consommation est d'autant plus grande que le rendement est plus faible.

Origines des pertes. — Les pertes ont quatre origines principales :

a) Pertes par le générateur;

b) Pertes au cours du transport de la chaleur dans les locaux;

c) Pertes résultant de la mauvaise utilisation de la chaleur émise dans les locaux;

d) Pertes résultant de défectuosités de réglage.

Pertes par le générateur. — Cette question sera examinée ultérieurement.

Pertes en cours de transport de la chaleur. — Les tuyauteries des chauffages à eau chaude et à vapeur, les conduits des chauffages à air chaud, constituent de véritables radiateurs qui transmettent à l'atmosphère des locaux traversés des quantités de chaleur appréciables. Ces pertes sont utilisées lorsque les conduits traversent des pièces à chauffer et qu'ils y sont placés dans de bonnes conditions d'émission de chaleur (en plinthes, par exemple). Dans tous les autres cas, l'émission de chaleur est inutile, quelquefois nuisible (dans les caves à vins, par exemple) et toujours onéreuse. L'emploi d'un bon calorifuge, en réduisant les pertes par tuyauteries, permet de réaliser d'importantes économies de combustible.

Pertes résultant de la mauvaise utilisation de la chaleur. — Un chapitre ultérieur montrera, en particulier, l'influence considérable que peut avoir l'emplacement d'un corps de chauffe sur la température qui s'établit dans un local.

Pertes résultant des défectuosités de réglage. — Chaque fois que, par suite d'une défectuosité du réglage central ou local, les corps de chauffe (ou les bouches de chaleur) émettent dans les locaux plus de chaleur qu'il n'est nécessaire pour maintenir la température fixée, il y a gaspillage.

Les systèmes à régulation sensible (chauffage à eau chaude à basse pression) et les appareils qui régularisent automatiquement la consommation de combustible (régulateurs, thermostats, etc...) présentent un grand intérêt dans cet ordre d'idée (fig. 11).

ÉCONOMIE D'INSTALLATION
ET ÉCONOMIE D'EXPLOITATION

Les calorifuges coûtent assez cher, la recherche d'emplacements convenables pour les corps de chauffe conduit fréquemment à augmenter le développement des tuyauteries, les régulateurs et les thermostats coûtent cher, ce qui explique que tous ces moyens d'augmenter le rendement soient souvent négligés par l'installateur talonné par la concurrence, par l'architecte ou par le client qui n'ont en vue qu'un bas prix d'installation.

Les installations à bas prix se révèlent à l'usage très onéreuses parce que leurs pertes sont considérables. Il ne faut jamais oublier que si l'on ne paie l'installation qu'une fois, on doit acquitter chaque année les factures du fournisseur de combustible.

De ces deux points de vue : économie d'installation et économie d'exploitation, il paraît y avoir beaucoup à attendre d'une collaboration entre l'architecte et le spé-

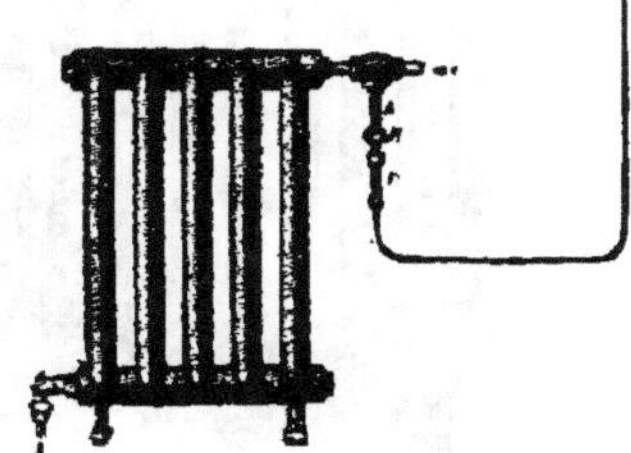

Fig. 11.
Thermostat Samson.

cialiste, le premier mettant en œuvre de préférence parmi les matériaux d'égale résistance, ceux que le second lui indique comme les plus calorifuges (briques de liège, etc.) ou adoptant, chaque fois que cela n'est pas incompatible avec la solidité ou l'esthétique de la construction, les dispositifs les plus imperméables à la chaleur (double paroi, revêtements spéciaux, etc.). Cette conception de la construction présente un intérêt corrélatif : les locaux qui se refroidissent peu en hiver s'échauffent peu en été.

Le chauffage étant un des problèmes domestiques les plus lancinants, il paraît convenable que tout soit mis en œuvre pour le simplifier et la valeur d'un procédé de construction peut dans une certaine mesure se juger de ce point de vue.

ESTHÉTIQUE DES INSTALLATIONS

On reproche aux installations de chauffages à vapeur et à eau chaude d'être laides. Elles ont l'excuse d'être confortables. Mais l'aspect de leurs tuyauteries

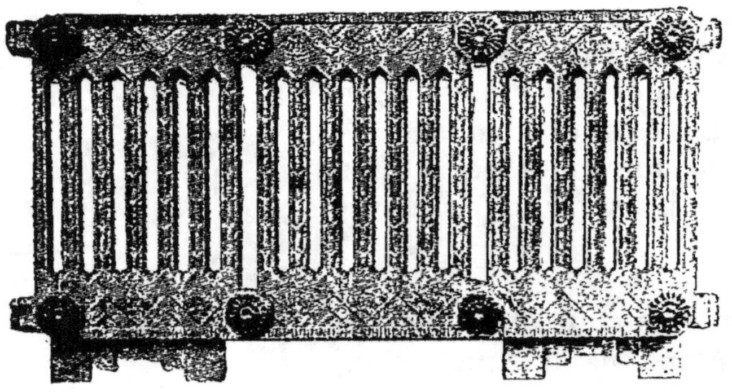

Fig. 12. — Radiateur mural « Confort ».

est évidemment déplorable et l'esthétique des radiateurs discutable.

Certains constructeurs s'efforcent d'adapter les formes de leurs appareils aux exigences de l'esthétique moderne (fig. 12).

D'autre part, une collaboration étroite entre l'architecte et l'installateur, collaboration trop souvent inexistante, permettrait d'adopter des dispositions diverses, onéreuses sans doute, mais qui réduiraient la visibilité des appareils et surtout des tuyauteries sans nuire ni au fonctionnement, ni à l'efficacité.

Les tuyauteries verticales peuvent être placées dans des gaines ména-gées dans l'épaisseur des murs. Ces gaines doivent être largement dimen-sionnées pour permettre le montage et recouver-tes de panneaux démon-tables mis en place après essais d'étanchéité sous pression.

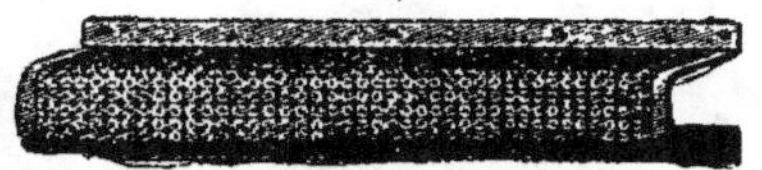

Fig. 13. — Cache-tuyaux Guenet et Abbat.

Les tuyauteries horizontales peuvent être dissimulées derrière des plinthes démontables. Enfin, on

Fig. 14.
Cache-radiateur.

Fig. 15.
Cache-radiateur.
(Brousseval.)

peut recouvrir les tuyauteries de cache-tuyaux en tôle pleine ou perforée (fig. 13).

Le spécialiste s'efforce d'ailleurs de dissimuler les grosses tuyauteries horizontales en cave, de faire passer les colonnes dans les pièces secondaires, dans les cuisines, dans les water-closets (qu'elles tempèrent). Dans les pièces, il place les tuyauteries horizontales à contre-jour et préfère les parcours en plinthes au parcours sous plafond.

Les radiateurs peuvent être logés entièrement ou partiellement dans des niches dont la hauteur doit excéder celle des radiateurs d'une vingtaine de centimètres et dont les dimensions ne peuvent être arrêtées que lorsque l'étude du chauffage est terminée.

FIG. 16.
Cache pour tuyaux à ailettes.

On peut masquer les radiateurs par des enveloppes en tôle largement ajourée ou en treillage métalliques à larges mailles, à la rigueur des coffrages en bois ayant l'aspect extérieur de meubles (fig. 14, 15 et 16).

Dans ce dernier cas, on est généralement dans l'obligation d'augmenter la surface des radiateurs pour compenser le freinage que ces enveloppes exercent sur les courants de convection. Une bonne disposition consiste à ménager, au bas du coffrage et en haut, sous la tablette, des ouvertures de

FIG. 17.
Tablette en tôle.

section suffisante pour l'entrée de l'air à réchauffer et la sortie de l'air chaud. L'architecte doit toujours mentionner dans le cahier de charges si des enveloppes sont prévues de façon à ce que l'installateur puisse calculer ses appareils en conséquence.

Pour éviter les traînées de poussière que les courants de convection déposent sur les tentures et papiers, on peut placer au-dessus des radiateurs des tablettes en bois, en marbre ou en tôle, avec ou sans joues (fig. 17). Ces tablettes doivent être placées à 15 ou 20 centimètres au-dessus du radiateur.

CLASSIFICATION DES CHAUFFAGES CENTRAUX

Voici la classification des chauffages centraux usuels :

Chauffage par eau chaude :
>   Par thermosiphon;
>   A circulation accélérée (par émulsion, par pulsion, par pompe).

Chauffage par vapeur :
>   A basse pression;
>   A moyenne pression et haute pression;
>   Par vapeur d'échappement, par vapeur détendue, sous vide.

Chauffage par air chaud :
>   Par calorifère à air chaud;
>   Par batteries à vapeur ou à eau chaude.

CHAPITRE III

MATÉRIEL POUR LES CHAUFFAGES A EAU CHAUDE ET A VAPEUR

Les chauffages centraux les plus employés sont le chauffage à eau chaude et le chauffage à vapeur à basse pression.

Les appareils utilisés dans ces deux systèmes sont sensiblement les mêmes. Les descriptions sommaires qui suivent seront utilement complétées par l'examen des catalogues et l'observation personnelle.

Ce chapitre a pour but de donner quelques indications générales permettant d'apprécier les fournitures employées.

Le combustible le plus employé étant le charbon, on trouvera d'abord quelques considérations sur les conduits de fumée.

CONDUITS DE FUMÉE

Fumée. — La fumée est composée de gaz, de vapeur d'eau et de particules solides entraînées.

Lorsqu'on vient de charger le foyer, la fumée est très épaisse parce qu'il se produit à ce moment une véritable distillation du charbon, puis la fumée s'éclaircit et elle peut même devenir invisible.

Une fumée invisible n'indique pas nécessairement

une bonne marche, car elle peut contenir un excès d'air qui a traversé le foyer sans utilité pour la combustion et en a abaissé la température. En pratique, on considère une fumée légère comme l'indice d'une combustion normale.

Fumivores. — Les fumivores sont des appareils ou des dispositifs qui réduisent ou suppriment la fumée en facilitant la combustion complète ou en provoquant la combustion secondaire des fumées. Ces dispositifs présentent le double intérêt d'économiser le combustible et de réduire le rejet dans l'atmosphère des fumées dont l'inhalation est mauvaise pour la santé. Il serait d'ailleurs souhaitable dans l'intérêt des citadins qu'ils soient obligatoires, la salubrité des villes y gagnerait.

Capteurs de suie. — Les capteurs de suie présentent un grand intérêt du point de vue sanitaire. On peut objecter que leur emploi est une solution secondaire moins directe que celui de foyers fumivores. Mais c'est

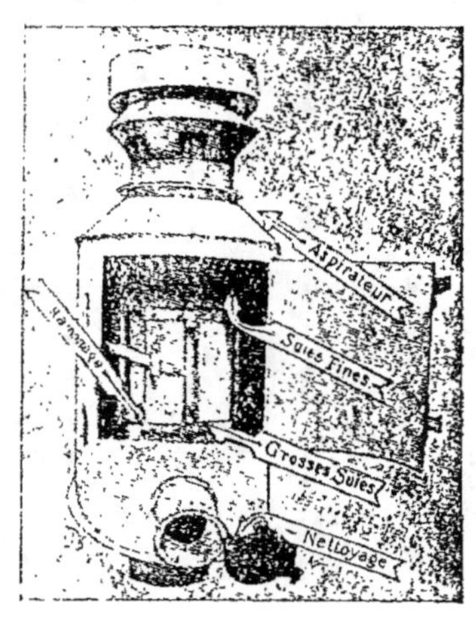

Fig. 18.
Capteur de suie Hérody.

une solution toujours applicable et d'une efficacité, limitée peut-être, mais certaine.

Ces appareils comportent en général une série de chicanes qui arrêtent la suie et l'obligent à tomber dans une boîte spéciale. La section de passage des gaz dans la boîte est largement dimensionnée de façon à ce que la vitesse des gaz soit très réduite pour qu'ils ne puissent pas entraîner la suie déposée (fig. 18).

Rôle du conduit de fumée. — Les conduits de fumée des chaudières à charbon ont un double rôle :

1° Créer au-dessus du combustible une dépression suffisante pour provoquer l'aspiration de l'air extérieur nécessaire à la combustion et l'obliger à traverser la couche de combustible;

2° Evacuer les fumées.

Tirage. — Le tirage est la dépression provoquée par le conduit de fumée. Il résulte de la différence de poids, ou plus exactement de densité, entre l'air extérieur froid et les gaz chauds contenus dans le conduit.

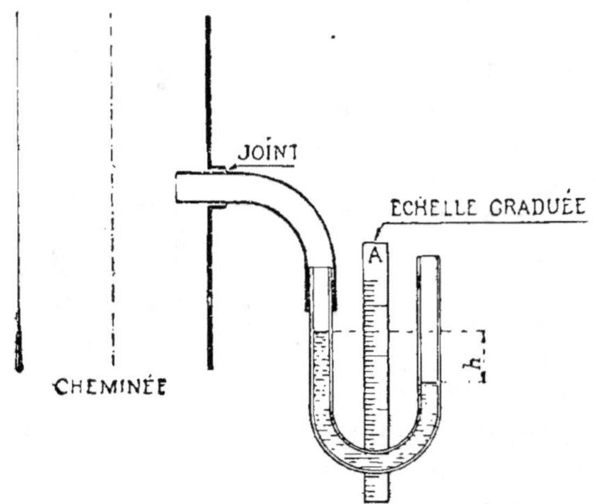

Fig. 19. — Déprimomètre hydrostatique.

Le tirage est proportionnel à la hauteur de la cheminée. Il ne peut se produire qu'à la condition que les gaz qui circulent dans le conduit soient suffisamment chauds. Il faut donc consentir pour l'assurer une perte de chaleur. Cette perte est généralement réduite au minimum et le tirage assuré dans de bonnes conditions lorsque la température des gaz à la base du conduit est de 2 à 300 degrés.

Le tirage qui est de l'ordre de quelques millimètres d'eau par centimètre carré peut être mesuré au moyen de déprimomètres hydrostatiques, manométriques, à palette, etc. (fig. 19, 20 et 21).

On établit quelquefois à la base des conduits de fumée une entrée d'air froid *(coupe-tirage)*. Ce dispositif, très efficace pour ralentir rapidement l'allure

FIG 20. — Déprimomètre
manométrique.

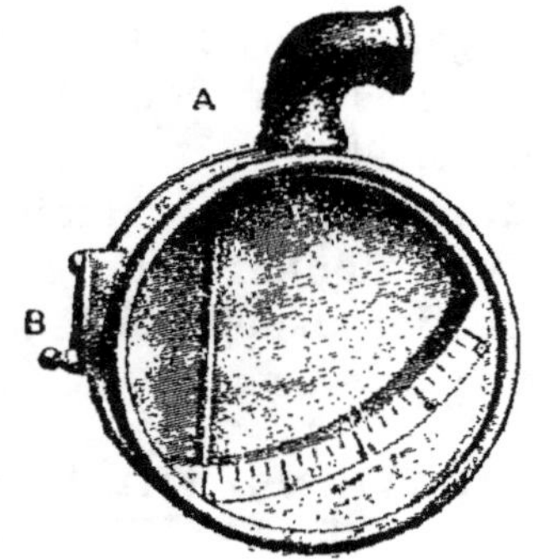

FIG. 21. — Déprimomètre
à palette.

de combustion, a l'inconvénient de faciliter la formation d'oxyde de carbone, *ce qui devient un danger s'il s'échappe dans les locaux.*

Un registre placé à la base du conduit est préférable. Disposé de façon à ce qu'il ne puisse jamais l'obturer complètement, il facilite le réglage du tirage qui s'effectue alors par la manœuvre des portes d'entrée d'air sous la grille.

Ce registre fait souvent partie de la chaudière.

Un second registre, réglé aux essais de façon à ce que le tirage maximum convenable ne puisse être dépassé, évite les gaspillages de combustible. Ce registre doit être établi de telle façon que l'installateur seul puisse en modifier la position.

SECTION ET HAUTEUR DES CONDUITS DE FUMEE

Très souvent, la hauteur du conduit de fumée est imposée par les circonstances. La section peut alors être calculée suivant le tirage (proportionnel à la hauteur), et le volume des fumées à évacuer (proportionnel au poids de combustible brûlé) en tenant compte des résistances qui s'opposent à l'écoulement des gaz : frottement contre les parois plus ou moins rugueuses du conduit, coudes, étranglements, registres, etc...

Dans les cas ordinaires, on peut se contenter des chiffres donnés par les tableaux ci-dessous et choisir la section usuelle réglementaire immédiatement supérieure à la section théorique.

SECTIONS THÉORIQUES DES CONDUITS DE FUMÉE (en décimètres carrés)

PUISSANCE DU GÉNÉRATEUR en calories-heures	HAUTEUR DE LA CHEMINÉE EN MÈTRES				
	5	10	15	20	25
5.000............	0,64	0,45	0,37	0,32	0,29
10.000............	1,28	0,90	0,74	0,64	0,58
15.000............	1,92	1,35	1,11	0,96	0,87
20.000............	2,56	1,80	1,48	1,28	1,16
25.000............	3,20	2,25	1,85	1,60	1,45
30.000............	3,84	2,70	2,22	1,92	1,74
35.000............	4,48	3,15	2,59	2,24	2,03
40.000............	5,12	3,60	2,96	2,56	2,32
45.000............	5,76	4,05	3,33	2,88	2,61
50.000............	6,40	4,50	3,70	3,20	2,90
60.000............	7,68	5,40	4,44	3,84	3,48
70.000............	8,96	6,30	5,18	4,48	4,06
80.000............	10,24	7,20	5,92	5,12	4,64
90.000............	11,52	8,10	6,66	5,76	5,22
100.000............	12,80	9	7,40	6,40	5,80

SECTIONS USUELLES
DES CONDUITS DE FUMÉE

MODES DE CONSTRUCTION	DIMENSIONS OU DIAMETRE en centimètres	SECTION APPROXIMATIVE en décimètres carrés
POTERIES :		
De 3 centimètres d'épaisseur.	19 × 22	4,20
	20 × 20	4
De 5	18 × 22	4
	20 × 20	4
	22 × 25	5,50
	25 × 30	7,50
	30 × 30	9
BRIQUES....................	22 × 22	4,80
	22 × 33	7,20
	33 × 33	10,90
	33 × 44	14,50
TOLES....................	14	1,50
	16	2
	19	2,80
	22	3,80
	25	4,90
	30	7,05

Principes à observer. — Pour la construction des conduits de fumée, il est bon d'observer les principes suivants :

Employer des matériaux résistants, incombustibles, calorifuges;

Choisir un tracé aussi vertical et rectiligne que possible;

Eviter de faire déboucher le conduit dans une zone

chaude, ou exposée aux vents plongeants, ou dans une zone de dépression ainsi qu'il arrive dans une courette ou le long d'un mur pignon élevé;

Etablir le conduit à l'abri des refroidissements et le placer dans l'épaisseur des murs, si possible;

Prévoir des trappes ou tampons de ramonage permettant la visite et le nettoyage parfaits de toutes les parties du conduit.

Règlements à observer. — La construction des conduits de fumée est soumise à une série de règlements administratifs que la Chambre syndicale des Entrepreneurs de fumisterie, chauffage et ventilation a rassemblé dans un opuscule (1) et dont voici les principaux :

ARRÊTÉ PRÉFECTORAL du 25 Novembre 1867
EXTRAITS

ART. 2. — Il est permis d'établir des conduits de fumée dans l'intérieur des murs de refend, sous la double condition :

1° Que ces murs auront une épaisseur de 40 centimètres, s'ils sont construits en moellons; de 37 centimètres, s'ils sont construits en briques, enduits compris;

2° Que les conduits de fumée seront exécutés en briques de bonne qualité, droites ou cintrées, ou en wagons de terre cuite.

ART. 3. — L'adossement des conduits de fumée à des pans de fer est permis, à la condition de maintenir un renformis de 5 centimètres en plâtre, non compris l'épaisseur du conduit, entre les pans de fer et les conduits de fumée.

ART. 5. — Les conduits e fumée desservant des foyers ordinaires ne pourront avoir moins de 18 centimètres sur 22 centimètres ou de 20 centimètres sur 20 centimètres de section

---

(1) *Arrêtés et ordonnances préfectoraux, règlements et instructions concernant les travaux de la profession,* Chambre syndicale des entrepreneurs de fumisterie, chauffage et ventilation, 3, rue de Lutèce, Paris.

intérieure s'ils sont rectangulaires; moins de 22 centimètres de diamètre s'ils sont de section circulaire et moins de 20 centimètres sur 25 centimètres s'ils sont de section elliptique,

Les angles intérieurs des conduits de section rectangulaire seront arrondis et le plus grand côté ne pourra avoir une dimension supérieure à une fois et demie le petit côté.

Pour les conduits elliptiques, la même proportion sera observée.

Les conduits de section circulaire ne devront être construits qu'en briques ayant au moins 5 centimètres d'épaisseur.

Les wagons et les boisseaux en terre cuite devront avoir au moins 5 centimètres d'épaisseur.

Les conduits de fumée, en briques ou en terre cuite, devront être recouverts d'un enduit en plâtre d'au moins 2 centimètres d'épaisseur, ou de toute autre matière incombustible et mauvaise conductrice de la chaleur, et, en tout cas, d'une épaisseur suffisante pour qu'il n'en résulte aucun danger d'incendie ou aucune incommodité grave pour les habitants.

Art. 6. — Les conduits de fumée non engagés dans les murs ne seront autorisés que s'ils sont adossés à des piles en maçonnerie ou à des murs en moellons ayant au moins 40 centimètres d'épaisseur, enduits compris, ou à des murs en briques ayant au moins 22 centimètres d'épaisseur, ou, dans le dernier étage, à des cloisons en briques de 11 centimètres d'épaisseur.

Ces conduits devront être solidement attachés au mur tuteur par des ceintures en fer, dont l'espacement ne dépassera pas 2 mètres.

Art. 7. — Les wagons et les boisseaux en terre cuite, employés comme tuyaux adossés, devront avoir au moins 5 centimètres d'épaisseur, seront à emboîtement et formeront avec l'enduit en plâtre une épaisseur totale d'au moins 7 centimètres.

Art. 9. — Les conduits de fumée ne pourront dévier de la verticale de manière à former avec elle, un angle de plus de 30 degrés.

Ils devront avoir une section égale dans toute leur hauteur et seront facilement accessibles à leur partie supérieure.

ARRÊTÉ PRÉFECTORAL du 22 Mai 1904
EXTRAITS

§ 5. — *Chauffage, ventilation, éclairage.*

Art. 38. — Les conduits desservant les cheminées, poêles, calorifères, fourneaux et autres appareils, ne devront avoir entre eux aucune communication et ne donner lieu à aucun dégagement de gaz ou de fumée à travers leurs parois. Ils dépasseront d'*au moins un mètre* la partie la plus élevée de la construction.

Art. 40. — Les foyers alimentés par des combustibles ne donnant pas de fumée ou par des produits gazeux et servant au chauffage des locaux destinés à l'habitation de jour ou de nuit, seront munis d'un *tuyau spécial d'évacuation* des produits de la combustion ou d'un tuyau se raccordant avec le conduit de fumée réglementaire.

Art. 41. — Les fourneaux de cuisine fixes ou mobiles, seront desservis par un *conduit spécial d'évacuation* de la fumée ou du gaz provenant de la combustion.

Art. 42. — Les clés destinées à régler le tirage des conduits de fumée ne pourront jamais être installées de façon à fermer complètement la section de ces conduits.

ORDONNANCE DE POLICE du 27 Mars 1906
modifiée par
L'ORDONNANCE DE POLICE du 27 Juillet 1917
EXTRAITS

Art. 5. — Dans les pièces dont le sol est constitué en matériaux combustibles, les poêles, les fourneaux mobiles et les autres appareils de chauffage également mobiles *devront être posés sur une plate-forme d'une épaisseur suffisante, en matériaux incombustibles*, mauvais conducteurs de la chaleur, et dépassant la face des ouvertures verticales du foyer *d'au moins 0 m: 30*. Ils devront, de plus, être élevés sur pieds, de telle sorte qu'au-dessus de la plate-forme il y ait un vide de 0 m. 08 *au moins.*

Art. 6. — *Tout conduit de fumée devra ne desservir qu'un*

seul foyer, à moins qu'il ne soit exclusivement affecté à un groupe de foyers industriels. En tout cas, il s'élèvera dans toute la hauteur du bâtiment *et ne déviera jamais de la verticale de plus de trente degrés* (30°).

Exception est faite en ce qui concerne les conduits desservant des foyers à flamme renversée par les articles 8 et 17 et les raccordements de foyers.

Il est formellement interdit de pratiquer des ouvertures dans un conduit de fumée traversant un étage pour y faire arriver de la fumée, des vapeurs ou des gaz, ou même de l'air.

La section transversale du conduit de fumée devra être proportionnée à l'importance du foyer qu'il dessert et être égale et régulière dans toute la hauteur.

Les épaisseurs des parois des conduits de fumée devront toujours être porportionnées à l'importance du foyer et suffisantes pour que la chale r produite ne puisse les détériorer ou être la cause soit d'un incendie, soit d'une incommodité grave et de nature à altérer la santé des habitants.

Toute face intérieure des conduits de fumée devra être à *une distance suffisa te des bois de charpente et de me uiserie, et de toute autre matière combustible*, pour éviter les dangers du feu.

ART. 8. — Les conduits de fumée à flamme renversée *ne devront pas traverser les locaux habités autres que ceux où est établi le foyer qu'ils desservent.* Ils seront pourvus de trappes de ramonage lutées avec le plus grand soin et permettant un nettoyage facile des diverses parties qui les composent. *Ces trappes de ramonage devront être à l'intérieur de la location dans laquelle le foyer est établi.*

ART. 9. — Les conduits de fumée desservant des foyers ordinaires ne pourront avoir moins de 0 *m*. 18 sur 0 *m*. 22 *ou* 0 *m*. 20 sur 0 *m*. 20 de section intérieure s'ils sont *rectangulaires;* moins de 0 *m*. 22 *de diamètre* s'ils sont de section *circulaire,* et moins de 0 *m*. 20 *sur* 0 *m*. 25 s'ils sont de section *elliptique.*

Les angles intérieurs des conduits de section rectangulaire seront arrondis et le plus grand côté ne pourra avoir une dimension supérieure à une fois et demie le petit côté.

Pour les conduits elliptiques, la même proportion sera observée.

Les parois en terre cuite des wagons, boisseaux ou briques devront avoir 0 *m*. 05 *d'épaisseur,* les conduits de fumée en brique ou terre cuite devront être recouverts d'un enduit en plâtre *d'au moins* 0 *m*. 02 *d'épaisseur* ou de toute autre matière incombustible et mauvaise conductrice de la chaleur, et, en tout cas, d'une épaisseur suffisante pour qu'il n'en résulte aucun danger d'incendie ou aucune incommodité grave pour les habitants.

ART. 10. — Toute face intérieure des conduits de fumée en maçonnerie devra *être à 0 m. 16 au moins des bois de charpente*, et à 0 *m. 07 au moins des légers bois de menuiserie.*

ART. 11. — Les conduits de fumée mobiles en métal devront toujours être apparents dans toutes leurs parties et être éloignés d'*au moins 0 m. 16 de tout bois de charpente ou de menuiserie*, et d'autres *matières combustibles.*

Ils ne devront pas pénétrer dans une location autre que celle où est établi le foyer qu'ils desservent.

ART. 12. — Les conduits de fumée pourront être construits, sous réserve des droits et du consentement des tiers, dans les murs mitoyens et dans les murs séparatifs de deux maisons contiguës, qu'elles appartiennent ou non au même propriétaire. Ils devront être construits comme il est dit à l'article 7 ou en briques droites ou cintrées, et, dans tous les cas, les parois devront avoir au moins 0 *m. 10 (dix centimètres) d'épaisseur.*

Les languettes de contre-cœur, au droit des foyers, devront être en matière réfractaire ainsi qu'il est dit à l'article 7 et avoir au moins 0 *m. 22 (vingt-deux centimètres) d'épaisseur et* 0 *m. 80 (huit décimètres)* de hauteur. Leur largeur devra dépasser celle du foyer d'au moins 0 *m. 22 (vingt-deux centimètres)* de chaque côté.

ART. 13. — Les conduits de fumée dans les murs de refend ne pourront être construits qu'en matières réfractaires, en briques ou en wagons de terre cuite ayant les dimensions, les épaisseurs, le liaisonnement et les isolements prescrits par les articles 6, 7, 9, et 10 de la présente Ordonnance.

ART. 14. — Les conduits de fumée adossés pourront seuls être construits en matière réfractaire ou en boisseaux de terre cuite aux conditions imposées par les mêmes articles 6, 7, 9 et 10.

ART. 15. — Les languettes des contre-cœurs, au droit des foyers de ces conduits de fumée, devront être en matière réfractaire, *avoir au moins une hauteur de 0 m. 80 (huit décimètres),* une largeur dépassant celle du foyer *d'au moins 0 m. 10 (dix centimètres)* de chaque côté et une épaisseur *d'au moins 0 m. 10 (dix centimètres).* Ces languettes, dans toute la largeur du foyer, devront, en outre, être protégées par une plaque de fonte ou un revêtement en matière réfractaire d'au moins 0 *m. 04 (quatre centimètres)* d'épaisseur.

L'épaisseur de la languette pourra n'être que de 0 *m. 06 (six centimètres)* lorsque les deux cheminées seront adossées l'une à l'autre.

ART. 16. — Les conduits de fumée desservant des foyers industriels autres que des foyers ordinaires : fours, forges, moufles, générateurs de vapeur, calorifères, fourneaux de restaurateurs ou analogues, de rôtisseurs, de charcutiers, etc... fours de boulangers et de pâtissiers, établissements de bains, etc. *devront être autant que possible à l'extérieur ;* mais, s'ils traversent des locaux habités, ils ne devront être construits qu'en briques ou matière réfractaire, ainsi qu'il est dit à l'article 7, *d'au moins 0 m. 10 (dix centimètres) d'épaisseur, et jamais en poterie.*

Ils devront être établis conformément aux articles 6, 7 et 8 de la présente Ordonnance et les parois, enduits compris, devront avoir au moins 0 m. 13 (treize centimètres) d'épaisseur.

ART. 17. — Les conduits de fumée de ces foyers peuvent avoir des parcours inclinés ou horizontaux se raccordant avec le conduit principal, à la condition de ne pas traverser des locaux habités.

A chaque changement de direction, il sera établi des trappes de ramonage, facilement accessibles, lutées avec le plus grand soin, et permettant un ramonage efficace de toutes leurs parties depuis le foyer jusqu'à la partie supérieure de la cheminée.

ART. 18. — Toute face intérieure de ces conduits devra être au moins *à 0 m. 13 des bois de menuiserie* et à 0 m. 20 *des bois de charpente.*

Le conduit en métal, qui raccorderait le foyer avec le conduit de fumée en maçonnerie, ne doit, *dans aucun cas, sortir du local où est le foyer.* Il doit être à 0 m. 25 *au moins* de tout *bois de charpente* et de *menuiserie* ou de toute autre *matière combustible.*

Ces conduits de fumée devront être toujours élevés à une hauteur suffisante, ou disposés de telle sorte qu'il n'en résulte aucune incommodité ni aucun danger d'incendie pour le voisinage.

ART. 19. — Ces conduits seront pourvus de dispositions spéciales propres à en faciliter le ramonage.

ART. 20. — Ces cheminées ou conduits, lorsqu'ils seront installés à demeure et pour une durée de plus de trois mois et lorsqu'ils correspondront à une consommation de plus de 25 *kilogrammes de combustible par heure,* devront être, sauf autorisation spéciale, élevés à une hauteur *d'au moins 5 mètres au-dessus* des souches de cheminées .des habitations avoisinantes dans un *rayon de 50 mètres.*

La partie inférieure de ces conduits ou cheminées devra être pourvue de chicanes ou de toute autre disposition telle que la fumée, les flammèches ou les escarbilles ne puissent être un danger d'incendie o i d'incommodité grave pour le voisinage.

Art. 21. — Les conduits de fumée fixes ou mobiles devront être entretenus en bon état. Les doubles enveloppes, qui laissent un vide entre le conduit et l'enveloppe elle-même, sont formellement interdites lorsque, par cette disposition, elles s'opposent au bon entretien, à la visite et à la réparation des dits conduits.

Tout conduit de fumée brisé o i crevassé doit être de suite réparé ou refait.

Après *un feu de cheminée*, le conduit de fumée où le feu se sera déclaré devra être *visité et ramoné dans tout son parcours* et sera, au besoin, *réparé ou refait.*

Art. 22. — *Il est enjoint aux propriétaires et locataires de faire nettoyer ou ramoner les cheminées et tous foyers quelconques, ainsi que leurs conduits de fumée, assez fréquemment pour prévenir les dangers du feu.*

Les Conduites de Fumée pour petites Chaudières de Chauffage central d'appartement

Des lettres de M. le Préfet de Police en date des 12 mars et 19 novembre 1923, il résulte que les constructeurs peuvent brancher les petites chaudières de chauffage central pour appartements sur les conduits de fumée existants, en anciennes poteries de 0 m. 18 × 0 m. 22 ou de 0 m. 20 × 0 m. 20 et de 0 m. 03 d'épaisseur, avec enduit et renformis en plâtre de 0 m. 04 au moins d'épaisseur, et traversant des étages destinés à l'habitation, étant expressément entendu que ces chaudières n'auront pas plus de *dix décimètres carrés* de surface de grille.

Pour les bâtiments de construction récente ayant des conduits de fumée en poteries réglementaires de 0 m. 20 × 0 m. 20 en 0 m. 05 d'épaisseur on pourra brancher des petites chaudières ayant au maximum *quinze décimètres carrés* de surface de grille.

Il est expressément entendu que dans l'un et l'autre cas les chaudières seront établies conformément aux prescriptions des articles, 2, 5, 6, 10 et 11 de l'Ordonnance de Police du 27 mars 1906, modifiée par celle en date du 26 juillet 1917.

Construction des conduits de fumée. — On construit les conduits de fumée :

En briques enduites de plâtre ;
En boisseaux de poteries enduits ;
En tôle noire ou galvanisée.

Les conduits en briques coûtent cher, mais ils sont résistants et calorifuges, ce sont les meilleurs.

Les conduits en poteries sont plus économiques, d'un montage plus rapide, mais plus fragiles aux crevassements.

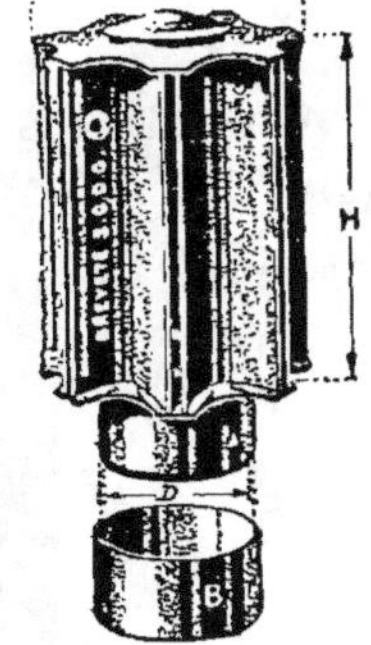

Fig. 22.
Aspirateur
Chanard.

Les conduits en tôle, les moins chers, se refroidissent, ce qui nuit au tirage et le bistre les détériore assez rapidement.

Il est probable que certains matériaux modernes, incombustibles et maniables : le ciment, le fibro-ciment, l'italit seront de plus en plus employés pour la construction des conduits de fumée.

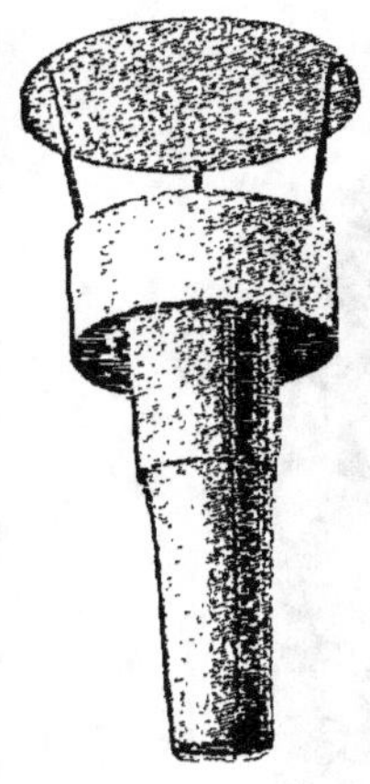

Fig. 23.
Aspirateur
Coupard.

Conduits défectueux. — De bons tourne-au-vent, en particulier ceux dont la partie mobile est montée sur billes ou sur cristal, réduisent l'effet des vents plongeants et les bons aspirateurs (fig. 22-23) facilitent le tirage, mais il ne faut pas oublier qu'un tourne-au-vent bon marché, celui appelé vulgairement girouette, est souvent plus nuisible qu'utile, au bout de peu de temps il est rouillé grippé et de nul effet.

CHAUDIÈRES A CHARBON

GÉNÉRALITÉS

Chaudières en fonte. — Les chaudières en fonte
(fig. 24 à 32) sont composées d'éléments ou sections

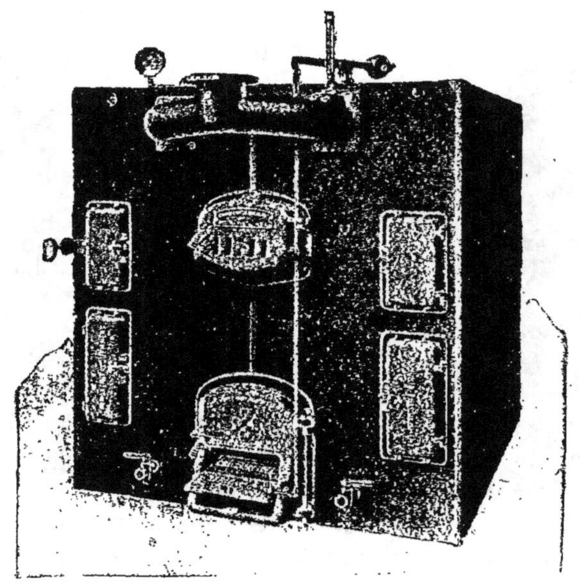

Fig. 24.
Chaudière « Idéal » (C. N. R.) à eau chaude.

(fig. 33 et 34) qu'on assemble sur chantiers au moyen
de bagues biconiques (nipples), lisses ou filetées (fig. 35).
Ce mode de construction rend les chaudières en
fonte très maniables et permet d'augmenter éventuellement leur puissance par adjonction d'éléments
supplémentaires.

La plupart des chaudières en fonte sont à foyer-magasin, c'est-à-dire que la masse de combustible nécessaire à la marche de plusieurs heures est emmagasinée dans le foyer même qui est de grandes dimensions. Lorsque toute la masse est en ignition, il est assez difficile de régulariser la combustion et l'allure de la chaudière peut devenir irrégulière.

Certains techniciens accusent les chaudières à foyer magasin de « marcher en gazogène », c'est-à-dire de produire une grande quantité d'oxyde de carbone. Ce point de vue est discuté.

Il existe quelques chaudières en fonte à magasin de combustible, c'est-à-dire dont le foyer est prolongé par une capacité disposée de façon à ce que le combustible n'arrive sur la grille qu'au fur et à mesure des besoins (fig. 36, 37 et 38).

FIG. 25.
Chaudière « Idéal » (C. N. R.)
à vapeur.

Chaudières en tôle. — Ces chaudières sont peu maniables, inextensibles et se chargent généralement par-dessus, ce qui peut obliger à creuser une fosse pour les placer ou à établir une passerelle de chargement (fig. 39 à 42).

CHAUDIÈRES A CHARBON

FIG. 26.
Chaudière « Classic »
(C. N. R.)

FIG. 27.
Chaudière « Préférable »
à eau chaude.

FIG. 28. — Chaudière Niederbronn à trois foyers.

FIG 30.
Chaudière Niederbronn
à eau chaude.

FIG. 29.
Chaudière « Préférable »
à vapeur.

Elles coûtent moins cher que les chaudières en fonte et présentent l'avantage de pouvoir quelquefois être réparées sur place à l'autogène.

Elles sont généralement à magasin de combustible, ce qui leur assure une bonne régularité de marche.

Pour que le magasin de combustible soit convenable, il faut qu'il soit en-

FIG. 31.
Chaudière « Soval »
à eau chaude.

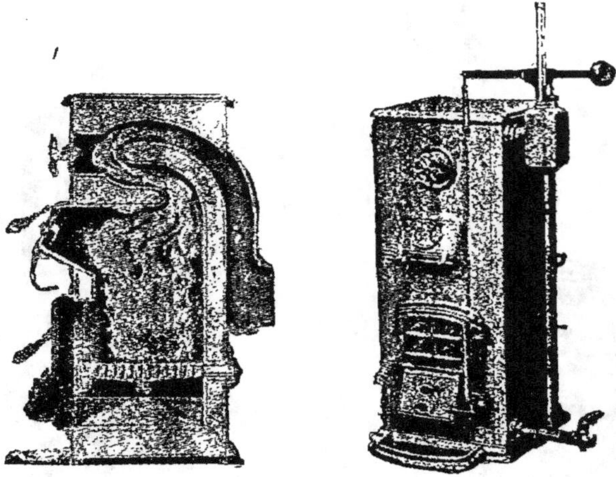

Fig. 32. — Chaudière « **Confort** ».

touré d'eau qui, en le refroidissant, évite la distillation du charbon de réserve, et qu'il soit bien étanche pour

Fig. 33.
Demi-section
de chaudière
« Idéal ».

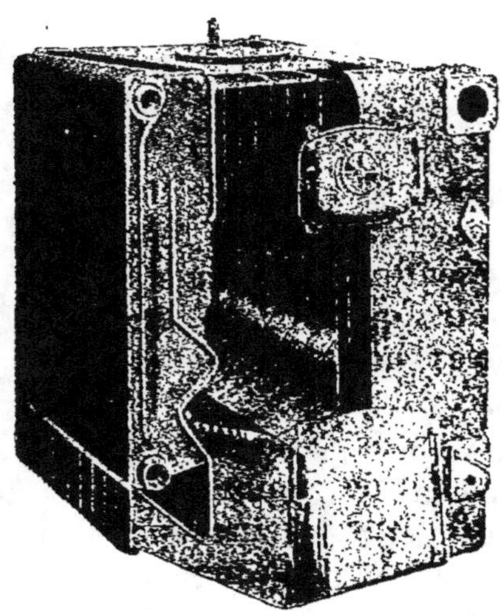

Fig. 34.
Chaudière Niederbronn
sectionnée.

que des rentrées d'air ne puissent se produire par la partie supérieure, ce qui provoquerait la combustion lente, par tirage renversé, du combustible en réserve dans le magasin.

FIG. 35.
Nipple d'assemblage « Idéal ».

FIG. 36.
Élément de chaudière « Phébus ».

On accuse quelquefois les chaudières en tôle de s'oxyder et de se détériorer rapidement pendant les périodes de repos. Les précautions suivantes permettent d'éviter ces inconvénients :

Dès la fin de l'hiver, nettoyer, gratter, peindre le foyer et l'enveloppe extérieure, vidanger la chaudière, puis la remplir complètement d'eau propre.

FIG. 37.
Coupe de chaudière « Idéal ».

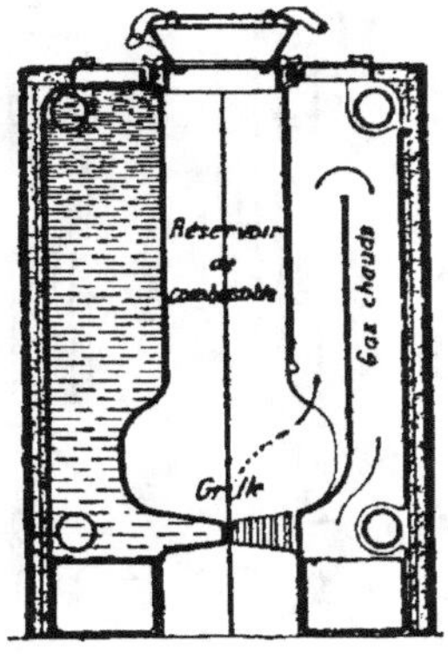

FIG. 38.
Coupe d'une chaudière « Préférable ».

CHAUDIÈRES A CHARBON

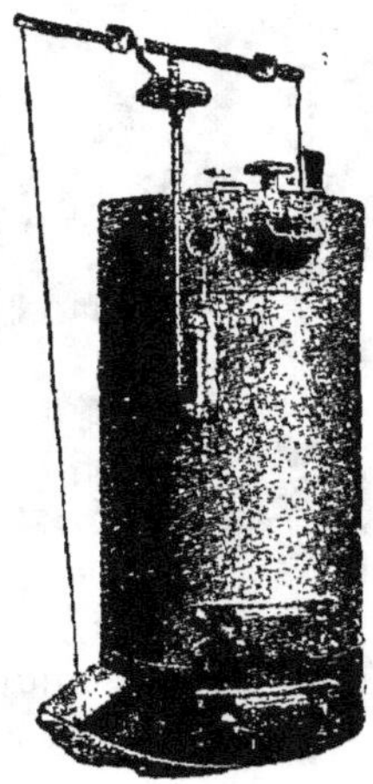

FIG. 39. — Chaudière
Soval en tôle.

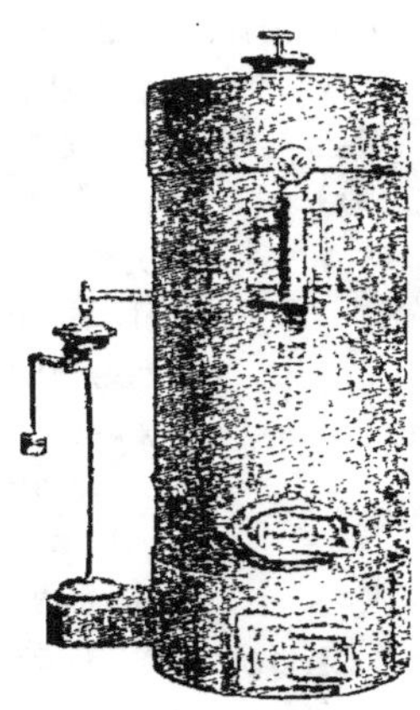

FIG. 40. — Chaudière
en tôle S. E. D

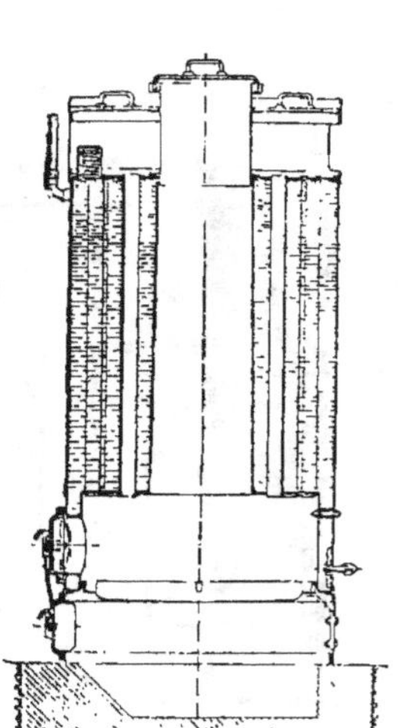

FIG. 41. — Coupe
chaudière Chappée.

FIG. 42. — Chaudièr
« Moderne ».

Entretien des chaudières. — Les chaudières doivent être très surveillées. En particulier, leurs carneaux ou leurs tubes de fumée doivent être ramonés fréquemment, car la suie s'oppose à la transmission de la chaleur.

On doit s'assurer fréquemment de l'étanchéité des portes et du bon état des accessoires de surveillance et de sécurité.

Un moyen de débarrasser l'intérieur de la chaudière de la suie qui s'y dépose consiste à jeter sur un feu bien vif une quantité de gros sel convenable (250 gr. par mètre carré de surface de chauffe). Les gaz qui se produisent désagrègent la suie.

Chaufferies. — L'installation d'une chaudière exige un local de dimensions suffisantes et bien ventilé.

Il est indispensable de laisser au chauffeur en avant de la chaudière un espace libre de 2 mètres au moins pour lui permettre de charger et de ringarder commodément.

Il faut, en arrière de la chaudière, l'espace nécessaire pour placer, emboîter et déboîter le tuyau de fumée.

La hauteur peut être imposée par les exigences techniques du système de chauffage. C'est dire que les cotes d'une chaufferie ne peuvent être fixées sans l'avis de l'installateur qu'il faut toujours consulter.

Une excellente façon de ventiler une chaufferie est d'établir parallèlement au conduit de fumée un conduit de ventilation partant du plafond de la chaufferie. L'appel d'air frais doit être assuré par un conduit débouchant à la partie basse ou à la rigueur par un vasistas.

On assoie les chaudières sur des massifs en maçonnerie. Les petites chaudières placées dans les locaux d'habitation doivent être installées sur une trémie incombustible.

L'étanchéité du sol, assurée par un dallage en ciment, permet les lavages de la chaufferie qui doit être toujours tenue en parfait état de propreté. Il faut prévoir un dispositif d'évacuation directe ou de relevage des eaux de lavage et de vidange.

ORGANES DES CHAUDIÈRES

Cendrier. — Le cendrier recueille les cendres et les imbrûlés. Il fait partie de la chaudière ou bien on le constitue par une cuvette ménagée dans le massif qui

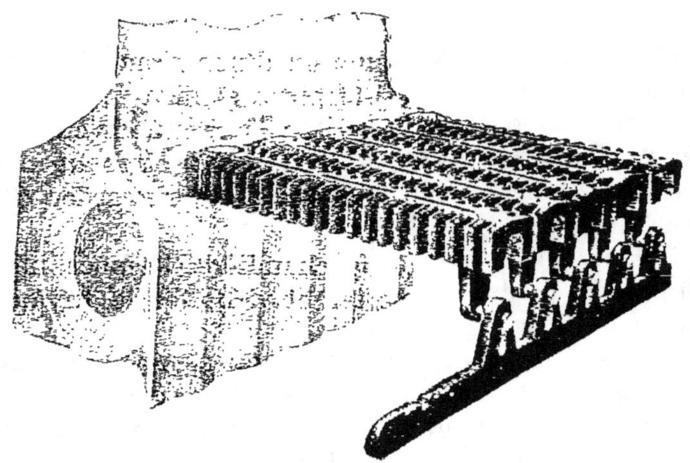

Fig. 13. — Grille oscillante.

supporte la chaudière. On peut remplir le cendrier d'eau qui éteint les cendres et les morceaux de combustible qui peuvent tomber à travers la grille et dont la vaporisation, sous l'effet de la radiation du foyer, rafraîchit la grille.

Grille. — La surface totale de la grille doit être suffisante pour que l'allure de combustion, c'est-à-dire le nombre de kilogrammes de combustible brûlés en une heure par mètre carré de surface de grille ne soit pas exagérée et n'excède pas 30 à 35 kilogrammes d'anthracite.

Une combustion trop rapide entraîne une production considérable de mâchefers qui, collant à la grille, l'obstruent et la détériorent. La marche à grande allure est d'ailleurs peu économique pour des raisons qui sont exposées plus loin.

La forme et l'écartement des barreaux doivent être appropriés à l'état et au calibrage du combustible. La surface libre de la grille (total des espaces libres) doit être suffisante pour le passage de la quantité d'air nécessaire à une bonne combustion.

Les grilles oscillantes (fig. 43), composées de barreaux qu'un levier de manœuvre extérieur permet de secouer, ont l'avantage de permettre le décrassage

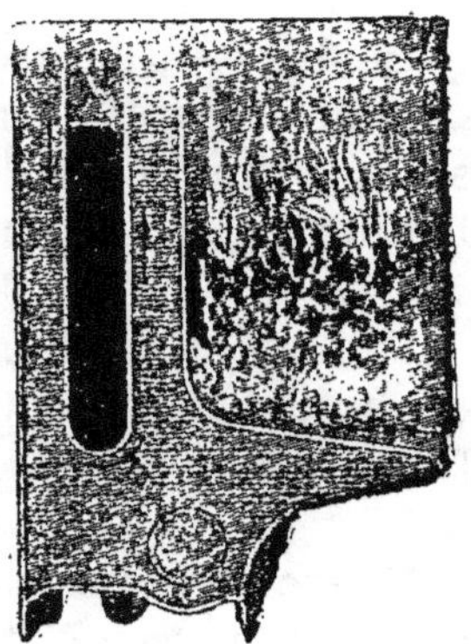

FIG. 44. — Grille fixe à circulation d'eau.

du foyer sans ouverture des portes, ce qui évite les rentrées d'air froid dans le foyer et les dégagements de poussière. On leur reproche de laisser tomber dans le cendrier, lors du secouage, des morceaux de charbon que le chauffeur ne recueille généralement pas. Leurs barreaux amovibles sont facilement remplaçables.

Les grilles fixes (fig. 44) à barreaux refroidis par l'eau, se conservent bien et constituent une surface de transmission de chaleur qui n'est pas négligeable. Mais pour que la circulation de l'eau soit assurée dans les barreaux, on est souvent obligé de leur donner une section telle que la surface libre de la grille se trouve trop petite. D'autre part, si ces barreaux viennent à se boucher, leur détérioration est d'autant plus grave qu'elle a l'inconvénient d'entraîner le remplacement des éléments du foyer avec lesquels ils sont venus de fonderie.

CARACTÉRISTIQUES DES CHAUDIÈRES

Poids. — Il faut se méfier que le faible poids d'une chaudière ne soit pas obtenu au détriment des épaisseurs de métal et de la solidité de divers accessoires, les portes en particulier.

Contenance d'eau. — Plus la contenance d'eau d'une chaudière est faible, plus sa mise en route et, par suite, la mise en régime de l'installation sont rapides.

Pouvoir de transmission. — La transmission de la chaleur du foyer à l'eau qui l'entoure est plus ou moins active suivant la région de la chaudière considérée.

La chaleur transmise à travers la surface de chauffe directe, c'est-à-dire à travers les parois de la chambre de combustion (enceinte dans laquelle brûle le combustible) est considérable en raison de la grande différence de température entre le combustible en ignition (1) et l'eau à chauffer. Mais la surface de chauffe directe est d'une étendue assez faible.

La surface léchée par les gaz de la combustion ou surface de chauffe indirecte a un pouvoir de transmission moins élevé. On s'efforce de la développer le plus possible avec le minimum d'encombrement, de façon à bien absorber la chaleur des gaz.

Si l'allure de combustion est trop rapide ou si la

---

(1) Température dans le foyer : 1.000° environ.

surface de grille est trop grande par rapport à la surface de chauffe, cette dernière est insuffisante pour absorber la chaleur dégagée par la combustion et les gaz arrivent à la cheminée à une température bien supérieure à celle qui est nécessaire pour assurer le tirage. La surface de chauffe léchée par des gaz très chauds transmet à l'eau de la chaudière des quantités de chaleur considérables et la puissance de la chaudière fait alors illusion. Il ne faut pas oublier qu'elle est alors obtenue dans des conditions antiéconomiques puisqu'une grande quantité de combustible est gaspillée, emportée pour ainsi dire dans les fumées.

Comme *pouvoir de transmission moyen de la surface de chauffe totale*, on peut admettre pour une allure de combustion raisonnable, les valeurs suivantes :

a) Chaudières sectionnées en fonte : 8.000 calories-heure par mètre carré;

b) Petites chaudières : 10.000 calories-heure par mètre carré.

Pertes et rendement des chaudières. — Il se produit dans toute chaudière des pertes de chaleur dont les causes principales sont :

Perte par combustion incomplète (production d'oxyde de carbone);

Chaleur entraînée inutilement par les fumées;

Chaleur entraînée par les cendres et les imbrûlés;

Perte par radiation extérieure de la chaudière.

Lorsqu'on brûle sur la grille de la chaudière 1 kilogramme de combustible dont le pouvoir calorifique est de 8.000 calories, par exemple, et qu'on ne recueille a la sortie de la chaudière que 5.000 calories utilisàbles, les pertes sont de :

8.000 — 5.000 = 3.000, soit environ 37 %.

On dit alors que le rendement de la chaudière est de :

100 % — 37 % = 63 %.

Le rendement d'une chaudière dépend de sa construction, de l'allure de combustion, du tirage, de la puissance demandée à la chaudière, de sa conduite et de son entretien, en particulier de l'état de propreté de la surface de chauffe.

Les petites chaudières ont un rendement assez faible, qui peut tomber à 40 % parce qu'il est matériellement difficile de loger dans des volumes aussi faibles une surface de chauffe suffisamment étendue pour bien absorber la chaleur des gaz.

Combustibles employés. — Le calibrage du combustible doit être approprié au générateur dans lequel on se propose de l'employer. Si le charbon est trop gros, le tirage est violent et le combustible brûle trop vite. Si le charbon est trop petit, le feu s'étouffe.

Les combustibles les plus employés sont :

L'anthracite anglais, combustible de luxe, d'un pouvoir calorifique élevé (8.000 calories et plus) mais qui n'est indispensable que dans les chaudières trop petites;

Les anthracites allemands et belges (7.500 à 7.000 calories);

Les charbons anthraciteux français;

Le coke métallurgique et le coke de gaz.

Le coke ayant un pouvoir calorifique un peu inférieur à celui des charbons anthraciteux, la production d'une même quantité de chaleur exige, à rendement égal, un poids de combustible un peu plus élevé. D'autre part, la densité du coke est moitié moindre que celle des charbons courants, le coke occupe donc, à poids égal, un volume beaucoup plus considérable, ce qui explique que pour le brûler dans de bonnes conditions il faut des chaudières à grille de grande surface (autant que possible avec barreaux à circulation d'eau) et à grand foyer. Avec des grilles trop petites on est astreint à une allure de combustion trop rapide et la production de mâchefer devient énorme. Si le foyer est trop petit, les rechargements sont trop fréquents.

Le coke métallurgique exige un bon tirage.

CORPS DE CHAUFFE

GÉNÉRALITÉS

Les corps de chauffe les plus employés sont :

Pour les habitations, les radiateurs en fonte ;

Pour les locaux industriels, les locaux dont l'esthétique est sacrifiée et dans certains cas particuliers

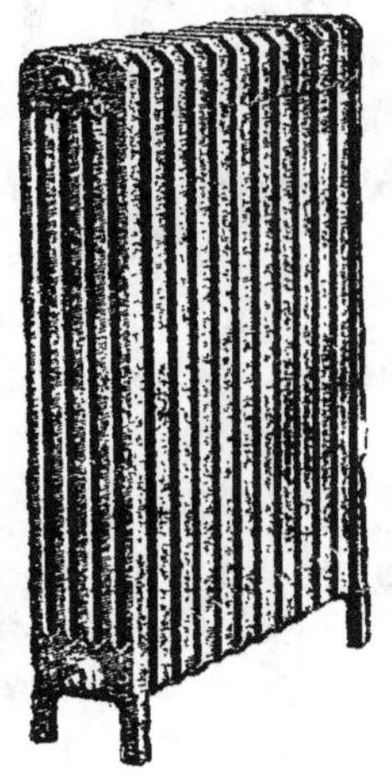

Fig. 45.
Radiateur « Confort ».

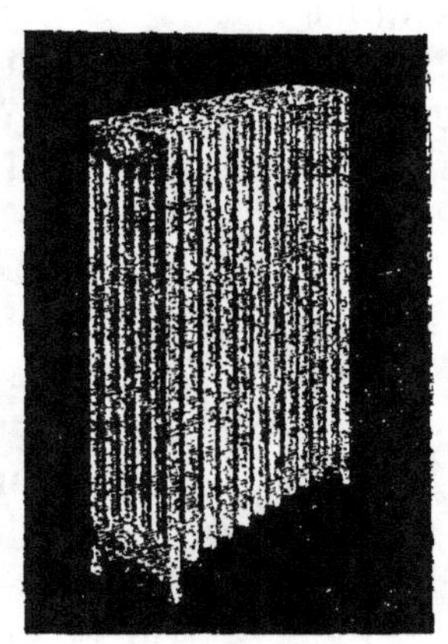

Fig. 46
Radiateur Chappée.

(batteries de chauffe) ; les tuyaux à ailettes circulaires ou carrées en fonte ou en acier et les tuyaux lisses en fer et en fonte.

Il existe également des radiateurs en acier.

Radiateurs en fonte. — Les radiateurs en fonte

(fig. 45 et 46) sont constitués par des sections ou éléments assemblés (fig. 47), avec interposition de joints, au moyen de bagues biconiques filetées à droite et à gauche (nipples), dont le serrage rapproche les éléments (fig. 48).

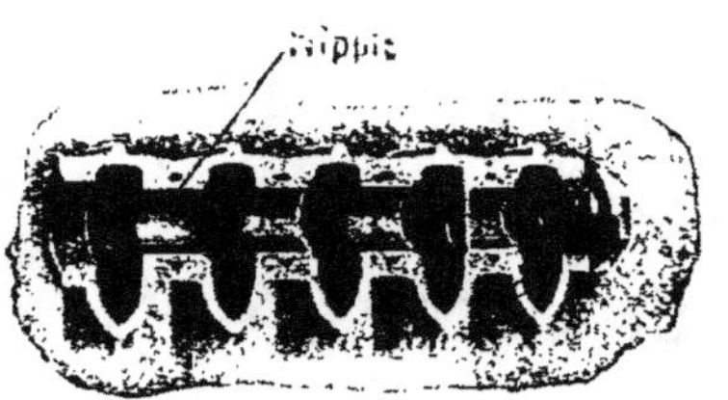

Fig. 47.

On peut distinguer les radiateurs du type américain (simples, doubles, triples, unis ou ornés) et les radiateurs tubulaires (doubles, triples, quadruples, quintuples, sextuples).

Les constructeurs livrent des radiateurs à pieds hauts qui facilitent les balayages. On peut également utiliser les radiateurs sans pied posés sur consoles et maintenus par des colliers (fig. 49). Cette disposition entraîne des frais de pose supplémentaires assez importants.

Fig. 48. — Nipple.

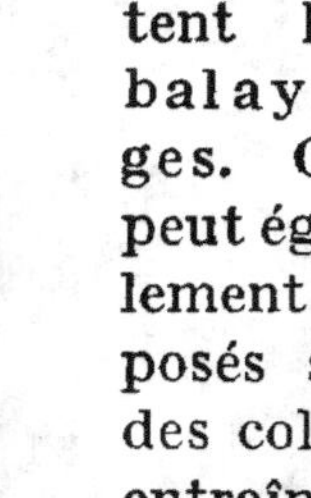

Fig. 49.
Radiateur sur consoles.

Il existe toutes sortes de radiateurs spéciaux pour des cas particuliers (fig. 50 et 51).

Tuyaux à ailettes en fonte. — Les tuyaux en fonte à ailettes circulaires (seuls appareils de chauffage dont les dimensions soient standardisées) sont généralement livrés en bouts de 2 mètres, terminés par des brides.

On les assemble en cordons ou en batteries (fig. 52) au moyen de boulons, accessoires et raccords spéciaux (joints en amiante pour la vapeur et en caoutchouc pour l'eau chaude) (fig. 53).

Les longs cordons de tuyaux à ailettes doivent être posés sur supports à rouleaux ou étriers mobiles pour permettre la dilatation (fig. 54).

FIG. 50. — Radiateur « Classic » mural.

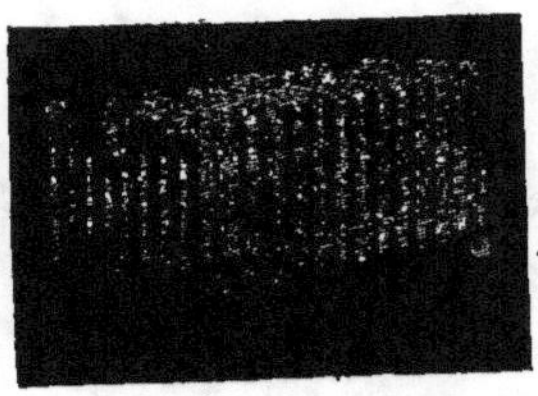

FIG. 51. — Radiateur « Classic » de fenêtre.

Tuyaux à ailettes en acier. — Plus résistants, plus légers, plus maniables que les tuyaux en fonte, les tuyaux à ailettes en acier sont livrés en toutes longueurs jusqu'à 6 mètres. Les ailettes sont constituées, soit par une bande de métal enroulée en spirale sur le tube (fig. 55), soit par des disques ondulés forcés sur le tube à l'écartement voulu (fig. 56).

Les tuyaux à ailettes carrés (fig. 57), plus faciles à loger, ont une efficacité un peu moindre à surface de chauffe égale que les tuyaux à ailettes rondes parce que les extrémités de leurs ailettes ne sont pas à la même température que la partie centrale.

Les tuyaux en acier se

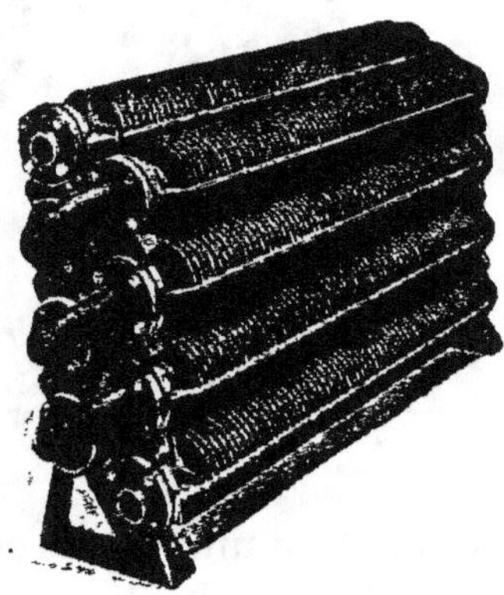

FIG. 52. — Batterie de tuyaux à ailettes.

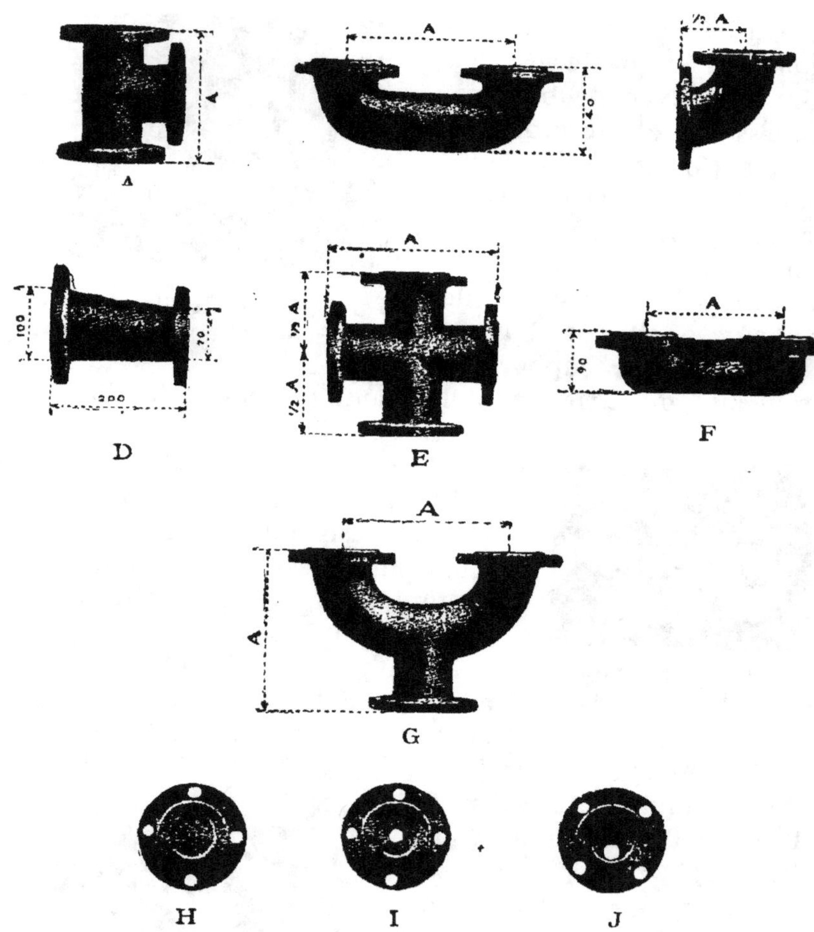

FIG. 53. — Raccords pour tuyaux à ailettes.
A. Té. — B. Coude double haut. — C. Coude simple. — D. Réduction. — E. Croix. — F. Coude double bas. — G. Culotte. — H. Bride pleine. — I. Bride d'entrée, taraudage au centre. — J. Bride de sortie, taraudage excentré.

groupent comme les tuyaux en fonte. Les assemblages se font par brides (mandrinées sur les tubes) et boulons ou par soudure autogène.

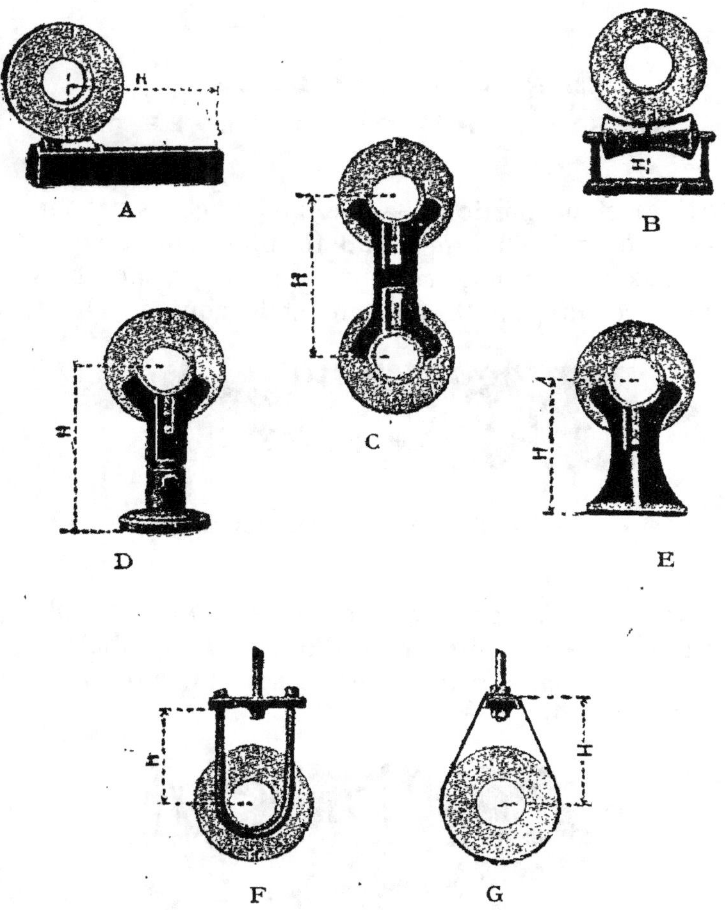

FIG. 54. — Supports de tuyaux à ailettes.

A. Rouleau à scellement. — B. A rouleau. — C. Intercalaire. — D. A coulisse. — E. Support simple. — F. Étrier de suspension pour tuyaux en fonte. — G. Étrier pour tuyaux en acier.

Tuyaux lisses. — On emploie les tuyaux lisses en fer (tubes ordinaires) pour l'établissement des cordons de chaleur et les tuyaux lisses en fonte pour les chauffages de serres.

CARACTÉRISTIQUES
DES CORPS DE CHAUFFE

Modèles et proportions. — Le modèle et les proportions des corps de chauffe sont déterminés par la nature des locaux à chauffer, les emplacements disponibles, les exigences du fonctionnement et le goût du client.

FIG. 55. — Tube acier à ailettes Spiros.

Poids. — Les corps de chauffe légers sont maniables et coûtent peu de transport et d'octroi. Ils permettent des mises en régime rapides en raison du faible poids de métal à réchauffer.

FIG. 56. — Tuyau acier Favier.

La légèreté ne doit pas être obtenue au détriment d'une solidité indispensable pour le transport (les radiateurs voyagent en vrac) et la conservation des appareils.

Contenance d'eau. — Les corps de chauffe à eau chaude à faible contenance permettent des mises en régime rapide. Par contre, ils se refroidissent rapidement dès que le générateur ne les alimente plus.

Pouvoir de transmission. — La caractéristique principale d'un corps de chauffe, celle d'après laquelle il devrait logiquement être catalogué, est son pouvoir de transmission, c'est-à-dire le nombre de calories qu'il peut transmettre en moyenne en une heure par mètre carré de surface de chauffe.

La comparaison de deux corps de chauffe doit toujours être faite d'abord de ce point de vue. Un moyen un peu grossier, mais très simple, pour comparer l'efficacité de deux radiateurs de même surface consiste à les abandonner, remplis d'eau à la même température, dans un local où ils sont placés dans les mêmes condi-

Fig. 57.
Tuyaux à ailettes carrées.

tions de refroidissement. Celui des deux appareils qui se refroidit le plus vite est évidemment celui dont le pouvoir d'émission est le plus grand.

On obtient le pouvoir de transmission en multipliant le coefficient de transmission de la paroi du corps de chauffe par la différence entre la température moyenne du fluide qui le parcourt et celle de l'air ambiant. Pour les radiateurs à eau chaude, on obtient la température moyenne en ajoutant la température à l'entrée à la température à la sortie et en divisant par deux. Comme température de l'air ambiant, on prend, dans tous les cas, celle du local chauffé.

Le coefficient de transmission moyen dépend des facteurs passés en revue au chapitre Ier *(Transmission à travers une paroi)* et en particulier pour les radiateurs de la nature et de l'épaisseur du métal, de la forme, de la hauteur, de la disposition, de l'écartement et du nombre des éléments.

Pour les tuyaux à ailettes, il dépend du diamètre du corps, du diamètre des ailettes, de leur écartement, de la façon dont elles sont en contact avec le corps et dans le cas d'une batterie, de la disposition des tuyaux les uns par rapport aux autres.

Dans tous les cas, la vitesse de l'air au contact des surfaces joue un rôle capital dont il faut tenir un compte spécial chaque fois que le mouvement de l'air est plus rapide qu'il ne le serait sous la simple poussée naturelle de l'air chaud.

La différence entre la température moyenne du fluide chauffant et l'air varie peu dans les chauffages à vapeur à basse pression dans lesquels la vapeur arrive toujours à une température voisine de 100 degrés. Elle varie dans de plus larges limites pour les radiateurs alimentés en eau chaude, car la température d'arrivée de l'eau dépend du refroidissement de l'eau dans la tuyauterie d'alimentation des radiateurs qui peut être considérable si la tuyauterie est longue, si elle traverse sans calorifugeage des locaux froids, ou si le rapport du débit au diamètre est faible.

Les indications qui précèdent montrent la prudence qu'il faut apporter dans l'emploi des chiffres qui sont généralement indiqués comme pouvoirs de transmission moyens des corps de chauffe et qui sont les suivants :

Radiateurs à eau chaude : 500 calories-heure par mètre carré de surface de chauffe;

Radiateurs à vapeur : 750 calories-heure par mètre carré de surface de chauffe;

Tuyaux à ailettes à eau chaude : 300 calories-heure par mètre carré de surface de chauffe;

Tuyaux à ailettes à vapeur : 500 calories-heure par mètre carré de surface de chauffe.

Les tableaux ci-dessous empruntés, l'un à un ouvrage du professeur Rietschel, l'autre au catalogue des établissements Favier, sont donnés à titre d'indications pour permettre de se rendre compte de l'influence que peuvent avoir sur le pouvoir de transmission différents facteurs.

TRANSMISSION DE LA CHALEUR DE L'EAU A L'AIR

L'air absorbant la chaleur ne possède que la vitesse occasionnée par la poussée naturelle.

COEFFICIENTS DE TRANSMISSION pour des écarts entre la température moyenne du fluide et la température ambiante	Inférieurs à 40°	De 40° à 50°	De 50° à 60°	De 60° à 70°	De 70° à 80°	Supérieurs à 80°
DÉSIGNATION DE LA SURFACE DE CHAUFFE						
Tuyauterie simple en fer, horizontale :						
Jusque 34 diam ext.	10,5	11,0	11,5	12,0	12,5	12,5
de 34 à 60, diam. ext	9,0	9,5	10,0	10,5	11,0	11,5
Radiateurs, écart des éléments au moins 25 $\frac{m}{m}$:						
4 à 6 éléments......	6,0	6,5	6,5	1,0	7,0	7,0
Plus de 6 éléments..	5,5	6,0	6,5	6,5	6,5	7,0
Tuyaux à ailettes circulaires, écart des ailettes au moins 35 $\frac{m}{m}$...........	4,0	4,5	5,0	5,0	5,5	5,5
Série de tuyaux circulaires à ailettes circulaires. Tuyaux horizontaux superposés (ailettes se pénétrant en partie) :						
3 tuyaux..........	3,0	3,5	4,0	4,0	4,0	4,0
6 —	2,5	3,0	3,0	3,5	3,5	3,5

COEFFICIENTS DE TRANSMISSION DES TUYAUX FAVIER (1)

Tuyaux horizontaux à 50 centimètres du sol ; température ambiante : 15 degrés.

Ventilation naturelle.

TUYAUX A AILETTES............ Nos	6	9	12	17	23	33	35
TUBE..........................	16/21	21/26	21/26	31/36	36/41	51/56	65/71
AILETTES......................	56	56	70	90	110	120	150
ÉCARTEMENT............. $^m/_m$	10	10	10	15	18	12	18
Vapeur à 100 grammes..........	10,6	11	8,5	7,5	6,5	5,5	5,5
Eau chaude à 40°..............	7,5	7,7	6	5,2	4,5	4	4,1
— 50°..............	8,4	8,6	6,6	5,8	5	4,4	4,3
— 60°..............	9,1	9,3	7,3	6,4	5,5	4,9	5,1
— 70°..............	9,5	9,8	7,7	6,7	5,8	5,1	5,2
— 80°..............	10	10,3	8	7	6	5,3	5,5

(1) Les coefficients élevés donnés dans ce tableau résultent sans doute de la parfaite adhérence des ailettes sur les tubes.

EMPLACEMENTS DES CORPS
DE CHAUFFE

Les corps de chauffe rayonnent assez peu dans les locaux où ils sont placés parce qu'ils sont à basse température; mais ils y provoquent d'importants courants de convection. Il faut donc les placer à la partie basse des locaux (voir chapitre Ier).

Pour que les courants de convection (véritables courants d'air) n'incommodent pas les occupants, il faut qu'ils parcourent des circuits aussi courts que possible; il faut donc disposer les corps de chauffe au voisinage immédiat des parois froides (fenêtres, murs extérieurs), de façon à ce que les courants froids qui descendent verticalement le long de ces parois soient immédiatement attirés sur les corps de chauffe et transformés en courants chauds qui formeront écran de chaleur entre l'intérieur et l'extérieur. C'est substituer dans une certaine mesure sa responsabilité à celle de l'installateur que de lui imposer certains emplacements.

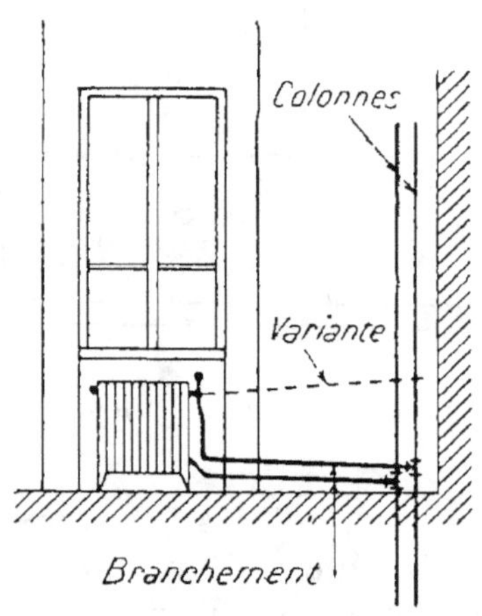

FIG. 58.
Radiateur placé en allège.

Le meilleur emplacement des corps de chauffe est sous les fenêtres, mais cette disposition présente certains inconvénients :

Encombrement de l'appareil qui interdit l'approche de la fenêtre;

Tuyauteries horizontales apparentes, dans de nombreux cas (fig. 58).

Esthétique discutable;

Noircissement rapide des rideaux. Ce qui peut, à la rigueur, être considéré comme plus avantageux que le noircissement des murs!

Lorsqu'on peut piquer le radiateur ainsi placé sur des tuyauteries passant à l'étage inférieur, le branchement est peu apparent (fig. 59), mais si le radiateur est à eau chaude, il doit être muni d'un purgeur fastidieux (voir chapitre IV).

Aussi préfère-t-on généralement placer les radiateurs dans les écoinsons des fenêtres, dans tous les cas où les allèges n'ont pas été aménagées spécialement.

On voit souvent des radiateurs placés derrière des portes intérieures, loin des murs

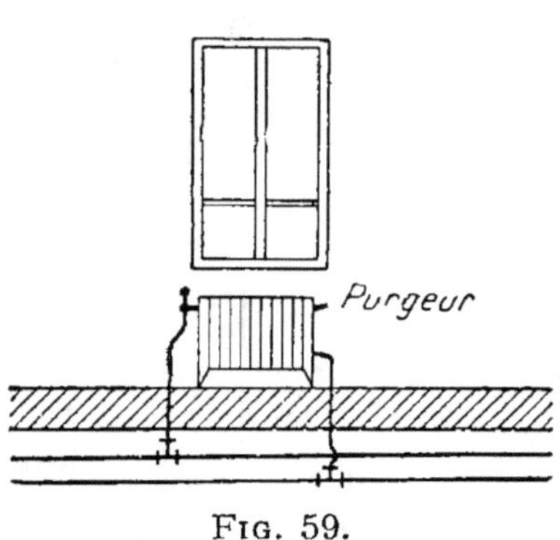

Fig. 59.
Radiateur en allège.

extérieurs et des fenêtres. Ils n'encombrent pas et sont relativement dissimulés, mais cette solution, souvent économique d'installation, est presque toujours mauvaise du point de vue de l'égalité de température dans le local. On obtiendra peut-être la température voulue au milieu de la pièce, là où un expert la mesurerait éventuellement, mais certainement pas du côté du mur extérieur. En somme, cette disposition n'est guère admissible que lorsque l'esthétique interdit les tuyauteries horizontales que nécessiteraient les emplacements rationnels (cas fréquent dans les chauffages d'étage).

Il ne faut jamais placer un radiateur devant une

cheminée, d'abord parce que l'air chauffé s'échappera par le conduit, ensuite parce qu'on rencontrera des difficultés pour placer les tuyauteries (marbres à percer, chambranles à contourner) et qu'on condamnera ainsi une cheminée qui peut être utile un jour.

Dans les grandes pièces, il faut prévoir plusieurs radiateurs de façon à obtenir une répartition aussi uniforme que possible de la température (éviter l'emploi de corps de chauffe d'un pouvoir d'émission supérieur à 2.000 calories).

Dans certains locaux industriels encombrés, on est quelquefois obligé de suspendre les tuyaux à ailettes sous le plafond. Si le plafond n'est pas perméable au froid, ces tuyaux se trouvent situés dans une atmosphère surchauffée, les courants de convection ne peuvent s'établir, et l'efficacité peut être réduite de 50 ou 60 %.

Par contre, lorsqu'un plafond est perméable au froid (plafonds vitrés, sheds, etc...), il y a intérêt, sinon nécessité, à placer immédiatement sous ce plafond des corps de chauffe appropriés (cordon de tuyaux lisses ou à ailettes) qui formeront un véritable plafond de chaleur combattant efficacement le courant froid qui, s'amorçant sous la toiture, tend à descendre sur la tête des occupants.

Mais cette solution est onéreuse d'installation et entraîne une consommation exagérée en raison de ce que les tuyaux ainsi placés se trouvent dans d'excellentes conditions d'émission de chaleur puisque situés dans une zone très froide. Le malheur est que cette chaleur n'intéresse pas directement les occupants. Elle est mal utilisée, elle reste à la partie haute du local.

L'emplacement d'un corps de chauffe est un facteur de rendement trop souvent méconnu ou négligé. On corrige quelquefois des installations insuffisantes par simple déplacement des corps de chauffe.

TUYAUTERIES

Genres de tubes. — On en distingue trois :

    1º Tubes soudés par rapprochement ;

    2º Tubes soudés par recouvrement ;

    3º Tubes étirés sans soudure.

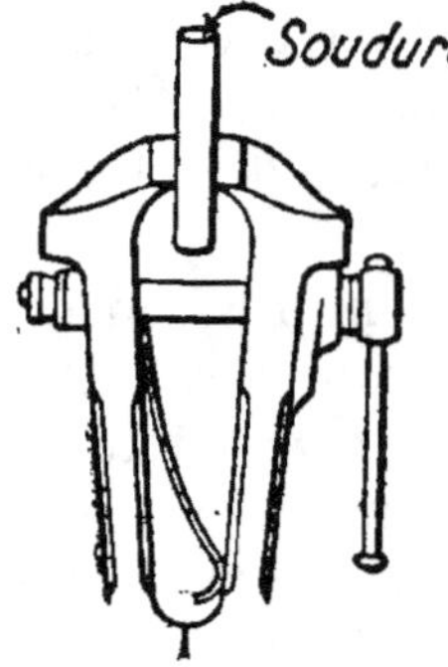

Fig. 60.
Épreuve du tube en fer.

Tubes soudés par rapprochement. — Les moins solides, de fabrication économique. Ne se font que jusqu'au diamètre de 50 × 60.

Observer que dans leur fabrication il y a bien plutôt collage que soudure.

Les essayer de la façon suivante :

Une petite longueur est serrée progressivement à l'étau, la soudure doit tenir jusqu'à l'aplatissement égal à la moitié du diamètre (fig. 60).

Variante : le tube Moitroux à bords biseautés mâle et femelle (très bon tube) (fig. 61).

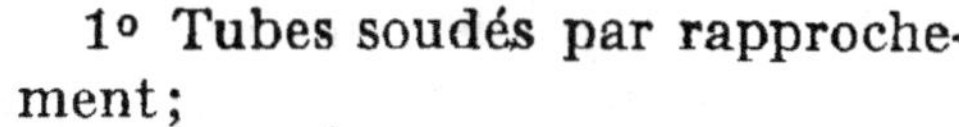

Fig. 61.
Tube Moitroux.

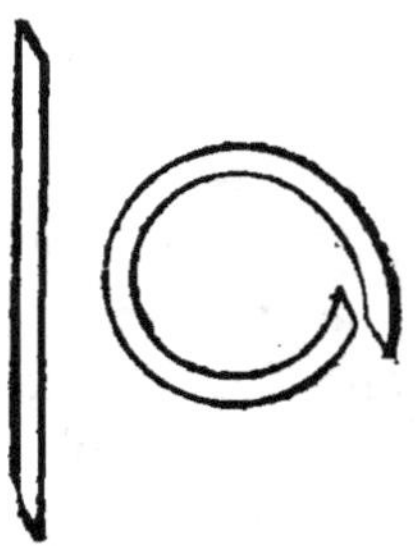

Fig. 62.
Tube soudé par recouvrement.

Tubes soudés par recouvrement (fig. 62). — Meilleurs que les précédents, se fabriquent en gros diamètres. Généralement essayés à de fortes pressions. Façonnage facile à cause de la bonne soudure.

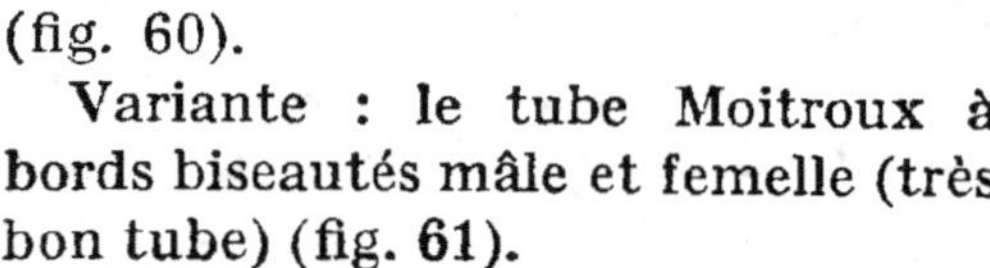

Tubes sans soudure. — Obtenus par l'étirage d'un rond d'acier plein et court. Les gros diamètres de 60 à 102 viennent directement de cette opération. Les plus petits, au contraire, sont repris sur les gros en les réduisant par une nouvelle opération de laminage·

Très solides, de belle apparence, se travaillant avec une grande facilité, notamment au cintrage, mais plus coûteux que les précédents.

Caractéristiques des tubes. — On désigne les tubes par leur diamètre intérieur ou par leurs deux diamètres intérieur et extérieur. Les diamètres en millimètres ne sont qu'approximatifs, ils sont la traduction dans le système métrique des mesures anglo-américaines en pouces. Le pouce équivaut à 25 mm. 4. Les caractéristiques usuelles des tubes sont données par le tableau suivant :

CARACTÉRISTIQUES DES TUBES

Diamètre en pouces	Diamètre en $\frac{m}{m}$	Section en $\frac{m}{m}^2$	Surface intér. de 1 m. l. en m²	Surface extér. de 1 m. l. en m²	Poids de 1 m. en kg. environ	Volume de 1 m. l. en litres
1/8	5/10	019	0,015	0,031	0,465	0,019
1/4	8/13	050	0,025	0,040	0,640	0,050
3/8	12/17	113	0,037	0,053	0,885	0,113
1/2	15/21	176	0,047	0,065	1,320	0,176
3/4	20/27	314	0,062	0,084	2,010	0,314
1	26/34	530	0,081	0,106	2,940	0,530
1 1/4	33/42	855	0,103	0,131	4,130	0,855
1 1/2	40/49	1256	0,125	0,153	4,900	1,256
2	50/60	1963	0,157	0,188	6,730	1,963
2 1/4	60/70	2827	0,188	0,219	7,955	2,827
2 1/2	66/76	3421	0,207	0,238	0,690	3,421
2 3/4	72/82	4071	0,226	0,257	9,420	4,071
3	80/90	5026	0,251	0,282	10,400	5,026
3 1/2	90/102	6361	0,282	0,324	14,115	6,361
4	102/114	8171	0,320	0,358	15,880	8,171

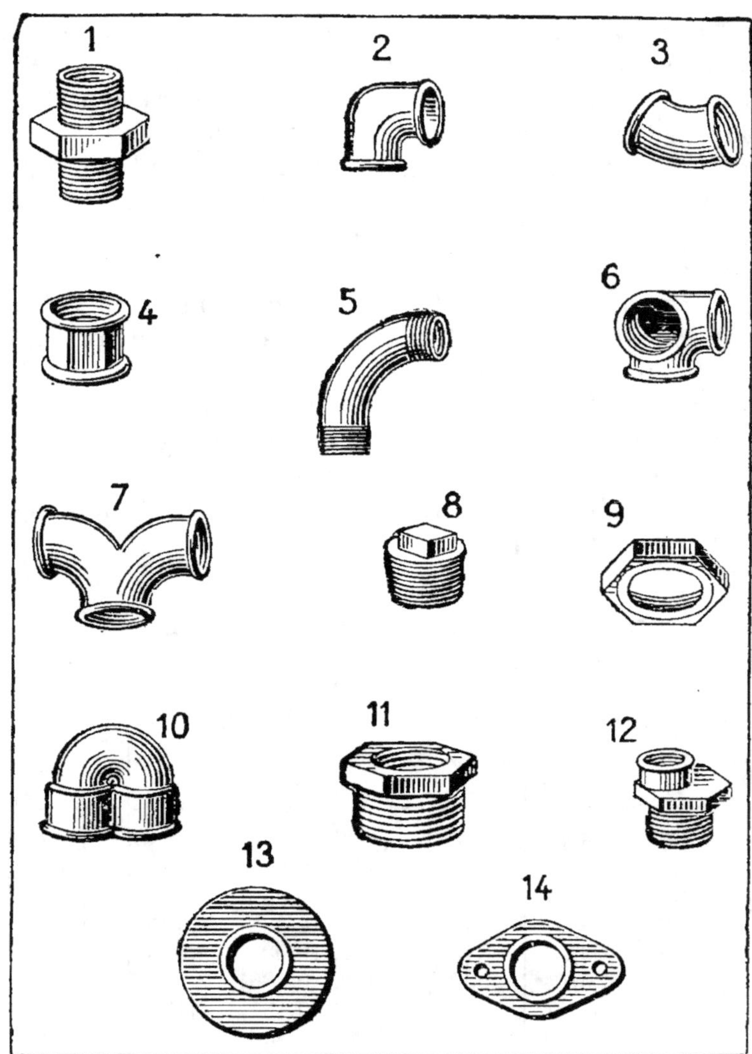

FIG. 63. — Raccords pour tube fer.

1. Mamelon à centre hexagonal. — 2. Coude d'équerre. — 3. Coude court à 45°. — 4. Manchon hexagonal. — 5. Coude mâle à 90°. — 6. Distributeur à coudes d'équerre. — 7. Té à deux embranchements cintrés. — 8. Bouchon mâle conique. — 9. Contre-écrou à 6 pans. — 10. Coude double 180°. — 11. Réducteur mâle et femelle. — 12. Réducteur excentré m. et f. — 13. Bride ronde ordinaire. — 14. Bride ovale taraudée.

Les tubes sont livrés en barres de 6 mètres environ,
dont les extrémités sont lisses, sans taraudage (tubes

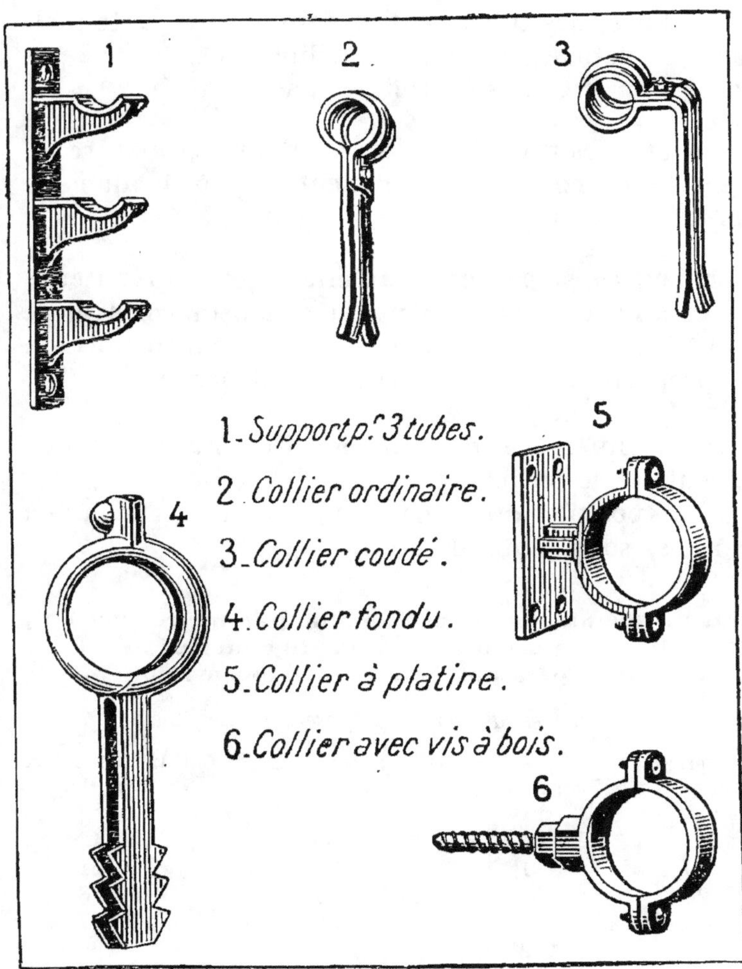

FIG. 64. — Supports pour tubes en fer.

S. T.) ou taraudés et protégés par un manchon en fer
(tubes T. M.). On coupe les tubes sur chantier, on les

courbe au feu, on les filète et on les assemble au moyen de raccords.

Raccords. — Les raccords employés (fig. 63) pour l'assemblage des tubes sont en fonte ou en fonte malléable, à filetages coniques ou cylindriques, avec 2 pas à droite ou avec pas à droite et pas à gauche.

Supports des tuyauteries. — La figure 64 montre les supports et colliers couramment employés dans le montage des tubes.

Chaleur émise par les tuyauteries. — Les tuyauteries des chauffages à eau chaude et à vapeur constituent de véritables radiateurs dont le pouvoir d'émission est proportionnel à la longueur et dépend :

du diamètre;

de la différence de température entre le fluide véhiculé et le local;

de la position du tuyau (horizontale, verticale, en plinthes, sous plafond, etc...)

Pouvoir d'émission approximatif, par mètre courant, en calories-heure, des tuyauteries de chauffage à eau chaude par thermosiphon.

Tuyauteries d'aller nues posées en plinthes.

Diamètres intérieurs	En grenier	En cave et locaux non chauffés	Dans les locaux chauffés
15	63	50	47
20	81	76	61
26	103	97	78
33	115	108	87
40	132	124	99
50	163	153	122
60	190	178	142
66	204	191	153
80	231	220	176
90	256	240	192
102	272	255	204

Tuyauteries de retour nues posées en plinthes.

Diamètres intérieurs	En grenier	En cave et locaux non chauffés	Dans les locaux chauffés
15	43	39	27
20	56	51	36
26	71	64	45
33	79	71	50
40	91	82	57
50	112	101	71
60	131	118	83
66	140	126	88
80	161	145	101
90	176	159	110
102	187	170	119

NOTA. — Pour les colonnes, prendre 50 % des chiffres ci-dessus.
Pour les tuyauteries sous plafonds, prendre 30 % des chiffres ci-dessus.
Pour les tuyauteries calorifugées, prendre 40 à 50 % des chiffres ci-dessus.

Pouvoir d'émission approximatif, par mètre courant, en calories-heure, des tuyauteries de chauffage à vapeur à basse pression.

Tuyauteries de vapeur nues posées en plinthes.

Diamètres intérieurs	En grenier	En cave	Dans locaux chauffés
15	79	75	63
20	101	96	81
26	129	123	103
33	144	137	115
40	165	156	132
50	204	194	163
60	238	226	190
66	255	242	204
80	294	279	231
90	320	304	256
102	340	323	272

NOTA. — Pour les colonnes, prendre 50 % des chiffres ci-dessus.
Pour les tuyauteries sous plafonds, prendre 30 % des chiffres ci-dessus.
Pour les tuyauteries calorifugées, prendre 40 à 50 % des chiffres ci-dessus.

Les tuyauteries qui traversent des locaux à chauffer contribuent au chauffage. Celles qui traversent les caves, les greniers, les locaux non chauffés émettent inutilement des quantités de chaleur appréciables qui se traduisent par une consommation supplémentaire constante de combustible. C'est pourquoi il est préférable de les calorifuger.

CALORIFUGES

Calorifuges des chaudières. — La surface extérieure des chaudières rayonne inutilement une quantité de chaleur sensible qui se traduit par une consommation appréciable de combustible et une élévation anormale de la température dans la chaufferie.

Il y a donc intérêt à habiller les chaudières d'une enveloppe calorifuge, sauf toutefois exceptionnellement dans certains petits chauffages où l'on désire au contraire que la pièce dans laquelle est placée la chaudière soit chauffée.

La plupart des chaudières peuvent être livrées par leurs constructeurs revêtues d'une jaquette calorifuge en feutre maintenue par une enveloppe en tôle. Ces jaquettes sont

Fig. 65.
Chaudière « Idéal » avec son enveloppe calorifuge.

très efficaces et d'un emploi commode (fig. 65).

Les chaudières qui ne comportent pas de jaquette

peuvent être recouvertes après pose d'une épaisseur de 3 centimètres environ d'enduit d'amiante qui s'applique sur la chaudière chaude par couches minces successives, se polit facilement et peut se peindre.

Le calorifuge à l'enduit exige généralement une main-d'œuvre spécialisée.

Calorifuge des tuyauteries. — Les pertes par tuyauteries sont très réduites lorsqu'on prend la précaution

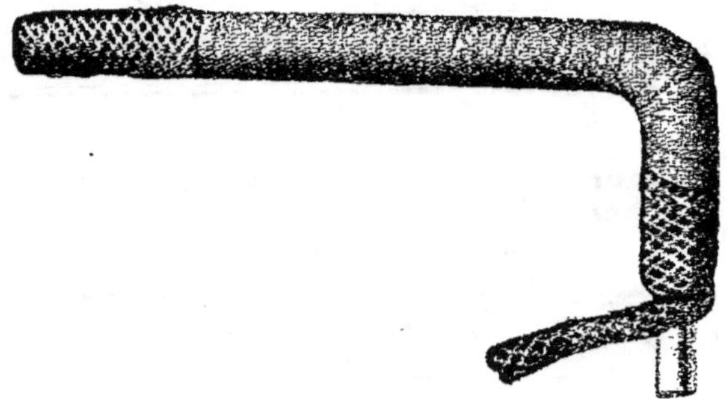

Fig. 66. — Calorifuge de tuyauteries.

d'envelopper les tuyaux d'une matière calorifuge appropriée.

Le calorifuge est particulièrement utile, sinon indispensable, pour certaines tuyauteries de vapeur qui traversent des passages très froids dans lesquels la vapeur qu'elles véhiculent pourrait être complètement condensée.

' On peut employer pour calorifuger les tuyaux des bourrelets de soie de 25 millimètres de diamètre qu'on enroule sur les tubes et qu'on recouvre de toile (fig. 66).

Le tableau suivant, emprunté au catalogue de la Compagnie nationale des Radiateurs, donne les quantités de bourrelets et de toile approximativement nécessaires.

**Quantité approximative de bourrelet nécessaire
par mètre courant de tuyau.**

Diamètre des tuyaux. $\frac{m}{m}$	12/17	15/21	20/27	26/34
Bourrelet de 25 $\frac{m}{m}$... Kg.	0,330	0,390	0,480	0,550
Diamètre des tuyaux. $\frac{m}{m}$	33/42	40/49	50/60	60/70
Bourrelet de 25 $\frac{m}{m}$... Kg.	0,600	0,660	0,750	0,830
Diamètre des tuyaux. $\frac{m}{m}$	66/76	80/90	90/102	102/114
Bourrelet de 25 $\frac{m}{m}$... Kg.	0,890	1	1,080	1,210

**Longueur approximative de toile nécessaire
pour enrober un mètre courant de tuyau calorifugé
avec bourrelet de 25 m/m.**

Diamètre des tuyaux. $\frac{m}{m}$	12/17	15/21	20/27	26/34
Mètres courants de toile...	2,10	2,25	2,45	2,65
Diamètre des tuyaux. $\frac{m}{m}$	33/42	40/49	50/60	60/70
Mètres courants de toile...	2,90	3,15	3,50	3,80
Diamètre des tuyaux. $\frac{m}{m}$	66/76	80/90	90/102	102/114
Mètres courants de toile...	4	4,40	4,75	5,15

Pour donner plus de rigidité et meilleur asp᷒ à
l'isolation, on peut interposer entre le bourrelet et la
toile du carton mince.

Ce procédé d'isolation efficace peut être pratiqué
par n'importe quel ouvrier un peu soigneux.

Les coquilles de liège, de 2 à 3 centimètres d'épaisseur, enduites ou non de plâtre, arrêtées par des manchettes en zinc, bridées au fil de fer, quelquefois habillées de toile, donnent également de bons résultats. Mais elles ne conviennent bien que pour les tuyauteries à basse température (eau chaude).

Enfin, le carton ondulé ignifugé, enroulé à plusieurs épaisseurs sur les tuyaux et maintenu par une bande de toile, réduit considérablement les pertes.

Avant de calorifuger les tuyauteries, il est bon de les recouvrir d'une couche de minium qui évite leur oxydation.

Parmi les calorifuges économiques et qui conviennent parfaitement dans certains cas on peut citer : la sciure et la fibre de bois, le mâchefer sec, les débris de liège, le sable.

Avantages. — Un bon calorifuge peut réduire les pertes de 50 à 75 %, ce qui montre que la dépense engagée pour le calorifuge est très rapidement couverte par l'économie considérable de combustible qu'elle permet de réaliser. On peut estimer cette économie en s'aidant des tableaux des pages 78 et 79.

Difficultés. — La principale difficulté qu'on rencontre dans l'emploi du calorifuge est de le soustraire à l'action de l'humidité qui amène sa pourriture ou son désagrégement, il faudra donc prendre toutes précautions utiles à ce sujet et quelquefois garnir d'une enveloppe en zinc les parties susceptibles d'être mouillées (passages à l'extérieur ou auprès de tuyaux d'eau froide sur lesquels se produit de la condensation).

CHAPITRE IV

CHAUFFAGE A EAU CHAUDE
DIT PAR THERMOSIPHON

GÉNÉRALITÉS

Définition. — Le chauffage à eau chaude par thermosiphon (encore appelé chauffage à eau chaude par gravité ou chauffage à eau chaude à basse pression) est caractérisé par le fait que la température de l'eau qui véhicule la chaleur du générateur aux corps de chauffe ne dépasse jamais 90 degrés.

Avantages. — Le chauffage central à eau chaude par thermosiphon est simple, sûr, régulier, rigoureusement silencieux, durable et facile à conduire.

Il est réglable centralement et localement mieux que tout autre système, ce qui permet une exploitation économique.

Du point de vue hygiénique il a le grand avantage d'utiliser des corps de chauffe à basse température au contact desquels les poussières organiques de l'air ne se décomposent pas, qui ne présentent aucun risque de brûlure, et qui ne dessèchent pas l'atmosphère.

Inconvénients. — Les inconvénients généraux du chauffage central à eau chaude par thermosiphon sont les suivants :

Prix d'installation assez élevé en raison du diamètre des tuyauteries et des grandes dimensions des corps de chauffe qui sont d'ailleurs encombrants.

Mise en régime assez lente, même lorsque la contenance d'eau et le poids de métal sont réduits.

Risque de gel en cas d'absence, si on a négligé de vidanger avant de partir. Les tuyauteries et appareils peuvent éclater et si l'accident se produit dans les étages supérieurs, les dégâts sont considérables. (Il existe d'ailleurs des appareils anti-gel qui vidangent automatiquement l'installation.)

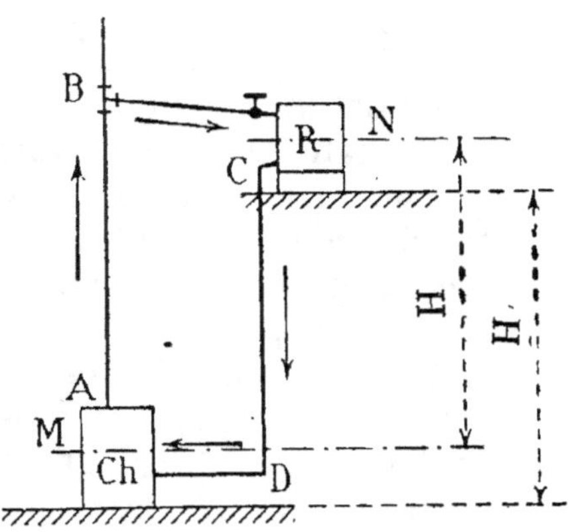

Fig. 67.
Principe du thermosiphon.

Lorsque l'installation est vidangée, les tuyauteries s'oxydent.

Indications. — Des points de vue technique, hygiénique et économique, le chauffage à eau chaude par thermosiphon est indiqué pour tous les locaux dans lesquels on désire obtenir une température douce, régulière et facilement réglable : habitations, bureaux, écoles, hôpitaux, serres, etc...

Théorie du fonctionnement du thermosiphon. — La théorie classique du fonctionnement des chauffages à eau chaude par thermosiphon ou théorie des différences de densités est la suivante (fig. 67) :

Si Ch est la chaudière; R, un corps de chauffe placé dans un local à chauffer et dans lequel l'eau vient se refroidir, la colonne montante d'alimentation AB chaude est moins dense que la colonne descendante de retour CD; donc la pression par centimètre carré à la base de la colonne AB est plus petite que la pression à la base de la colonne CD. La différence de ces deux pressions, ou charge, se traduit par une force (force hydromotrice) qui oblige l'eau à circuler continuellement dans le sens des flèches.

Il se produit en quelque sorte un phénomène de convection canalisé par les tuyauteries.

Si la tuyauterie d'alimentation est à 90° et la tuyauterie de retour à 60°, la charge s'obtient en millimètres d'eau par centimètre carré en multipliant la différence de niveau en mètres entre la chaudière et le radiateur par 18. Cela résulte de ce que la différence de poids entre une colonne d'eau d'un centimètre carré de section et d'une hauteur d'un mètre à la température de 90° et une même colonne d'eau à 60° est de 1,8 gramme.

Le calcul de la charge devient complexe lorsque l'installation comporte plusieurs réseaux ramifiés les uns sur les autres dont les différentes charges se combinent pour donner des charges résultantes.

D'autre part, le refroidissement inévitable de l'eau au cours de son trajet dans les tuyauteries vient influer sur les densités aux différents points du circuit et modifie ainsi la charge théorique.

La pression dans les colonnes AB et CD étant proportionnelle à la hauteur de ces colonnes, la charge est également proportionnelle à cette hauteur qui est sensiblement égale à la différence de niveau entre la chaudière et le corps de chauffe ou à la différence de niveau entre le milieu M de la chaudière et le milieu N du corps de chauffe.

La théorie de la différence des densités est à vrai

dire un peu simpliste. La théorie thermo-dynamique qui fait entrer en ligne de compte les dilatations et les contractions qui se produisent sous l'effet des changements de température dans la masse liquide en circulation donne du fonctionnement des thermosi-

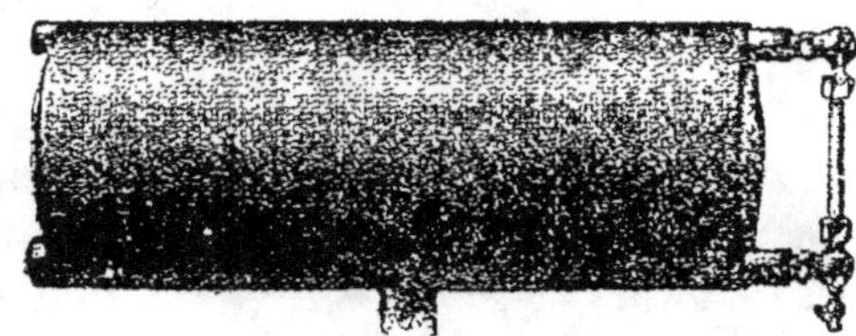

Fig. 68. — Vase d'expansion horizontal.

phons une explication beaucoup plus scientifique. Cette théorie sort du cadre de cet ouvrage. Ses conclusions sont d'ailleurs pratiquement en accord avec celles de la théorie des différences de densités qu'on peut résumer comme suit :

La charge, toujours très faible, qui commande le diamètre des tuyauteries, dépend des températures de l'eau dans les différents tronçons du circuit et dans les appareils, et elle est d'autant plus grande que la différence des niveaux entre la chaudière et le corps de chauffe considéré est plus grande.

Ces conclusions expliquent :

L'intérêt qu'il y a à placer la chaudière le plus bas possible ;

La difficulté d'établir des installations dans lesquelles la chaudière se trouve placée au même niveau que les corps de chauffe (chauffage d'appartements) ;

L'impossibilité à peu près générale d'alimenter correctement des corps de chauffe placés à un niveau inférieur à celui de la chaudière, ou placés au même niveau qu'elle, mais de hauteur moindre.

Vase d'expansion. — Cet appareil, indispensable dans toute installation à eau chaude par thermosiphon, est un récipient ouvert à l'air libre, placé au point haut de l'installation (fig. 68-69 et 70).

FIG. 70
Vase d'expansion rectangulaire.

Il recueille l'augmentation de volume de l'eau lors de son échauffement. Cette dilatation entraînerait, si l'installation était complètement étanche, l'éclatement des appareils et tuyauteries.

Le volume du vase d'expansion doit être double de la dilatation maximum de l'eau, c'est-à-dire égal au moins au 1/15 de la capacité en eau de toute l'installation (voir le volume des tuyauteries, page 75 et celui des appareils dans les catalogues).

Pour les petites installations, jusqu'à 20.000 calories, on peut prendre sans calcul un vase de 20 à 25 litres.

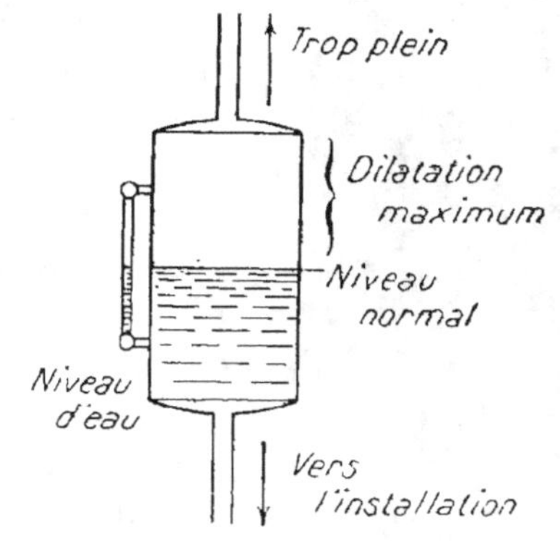

FIG. 71. — Vase d'expansion.

Le vase d'expansion est muni d'un niveau d'eau et d'une tuyauterie de trop-plein aboutissant sur le toit ou sur une vidange sanitaire (fig. 71).

La tuyauterie qui raccorde le vase sur l'installation

et la tuyauterie de trop-plein doivent être disposées et dimensionnées de façon à ce qu'elles soient suscep-tibles d'éva-cuer tous les afflux d'eau qui peuvent se produire et éventuel-lement la va-peur qui ré-sulterait d'un embal-lement acci-dentel de la chaudière. Pour que l'é-chappement de la vapeur soit possible, il faut que le vase d'ex-pansion soit piqué sur une tuyauterie en communication avec la partie supérieure de la chaudière.

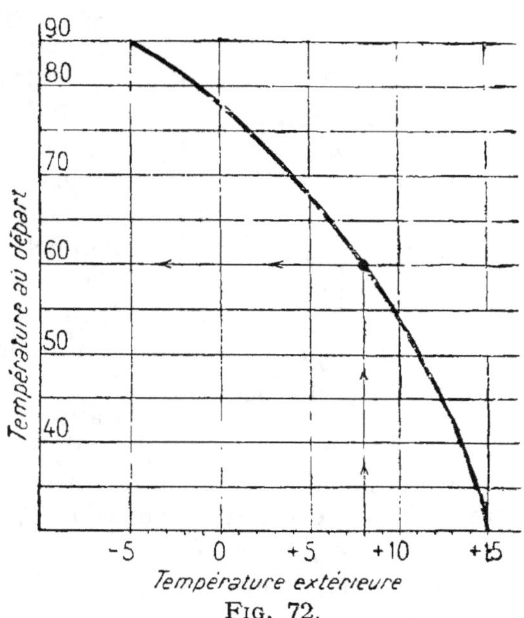

Fig. 72.

Graphique de marche d'un chauffage.

TUYAUTERIES DU VASE D'EXPANSION

SURFACE DE CHAUFFE DE LA CHAUDIÈRE	DIAMÈTRE DES TUYAUTERIES du vase d'expansion
0 à 2 mètres carrés.................	20/27
2 à 6 —	26/34
6 à 10 —	33/42

Lorsque le trop-plein débouche à un niveau inférieur à l'orifice de trop-plein du vase d'expansion, il faut le munir d'un évent (ou entrée d'air) qu'on peut établir comme l'indique la figure (fig. 73) et qui évite le siphonnage de l'installation par le trop-plein, tout en empêchant les projections d'eau lorsque le trop-plein débite.

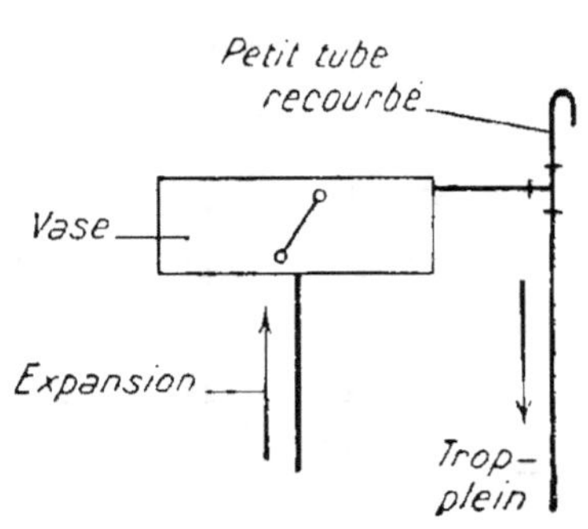

FIG. 73.
Évent de vase d'expansion.

Lorsqu'il est impossible de placer le vase dans un endroit abrité, on peut l'établir avec circulation d'eau chaude, comme un radiateur (fig. 74). Comme ce dispositif a l'inconvénient d'entraîner une perte de chaleur, on préfère souvent calorifuger soigneusement le vase. (La sciure, la fibre de bois donnent de bons résultats.)

Lorsqu'on ne dispose pas d'eau sous pression, c'est généralement sur le vase d'expansion qu'on place l'entonnoir pour le remplissage qui est alors effectué au seau.

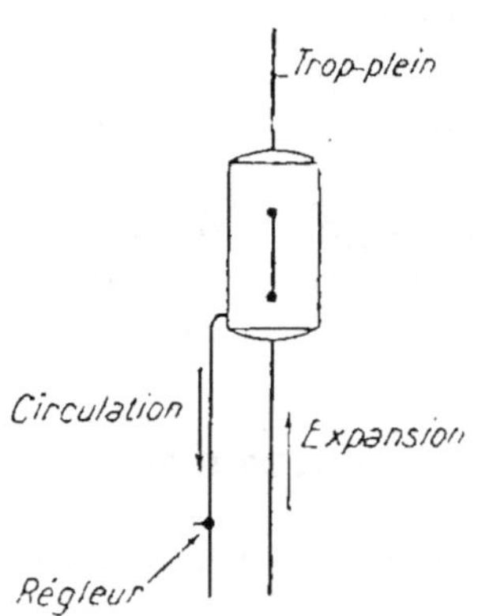

FIG. 74.
Vase avec circulation.

Purge d'air. — L'eau qu'on fait circuler dans les chauffages à eau chaude contient toujours de l'air qui s'en dégage sous l'action de la chaleur et qui tend à s'accumuler à tous les points hauts où il ne tarderait pas à constituer de véritables bouchons s'opposant à la circulation régulière de l'eau.

Il est absolument nécessaire d'évacuer, de purger régulièrement l'air des tuyauteries.

Si les appareils et tuyauteries sont disposés en pente montante vers le vase d'expansion, l'air s'élèvera vers le vase et s'en échappera naturellement par la tuyauterie de trop-plein.

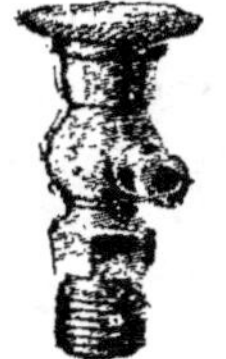

Fig. 75.
Purgeur
à volant.

Lorsque cette purge naturelle est impossible, il faut placer aux points hauts des purgeurs d'air (fig. 75, 76 et 77), petits robinets qu'on manœuvre à la main, ou établir un dispositif de purge permanente, c'est-à-dire un réseau de tuyauteries de petit diamètre (5 ou 8) conduisant l'air vers des points purgés naturellement, au vase d'expansion, ou directement à l'extérieur. Dans ce dernier cas, les tuyauteries de purge permanente doivent déboucher à un niveau supérieur à celui du vase d'expansion et leur extrémité doit

Fig. 76.
Purgeur à clef.

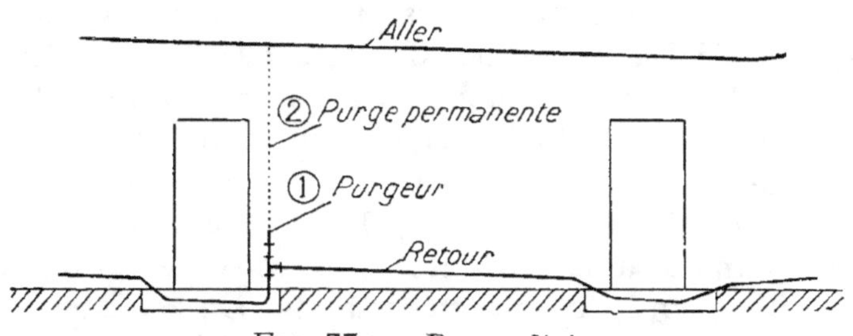

Fig. 77. — Purge d'air.

être mise à l'abri de la poussière et de la gelée.

Toutefois, les purgeurs que les usagers oublient

souvent de manœuvrer doivent être évités le plus possible ainsi que les tuyauteries de purge permanente qui se bouchent par oxydation (à moins qu'elles ne soient établies en cuivre).

D'une façon générale, le sens des pentes importe assez peu et il ne faut jamais hésiter à adopter celui qui assure la purge la plus sûre.

NOTIONS SOMMAIRES
SUR LE CALCUL DES TUYAUTERIES

Données. — Le réseau des tuyauteries d'un chauffage à eau chaude par thermosiphon constitue une distribution d'eau chaude sous faible pression.

On a vu que la charge est assez difficile à calculer Par contre, les débits nécessaires peuvent être connus assez exactement :

Il suffit d'admettre un écart convenable entre la température de l'eau à l'entrée des corps de chauffe et sa température à la sortie pour fixer la quantité d'eau qui doit traverser le corps de chauffe. On admet 20 à 30 degrés. Plus l'écart est grand, plus la température moyenne du radiateur et par suite son pouvoir d'émission sont faibles, mais plus la charge est élevée puisque l'écart entre les densités de l'eau à l'aller et au retour est augmenté. Si l'écart admis est de 25 degrés par exemple, chaque litre d'eau qui traverse le radiateur s'y refroidit de 25 degrés, il y abandonne donc 25 calories. En divisant le pouvoir d'émission du radiateur par 25, on trouve le nombre de litres d'eau qui lui sont nécessaires. Un radiateur de 1.200 calories-heure exige dans ces conditions un débit horaire de 1.200 : 25 = 48 litres d'eau.

La charge et les débits étant calculés, il faut faire entrer en considération la résistance qu'offre la tuyauterie à la circulation de l'eau. Cette résistance peut être décomposée en résistance linéaire et résistances locales.

Résistance linéaire. — Cette résistance (ainsi appelée parce qu'elle est proportionnelle à la longueur des tuyauteries) est due au frottement de l'eau contre les parois des tuyaux et dépend des facteurs suivants :

Etat des parois des tuyaux (lisses ou rugueuses);

Débit (elle augmente lorsque le débit augmente);

Diamètre (elle diminue lorsque le diamètre augmente).

Résistances locales. — Tout changement de direction ou de section de la tuyauterie (coudes, tés, robinets, réductions, etc.) se traduit par une résistance locale qu'il est commode de représenter par une longueur équivalente, c'est-à-dire par une longueur de tuyauterie droite dont la résistance linéaire aurait la même valeur que la résistance locale considérée.

On dira, par exemple, qu'un coude ordinaire du calibre 15/21 offre la même résistance que 0 m. 65 de tuyauterie de même diamètre. Ce rapport résulte d'expériences de laboratoire.

En première approximation on peut estimer forfaitairement les résistances locales à 30 % des résistances linéaires pour les circuits principaux et à 100 % pour les branchements courts comportant des coudes rapprochés, des robinets, etc...

Pertes de charge et circulation. — Toute résistance absorbe une partie de la pression disponible, elle se traduit par une diminution de cette pression, par une perte de charge.

Pour que l'eau circule dans un circuit, il faut et il suffit que la pression disponible dans ce circuit soit au moins égale au total des pertes de charge du circuit.

Principe du calcul des tuyauteries. — On a vu plus haut que les pertes de charge dépendent, entre autres choses, du diamètre des tuyauteries et que la charge dépend également des diamètres, puisqu'elle est influencée par le refroidissement de l'eau dans les tuyaux. On sait que le débit dépend aussi du diamètre.

Cette interdépendance entre les données et les inconnues du problème fait que le calcul des tuyauteries d'un chauffage à eau chaude est un problème délicat qu'il est impossible de beaucoup simplifier sans tomber dans l'empirisme complet.

Il faut se défier des méthodes trop simples dont on peut expier durement l'emploi par la nécessité de remaniements complets qui ne vont pas sans frais, dégâts et protestations des clients.

Sans prétendre qu'un calcul rigoureux soit possible, ni même qu'il soit toujours nécessaire, on peut faire observer que c'est toujours l'intérêt de l'installateur d'être renseigné sur ce point aussi exactement que possible, car les diamètres trop justes ne pardonnent jamais et la concurrence ne permet pas les diamètres trop larges.

Les installateurs non techniciens ont d'ailleurs à leurs dispositions des bureaux techniques spécialisés qui leur fournissent à peu de frais tous les documents nécessaires à des exécutions correctes.

Les pertes de charges pratiques diffèrent souvent des pertes de charges théoriques prises en considération dans les calculs parce que l'on se trouve dans l'obligation d'employer les diamètres commerciaux et parce que les coudes mal cintrés, les tuyaux aplatis, etc. offrent des résistances imprévues, d'ailleurs impossibles à apprécier. On peut admettre que ces influences se compensent et procéder comme suit pour déterminer les diamètres :

Admettre d'abord empiriquement les diamètres;

Admettre un écart convenable entre les températures d'entrée et de sortie de l'eau qui alimente les corps de chauffe (voir page 92);

Calculer les débits nécessaires (voir même page);

Calculer les chutes de températures dans les tuyauteries d'alimentation au moyen de tableaux dans le genre du suivant et en déduire les températures aux différents points du circuit d'alimentation et à l'entrée et à la sortie des corps de chauffe;

REFROIDISSEMENT DES TUYAUTERIES

Chutes approximatives de températures, en degrés, par mètre courant, dans les tuyauteries de chauffage à eau chaude. (Température au départ, 90 degrés; température des locaux traversés, 15 degrés.)

DÉBIT DES TUYAUX en litres à l'heure	DIAMÈTRES DES TUYAUX					
	15	20	26	33	40	50
40	1,21	1,59	2,01	2,25	2,56	3,16
50	0,98	1,27	1,62	1,82	2,05	2,53
60	0,81	1,06	1,34	1,50	1,70	2,11
70	0,69	0,91	1,15	1,68	1,46	1,81
80	0,61	0,79	1,00	1,30	1,28	1,58
90	0,53	0,70	0,89	1,00	1,13	1,40
100	0,49	0,64	0,80	0,90	1,02	1,27
200	0,24	0,32	0,40	0,45	0,51	0,63
300	0,16	0,21	0,27	0,30	0,34	0,42

Calculer les chutes de températures dans les tuyauteries de retour et en déduire les températures aux différents points des circuits de retour;

Calculer les charges, égales aux différences de poids de colonnes d'eau d'un centimètre carré de section et de hauteurs et températures moyennes égales aux hauteurs et températures moyennes des colonnes, radiateurs, chaudières, etc...

Comparer dans chaque tronçon de tuyauterie le total des pertes de charges linéaires et les pertes de charges locales prises sur des tableaux à la charge disponible.

Si le total est inférieur à la charge, on peut diminuer quelques diamètres au jugé; s'il est supérieur, il faut en accroître certains... et dans tous les cas recommencer tout le calcul dont on conçoit la longueur et la complexité.

Poids en grammes d'une colonne d'eau d'un centimètre carré de section et d'un mètre de hauteur à différentes températures

A 30°...	99,57	A 65°...	98,07
35°...	99,42	70°...	97,78
40°...	99,23	75°...	97,49
45°...	99,02	80°...	97,19
50°...	98,81	85°...	96,87
55°...	98,58	90°...	96,55
60°...	98,33		

Procédés empiriques. — Pour choisir les diamètres à essayer et souvent même pour établir les devis, les techniciens eux-mêmes se contentent d'un procédé rapide : formule ou abaque. Il est toujours imprudent d'exécuter une installation en s'appuyant sur ces documents qui, résolvant un cas général ou limite, ne s'appliquent que tout à fait exceptionnellement aux cas particuliers.

C'est ainsi que l'abaque de la page 126 donne généralement des diamètres trop forts pour tous les radiateurs autres que les plus défavorisés de chaque circuit qui servent de base.

DISPOSITIONS GÉNÉRALES
DES TUYAUTERIES

Installations à un tuyau. — Les schémas (fig. 78 et 79) montrent la disposition des installations à un tuyau. Ce système n'a que l'avantage de la simplicité et de l'économie de tuyauterie.

Il a le grave inconvénient de ne permettre aucun réglage, l'eau d'alimentation d'un corps de chauffe provenant d'eau déjà refroidie dans le corps de chauffe précédent. Les derniers corps de chauffe, traversés par de l'eau à basse température, doivent être de dimensions énormes. Dans la disposition de la figure (fig. 78), les corps de chauffe ne peuvent être ni réglés ni mis hors circuit.

Ces systèmes à un tuyau sont très peu employés.

Installations à deux tuyaux. — Les schémas (fig. 80 et 81) donnent les deux dispositions principales des systèmes à double tuyauterie, l'une d'aller et l'autre de retour :

a) Distribution supérieure ou en parapluie (fig. 80);

b) Distribution inférieure ou en chandelles (fig. 81).

La distribution en parapluie présente les avantages suivants :

Mise en mouvement rapide de l'eau dans la colonne montante principale;

Une seule tuyauterie horizontale à l'étage inférieur (généralement en cave) et à basse température, puisque c'est une tuyauterie de retour;

Colonnes d'alimentation de diamètres décroissants

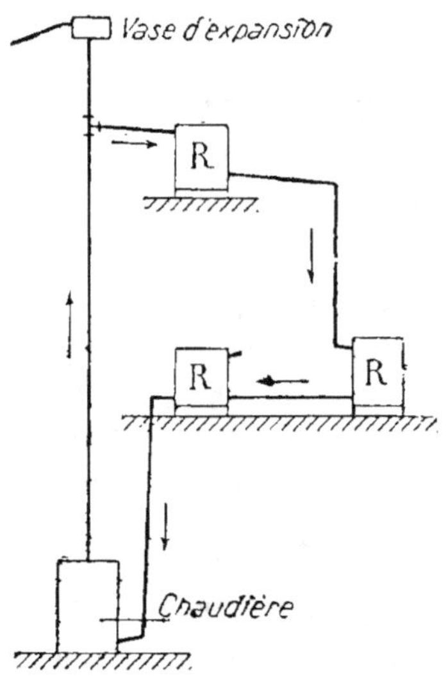

FIG. **78.**
Installation à un tuyau.

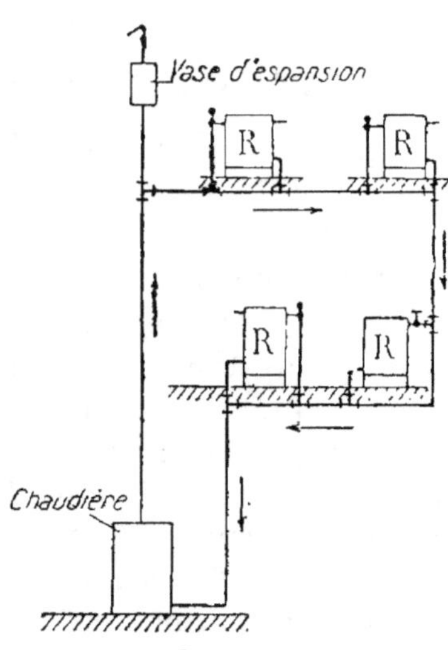

FIG. 79.
Installation à un tuyau

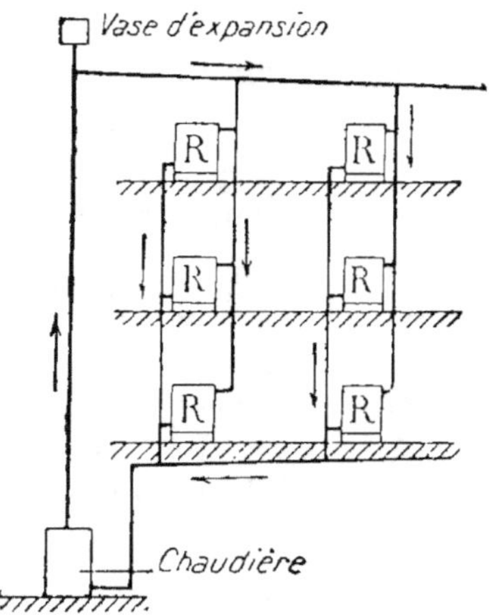

FIG. 80.
Distribution à deux tuyaux
en parapluie.

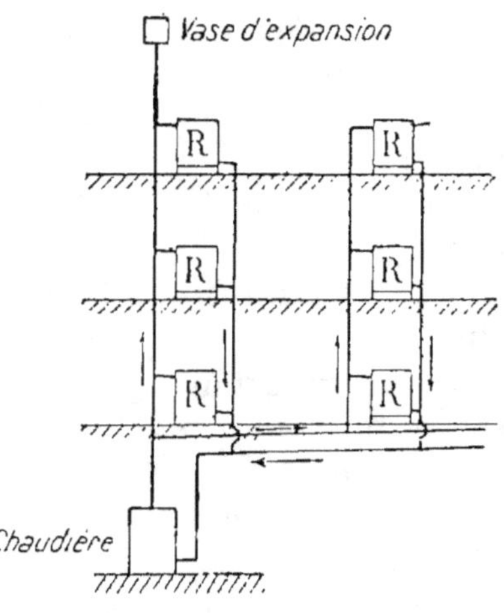

FIG. 81.
Distribution en chandelles.

vers les étages inférieurs où se trouvent les pièces principales dont l'esthétique est à ménager.

Par contre, l'inconvénient principal de ce dispositif est d'accroître la dépense de tuyauteries, d'une colonne montante principale de gros diamètre puis-

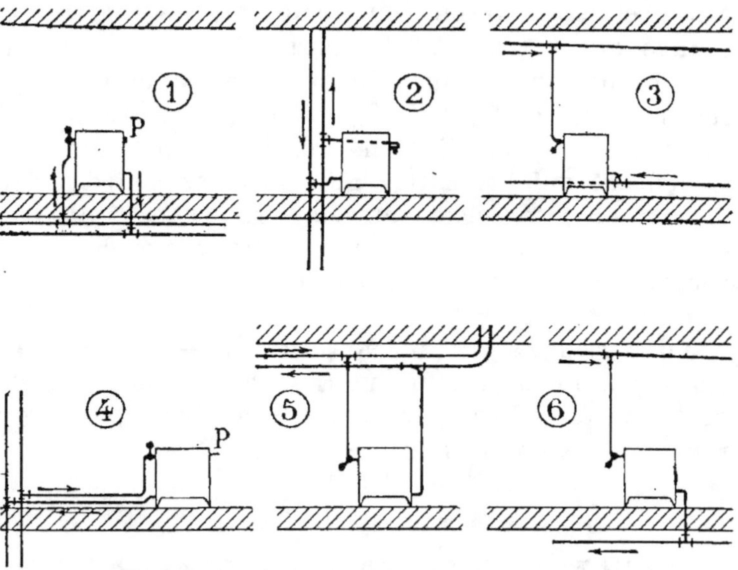

FIG. 82. — Distribution à deux tuyaux.

(1) Piquage (P. Purgeur d'air).
(2) Branchement sur colonne.
(3) Aller sous plafond et retour en plinthe.
(4) Aller et retour en plinthe (P. purgeur d'air).
(5) Aller et retour sous plafond.
(6) Aller sous plafond et retour sous plafond de l'étage inférieur.

qu'elle doit conduire à la partie haute de l'édifice toute l'eau de circulation.

Les avantages et les inconvénients de la distribution en chandelles sont la contre-partie des inconvénients et des avantages de la distribution en parapluie.

Ces deux modes de distribution peuvent d'ailleurs être combinés sur une même installation.

Dans tous les cas, le niveau des tuyauteries horizontales d'alimentation par rapport aux corps de chauffe est indifférent. On place généralement les tuyauteries horizontales de retour à un niveau inférieur à celui des corps de chauffe, soit en plinthes, soit sous le plafond d'un étage inférieur. Lorsque les tuyauteries de retour circulent sous le plafond de l'étage où se trouvent les corps de chauffe qu'elles desservent, on dit que l'installation est établie avec retours sous plafond. Les installateurs évitent généralement ce genre d'installation d'une exécution assez difficile et qui présente d'ailleurs assez peu d'intérêt comme on le précisera au chapitre VI, sauf dans les cas où c'est une obligation impérieuse que de ne pas soulever les parquets ou carrelages.

TUYAUTERIES DE BRANCHEMENTS. — Les dispositions classiques des **tuyauteries de branchements** des corps de chauffe sur les tuyauteries principales sont représentées par la figure 82.

RÈGLES GÉNÉRALES D'INSTALLATION

En dehors des règles qu'on peut tirer, particulièrement du point de vue des emplacements d'appareils, du chapitre précédent, voici les différents points qu'il faut toujours avoir présents à l'esprit lorsqu'il s'agit de réaliser une installation de chauffage à eau chaude par thermosiphon :

Pour la chaudière. — La placer aussi bas que possible, c'est-à-dire de préférence dans une cave, ou si l'importance de l'installation le justifie dans une fosse spéciale.

La construction d'un conduit de fumée étant toujours onéreuse, il faut entre plusieurs emplacements possibles préférer celui qui se trouve le plus près d'un conduit convenable et réglementaire existant ou d'un conduit facile à rejoindre (conduit de l'étage supérieur par exemple).

Pour les petites installations, on peut quelquefois placer la chaudière dans une pièce habitée où elle tient lieu de radiateur. On perd alors un des principaux avantages du chauffage central puisque les manipulations de charbon, de cendres et de mâchefers devront avoir lieu dans cette pièce. Il est préférable de placer la chaudière dans un vestibule ou dans un coin de la cuisine.

FIG. 83.
H. Hydromètre. — T. Thermomètre. — R. Régulateur. — Rob. Robinets de vidange.

Pour les corps de chauffe. — Tout en s'inspirant des principes généraux exposés aux chapitres précédents, s'efforcer de placer les corps de chauffe à des distances horizontales aussi réduites que possible de la chaudière de façon à réduire la longueur des tuyauteries horizontales d'alimentation et de retour.

Grouper les appareils des différents étages sur des

colonnes communes, toujours dans le but de réduire la longueur des tuyauteries qui sont l'élément de cherté principal par elles-mêmes et par la main-d'œuvre considérable qu'entraîne leur pose.

Fig. 84.
T. Thermomètre. — R Régulateur. — V. Robinets de vidange.

Un emplacement de radiateur ne doit être fixé qu'après qu'on s'est assuré d'atteindre l'appareil avec deux tuyauteries, économiquement et élégamment.

La détermination d'un emplacement est presque toujours la résolution souvent difficile d'un compromis entre des considérations techniques et des considérations d'encombrement, d'esthétique et d'économie. La fantaisie du client vient quelquefois compliquer le problème.

Accessoires des chaudières. — Les accessoires des chaudières à eau chaude sont les suivants :

Un thermomètre qui indique la température de l'eau au départ de la chaudière;

Un robinet d'alimentation en eau froide piqué sur une tuyauterie de retour et raccordé sur une canalisation d'eau froide sous pression. Ce robinet peut être doublé par un robinet de sûreté assurant une étanchéité parfaite;

Un ou deux robinets de vidange V raccordés sur une vidange d'eaux usées ou munis d'un raccord pour tuyau de caoutchouc mobile (fig. 83 et 84);

Un régulateur automatique de tirage commandant la porte d'entrée d'air sous la grille et la porte de coupe-tirage (fig. 85).

Un hydromètre indiquant le niveau de l'eau dans l'installation (fig. 86).

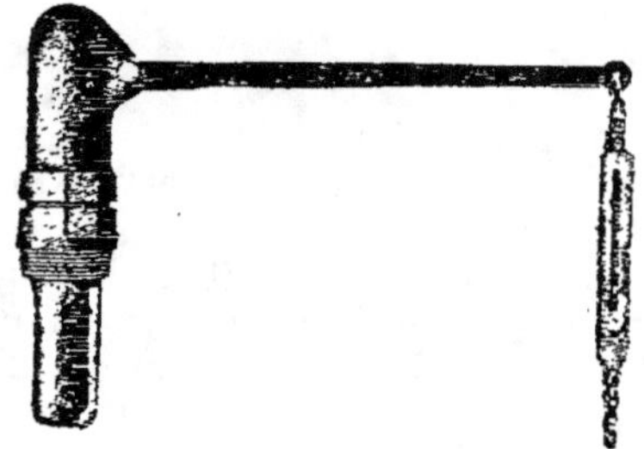

FIG. 85.
Régulateur automatique.

FIG. 86.
Hydromètre.

Un jeu d'ustensiles pour charger et nettoyer la chaudière ;

Dans certains cas, une soupape de sûreté.

Sécurité des installations. — Une chaudière à eau chaude privée d'expansion présente un danger d'explosion sous l'effet de la dilatation, aggravé par le risque d'une vaporisation instantanée et brutale de l'eau (surchauffée sous pression à une température supérieure à 100 degrés) que la rupture de la chaudière met en communication avec l'atmosphère.

Une soupape de sûreté placée sur la chaudière ne donne qu'une sécurité relative.

Il faut éviter les vannes placées sur la tuyauterie de départ et susceptibles d'interrompre la communication avec le vase. Lorsqu'elles sont indispensables (dans certains cas d'accouplement de plusieurs chaudières, par exemple) un tube de sûreté de section convenable montant jusqu'au vase d'expansion est indispensable.

Voici les dispositions arrêtées à ce sujet par le troisième congrès du chauffage et de la ventilation des bâtiments habités :

Règles de l'art concernant les dispositifs de sûreté à employer pour le chauffage par l'eau chaude à basse pression.

I. — Les générateurs d'eau chaude doivent être mis en communication directe avec l'atmosphère sans l'intervention de vannes de fermeture d'aucune sorte.

II. — La section de cette communication doit être telle que dans le cas d'échappement de vapeur, lorsque la chaudière donne sa puissance totale de calories, l'élévation de pression ne devra pas être supérieure à plus de 1/10 de la pression statique. Cette condition doit être remplie, même si le circuit de chauffage ne contribue pas au refroidissement de l'eau de la chaudière.

A titre d'indication, les diamètres suivants peuvent être employés pour les tubes de sûreté dont la longueur ne dépassera *pas la distance verticale entre le niveau de la chaudière et le vase d'expansion.*

Chaudière ou groupe de chaudières dont la surface totale ne dépasse pas :

6 mètres carrés....	Diamètre :	25 millimètres.		
10 —	....	—	35	—
20 —	....	—	40	—
30 —	....	·—	60	—
60 —	....	—	60	—
90 —	....	—	70	—
120 —	....	—	80	—

Ces diamètres doivent être considérés comme des minima.

III. — La section du tube de sûreté devra être augmentée de 5 % pour chaque changement de direction et pour 5 mètres de longueur de tube en plus de la distance verticale entre la chaudière et le vase d'expansion.

IV. — Le dégagement d'eau et de vapeur devra être visible. L'orifice du tube de sûreté devra être disposé de telle manière qu'il ne puisse être obstrué.

V. — En cas d'accouplement des chaudières, sans vanne d'arrêt, les dispositifs ci-dessus sont applicables pour l'ensemble des chaudières réunies.

VI. — Dans le cas de vannes de sectionnement placées sur

les départs et retours des chaudières, les précautions ci-dessus doivent être appliquées pour chacune des chaudières prises séparément.

VII. — Chaque chaudière doit être munie :

1º D'un indicateur de hauteur d'eau efficace pour connaître le niveau de l'eau dans le tube de sûreté;

2º D'un ou deux robinets de jauge établis à la partie haute de la chaudière pour permettre au personnel de constater si elle renferme ou non de l'eau avant d'allumer le foyer.

VIII. — En cas d'emploi de vannes d'accouplement, celles-ci devront porter très apparemment un dispositif indicateur d'ouverture. Ce dispositif devra toujours être visible pour le chauffeur.

IX. — Les tubes de sûreté devront être aménagés de telle manière qu'ils ne puissent en aucun cas être soumis à la gelée.

DÉTAILS D'EXÉCUTION

Réductions de diamètres. — Toutes les réductions de diamètres effectuées sur les tuyauteries horizontales dans le sens de la pente montante doivent être établies de telle façon que l'air ne puisse s'accumuler à leur endroit.

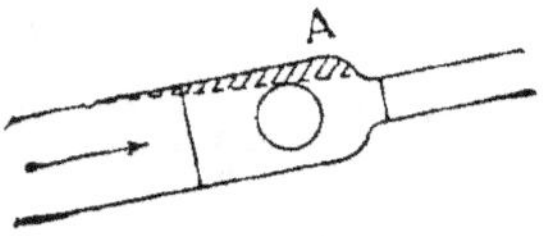

Si l'on dispose horizontalement un té réduit ordinaire, l'air s'accumulera inévitablement en A (fig. 87). La disposition de la figure 88 avec réductions excentrées placées dans un té à sorties égales évite cet inconvénient.

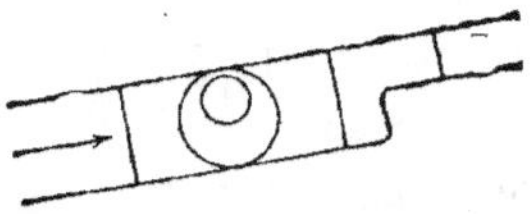

Fig. 87.
Mauvais montage.

Fig. 88.
Bon montage.

Branchements des corps de chauffe. — On raccorde l'alimentation en haut et le retour en bas. Mais il est généralement indifférent de les raccorder du même côté ou de côtés opposés.

Le raccordement de la tuyauterie d'alimentation du côté opposé à la colonne montante est une nécessité lorsque la colonne montante est longue, car la lon-

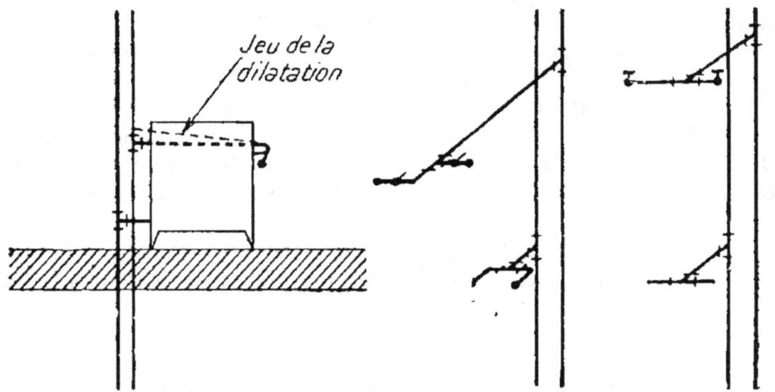

Fig. 89. — Branchement.   Fig. 90. — Branchements.

gueur du branchement lui donne une certaine élasticité qui lui permet de suivre les déplacements ver-

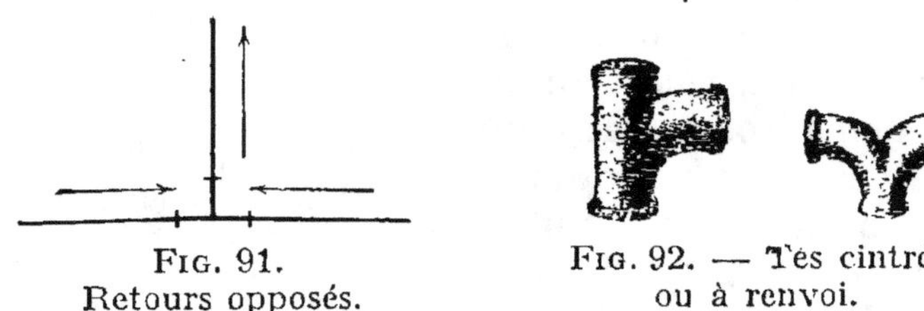

Fig. 91.
Retours opposés.

Fig. 92. — Tés cintrés
ou à renvoi.

ticaux importants que la dilatation impose à la colonne (fig. 89).

Dans tous les autres cas, la disposition relative des orifices est une question de commodité, d'économie et d'esthétique (1).

----

(1) Les raccordements du même côté provoquent une perte de charge totale moindre que les raccordements opposés.

On combine aussi simplement et élégamment que possible les branchements des radiateurs voisins alimentés par les mêmes colonnes (fig. 90).

D'une façon générale, il faut s'efforcer d'éviter les dispositions des tuyauteries de retour qui provoquent la rencontre de courants opposés (fig. 91). On peut employer dans ce but des tés cintrés, dits à renvoi, mais ces raccords coûtent cher (fig. 92).

RÉGLAGE DES INSTALLATIONS

Nécessité d'un premier réglage par l'installateur. — Si scrupuleusement qu'ait pu être calculée une installation, il se produit inévitablement entre la théorie et la réalisation, certains écarts dont les causes principales sont :

La nécessité matérielle d'arrondir les diamètres théoriques aux diamètres du commerce;

L'influence que peut avoir sur les pertes de charge le plus ou moins de soin apporté au montage, particulièrement dans la façon des coudes.

La répartition de l'eau chaude entre les différents corps de chauffe est alors légèrement différente de celle qui a été prévue, certains appareils favorisés chauffent trop aux dépens d'autres.

Régler l'installation, c'est corriger dans toute la mesure du possible l'écart de la pratique et de la théorie, c'est rétablir les conditions de fonctionnement prévues dans les calculs.

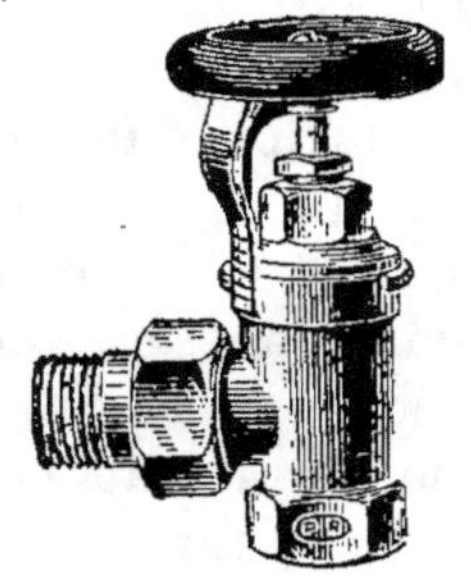

Fig. 93.
Robinet à double réglage.

Robinets à double réglage. — Les robinets à double réglage qui commandent les corps de chauffe permettent le réglage de l'installation (fig. 93).

Un bon robinet à double réglage est représenté en coupe par la figure 94.

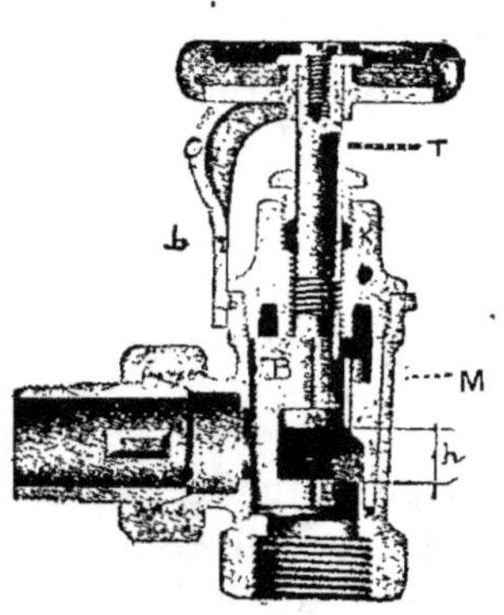

Fig. 94.
Coupe d'un robinet
à double réglage.

Indépendamment du boisseau B dont la lumière (vue de face sur la gravure) démasque plus ou moins le passage lorsqu'on manœuvre le volant, ce robinet comporte un mamelon M qui termine la tige du volant.

Si l'on retire le volant, qu'on retourne la clé C sur le carré de façon à ce que la tige T échappe au butoir b qui limite sa course, on peut visser, au moyen de la clé retournée, la tige dans le chapeau K; le mamelon descend alors à l'intérieur du boisseau et la section de passage se trouve diminuée par réduction de la hauteur h. On se rend compte de la position du mamelon dans le boisseau en mettant la clé en place et en voyant lequel des crans c vient à hauteur du butoir b, ou mieux en vissant d'abord à fond et en comptant les tours dévissés. La clé C étant remise en place, sa course se trouve limitée par le butoir b qui ne permet au boisseau B que le quart de tour nécessaire pour obturer ou démasquer complètement le passage laissé libre par le mamelon M. Le réglage se fait de l'extérieur, le robinet étant en place, et sans difficulté.

Exécution du réglage. — L'installation une fois terminée et la chaudière étant allumée, on observe par une visite générale la température des différents corps de chauffe. Il peut être normal que certains d'entre eux, éloignés de la chaudière, c'est-à-dire desservis par les tuyauteries très longues dans lesquelles l'eau se refroidit, se trouvent à une température moyenne plus basse que d'autres appareils plus favorisés (1). Celui qui a calculé l'installation doit avertir le monteur pour éviter les fausses manœuvres.

En pratique, on se contente d'apprécier les températures par le toucher. Dans les installations importantes, un thermomètre mobile rend de grands services et permet d'opérer plus exactement.

L'installation est réglée lorsque (les volants des robinets étant tous sur la position d'ouverture) les radiateurs sont normalement alimentés, que leur température est uniforme dans toute leur largeur et décroît de haut en bas du nombre de degrés choisi comme base des calculs (20 à 30°).

Le réglage doit naturellement être fait à différentes allures de la chaudière et on adopte le réglage moyen qui donne les meilleurs résultats.

Lorsqu'on apprécie les températures à la main, c'est à basse température qu'on se rend le mieux compte des différences.

Réglage par l'usager. — Le terme « régulation » serait plus exact. La plupart des usagers ne savent pas, quelquefois parce que l'installateur a négligé de le leur apprendre, tirer de la faculté de réglage central du chauffage à eau chaude les possibilités d'économie de combustible qu'elle comporte.

Il y a gaspillage de combustible chaque fois que la chaudière marche à une température supérieure à

---

(1) Dans certains cas, l'installation est calculée de façon à ce que toutes les températures de sortie soient les mêmes.

celle qui est juste nécessaire pour que les pièces les plus défavorisées, par leur exposition ou leurs conditions de refroidissement particulières, soient chauffées à la température prévue.

Si l'installation est bien établie, les températures de marche normale se rapprochent de celles qui sont données par la figure 72.

C'est donc sur trois thermomètres, l'un placé à l'extérieur, le second dans la pièce la plus exposée, le troisième sur la chaudière, que l'usager doit se guider s'il veut conduire économiquement son chauffage.

Dans une installation importante, il peut être intéressant d'utiliser des thermomètres dont les indications transmises à distance dans la chaufferie permettent au chauffeur la conduite rationnelle des feux.

Il est évident que des réglages fréquents sont inutiles et qu'ils seraient inopérants sur des chaudières à charbon dont l'allure ne se modifie pas instantanément.

Il n'est utile et pratique de modifier l'allure de chauffe que pour des périodes plus ou moins longues suivant la brusquerie des variations de la température extérieure.

Régulateurs de combustion. — Il ne faut pas se faire trop d'illusions sur la possibilité de maintenir absolument fixe la température de marche d'une chaudière à charbon. Toutefois, les bons régulateurs de combustion réduisent la surveillance du foyer et en facilitant la régularisation de la marche contribuent à l'économie de combustible.

Le régulateur représenté par la figure 95 est du principe courant : il comporte un élément dilatable placé dans le tube T qui plonge dans l'eau de la chaudière et dont les variations de longueur provoquent le déplacement du levier L qui manœuvre la chaîne C attachée à la porte d'entrée d'air sous la grille.

Le régulateur étant réglé suivant les indications du constructeur si on raccourcit la chaîne en manœuvrant la glissière G, la porte d'air s'ouvre, la combustion s'active pour ne se ralentir que lorsque la température de la chaudière s'étant élevée, le levier s'incline et la porte se ferme.

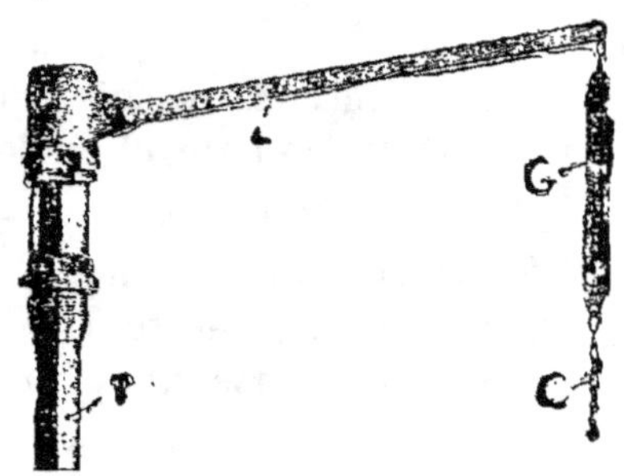

Fig. 95. — Régulateur.

On conçoit qu'un usager observateur puisse arriver rapidement en s'aidant de la graduation de la coulisse G à repérer les positions de cette coulisse qui correspondent aux températures usuelles de marche suivant la température extérieure.

Réglage local automatique. — Des appareils ingénieux, mais généralement délicats et toujours coûteux, les *thermostats*, réalisent le réglage local automatique des corps de chauffe.

Placés dans les pièces à chauffer et fonctionnant suivant les variations de températures de la pièce, ils agissent sur le robinet de commande du corps de chauffe et le manœuvrent, comme le ferait un usager avisé, de façon à maintenir constante et à la valeur fixée la température du local.

Les thermostats ne sont guère utilisés en raison de leur prix élevé que dans les cas où la régularité de la température est absolument indispensable (laboratoires d'essais, par exemple, ateliers pour certains traitements, etc.).

ESSAIS DES INSTALLATIONS

Les différents essais qui permettent d'apprécier une installation de chauffage sont les suivants :

Essais d'étanchéité ;
Essais de circulation ;
Essais de souplesse (ou de réglage) ;
Essais de puissance (ou de températures).

Essais d'étanchéité. — L'essai d'étanchéité se fait généralement par simple remplissage.

Il faut observer que certaines fuites qui se produisent à froid cessent à chaud ou au bout de quelques jours pour des raisons diverses (oxydation, etc...).

Chaque fois que des tuyauteries doivent être masquées après pose, il est de bonne règle de les essayer sous pression, au moyen d'une petite pompe par exemple, avant la mise en place des parquets, panneaux ou revêtements qui doivent les recouvrir.

Essai de circulation. — L'essai de circulation consiste à s'assurer que le fluide circule normalement dans les canalisations et appareils.

On se contente généralement d'apprécier les températures par le toucher.

Des thermomètres mobiles (thermomètres à tuyaux, par exemple) placés aux endroits convenables, permettent de vérifier plus exactement si les résultats prévus dans les calculs sont bien obtenus.

Essai de souplesse. — Il est particulièrement intéressant de s'assurer qu'une installation de chauffage à eau chaude par thermosiphon fonctionne correctement à toutes les allures, autrement dit que la répartition de l'eau chaude entre les différents corps de chauffe s'effectue de la même façon, quelle que soit la température au départ de la chaudière.

Cet essai doit être précédé du réglage général dont il a été question plus haut.

Essai de puissance. — L'essai de puissance consiste à s'assurer que l'installation est bien en mesure de fournir les températures garanties.

Comme on n'a pas toujours la faculté d'attendre que la température extérieure atteigne exactement le minimum fixé pour faire les essais, il a fallu adopter des règles de correspondance pour le cas où la température extérieure est supérieure ou inférieure au minimum prévu.

Il importe, d'autre part, que les conditions des essais de températures soient parfaitement définies dans les devis.

On trouvera plus loin (appendice, page 270) un exemple des règles qui peuvent être adoptées à ce sujet.

Lorsque la puissance d'une installation est suffisante et ses proportions convenables, les températures au départ de la chaudière correspondent sensiblement suivant la température extérieure aux indications de la figure 72.

En pratique, on ne fait guère les essais de températures qu'en cas de réclamation ou de contestation.

DÉFECTUOSITÉS ET RÉFECTIONS

Lorsqu'un usager se plaint de l'insuffisance de température, il faut s'assurer, dans l'ordre, que les proportions de l'installation sont bonnes (surfaces de chauffe, puissance de chaudière, diamètres des tuyauteries), et puis si elles le sont :

Que la chaudière est à sa température de marche normale ;

Que les conditions dans lesquelles la température peut être obtenue sont observées (ventilation normale, etc...) ;

Que les corps de chauffe fonctionnent normalement.

Le mauvais fonctionnement d'un corps de chauffe peut provenir : d'une mauvaise purge résultant d'absence de pente, d'une contrepente, ou de ce que les tuyauteries, bien posées, ont été bousculées (colliers arrachés, etc.) ou d'un mauvais réglage, ou encore de la présence de corps étrangers dans la tuyauterie.

Il suffit quelquefois que le retour d'un radiateur soit à température légèrement plus basse que celle d'un radiateur voisin pour que la circulation cesse complètement dans le premier. Le remède consiste à ouvrir légèrement le double réglage du radiateur malade ou à fermer partiellement celui de son voisin.

Lorsque ce sont les proportions de l'installation qui sont défectueuses, il ne reste souvent à l'usager qu'à se repentir d'avoir voulu une installation à bon marché, de s'être adressé à un installateur incompétent ou peu scrupuleux, ou à se décider aux réfections nécessaires toujours onéreuses, et d'autant plus désagréables qu'elles entraînent des détériorations de peinture, papiers, etc...

L'insuffisance la plus grave est celle des diamètres des tuyauteries. Lorsqu'elle est générale, on peut dans certains cas y remédier par l'adjonction d'un des dispositifs d'accélération qui seront examinés plus loin. ·

MODIFICATIONS — EXTENSIONS

Il est prudent de n'entreprendre aucune modification sur une installation sans s'être préalablement assuré par une vérification et un essai de l'état de l'installation et de son fonctionnement.

On ne doit adjoindre des corps de chauffe qu'après s'être assuré que la chaudière est en mesure de fournir et les tuyauteries de débiter la quantité d'eau chaude qui leur sera nécessaire. Si ce n'est pas le cas, toutes réserves doivent être faites dans le devis quant au fonctionnement simultané des appareils existants et des appareils ajoutés. Toutefois, lorsque les locaux ne sont pas utilisés tous à la fois ou lorsqu'il s'agit d'un service d'eau chaude, l'adjonction peut être faite sans inconvénient.

Par précaution et pour éviter de charger la distribution, on peut alimenter les corps de chauffe ultérieurement ajoutés, par un circuit spécial partant de la chaudière.

Toute modification ou adjonction est généralement l'occasion de travaux difficultueux : démontage de tuyauteries dont les joints sont rouillés, remaniement de radiateurs, etc. Ces travaux entraînent souvent des surprises désagréables (bris d'appareils, tuyaux fendus, etc.) Ils sont à entreprendre avec circonspection.

Lorsqu'on veut établir une installation avec prévision d'extension ultérieure, il n'est pas indiqué de placer tout de suite une chaudière capable de fournir dans la suite une puissance supérieure de plus de 20 % à la puissance immédiatement nécessaire. On consommera inutilement du combustible. Les chaudières sectionnées, extensibles, donnent une solution facile Il est bon de prévoir le massif, la disposition du tuyau de fumée et des tuyauteries principales, de façon à réduire au minimum les travaux de modifications ultérieures.

Quant aux tuyauteries, rien ne s'oppose à ce qu'elles soient dimensionnées en vue d'adjonctions ultérieures. *Si ces adjonctions sont réparties sur les divers circuits,* les tuyauteries seront dans l'ensemble un peu larges, ce qui n'aura que peu d'inconvénient (augmentation du pourcentage de perte par les tuyauteries).

Si les adjonctions futures prévues sont cantonnées dans une certaine région de l'installation, les circuits desservant cette région avant l'adjonction offriront une résistance relativement trop faible et il peut être impossible de freiner la circulation active qui a tendance à s'établir par les seuls robinets des corps de chauffe. Les autres circuits établis à diamètres normaux s'en ressentiront. Le réglage général sera impossible. Le remède consiste dans un étranglement provisoire des *circuits à étendre ultérieurement* par le moyen d'une portion de tube de diamètre volontairement réduit, suivant les données du calcul des pertes de charges, et intercalée dans le circuit à freiner. Au moment de l'extension, on remplacera cette portion étranglée par un tube de diamètre convenable.

CHAPITRE V

EXEMPLE DE RÉALISATION D'UNE INSTALLATION DE CHAUFFAGE A EAU CHAUDE PAR THERMOSIPHON

Ce chapitre présente, à titre d'exemple, la réalisation complète d'une installation courante qui a été exécutée dans la banlieue parisienne. Toutes les questions que pose une telle réalisation sont résolues ici dans l'ordre où elles se présentent habituellement.

CHAUFFAGE D'UNE VILLA

AVANT-PROJET.

Les opérations qui précèdent la décision du client, et dont l'ensemble constitue l'avant-projet sont les suivantes :

    I. — *Relevé des plans et renseignements.*
    II. — *Esquisse de l'installation.*
    III. — *Mise au net des plans.*
    IV. — *Calcul des déperditions.*
    V. — *Détermination des tuyauteries.*
    VI. — *Détermination des corps de chauffe.*
    VII. — *Détermination de la chaudière.*
    VIII. — *Détermination du vase d'expansion.*

IX. — *Etablissement du prix de revient.*
X. — *Rédaction du devis.*
XI. — *Présentation du devis.*

Voici le détail de ces différentes opérations :

I. — RELEVÉ
DES PLANS ET RENSEIGNEMENTS

A défaut de plans et de cahier de charges on se rend sur les lieux pour relever, en s'inspirant du guide ci-dessous, les renseignements et plans nécessaires (fig. 96 et 97).

GUIDE POUR L'ÉTUDE D'UNE INSTALLATION
DE CHAUFFAGE CENTRAL A EAU CHAUDE
PAR THERMOSIPHON

A. — ÉTABLIR UNE FICHE MENTIONNANT
les renseignements généraux suivants :

Affaire : nom et qualité (propriétaire, locataire) du client.
Locaux à chauffer :

1º Leur nature : pavillon, villa, appartement, bureaux : ateliers, immeuble, hôtel, etc... ;

2º Les caractéristiques actuelles : projeté, existant, neuf;

3º Les caractéristiques probables au moment de l'exécution : construction inachevée, vide, habitée, meublée, encombrée, etc... ;

4º La situation : adresse, construction isolée, exposée ou protégée, etc. Pour les appartements, indiquer l'étage et de quel emplacement disposera le monteur pour travailler;

5º La désignation des pièces à chauffer (les numéroter);

6º L'indication des températures demandées et la température extérieure minimum, lorsqu'elles diffèrent des températures normales.

Le générateur : type et modèle. Pour les fourneaux de chauffage, préciser : avec charbonnier ou étuve, avec ou sans bain-marie, avec ou sans récupérateur, etc...

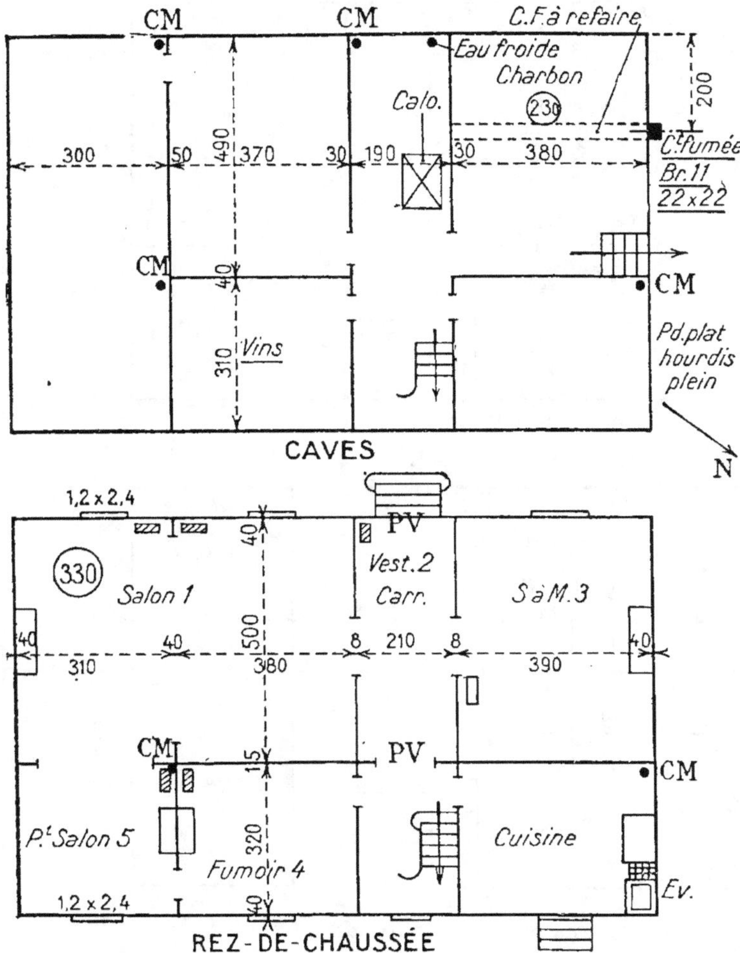

Fɪɢ. 96. — Plan d'installation, caves et rez-de-chaussée.

Les corps de chauffe : radiateurs ou tuyaux à ailettes, types et modèles. Mentionner s'il y aura des enveloppes, et lesquelles sont prévues.

Les travaux, fournitures et accessoires qui doivent être prévus parmi ceux classés ci-dessous :

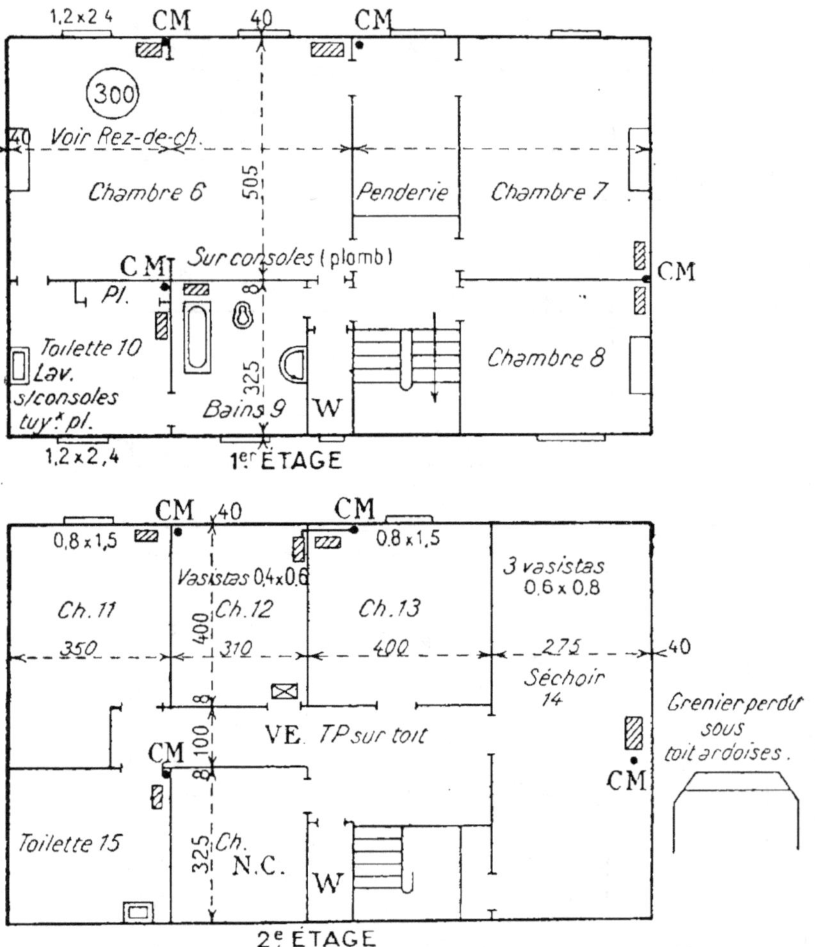

Fig. 97. — Plan d'installation, étages.

Toujours nécessaires (mais généralement laissés aux soins des spécialistes ou du client) :
Le raccordement de l'installation sur eau froide.

L'eau et le combustible pour les essais.
Les raccords de peinture, menuiserie, tentures.
La peinture des appareils et tuyauteries.

Nécessaires dans certains cas (et généralement laissés aux spécialistes).
Le calorifuge de la chaudière et des tuyauteries.
L'assise sous la chaudière.
Le prolongement, le remaniement ou la construction d'un conduit de fumée.
Les gros percements et percements en béton armé.
Les déposes et reposes de parquets, carrelages, linoléum, tapis, etc...

Complémentaires (souvent laissés de côté par économie) :
Le raccordement du robinet de vidange sur une vidange, (laquelle ?)
Le calorifuge de la chaudière et des tuyauteries.
Les fourreautages dans les murs et planchers.
Le régulateur automatique.
L'indicateur de hauteur d'eau.
Pour les fourneaux de cuisine : buse à clé, foyer d'été.

Spéciaux (et généralement laissés aux spécialistes) :
La pose des radiateurs sur consoles.
Les robinets à cache entrée.
Les tablettes et enveloppes pour corps de chauffe.
Les cache-tuyauteries.

Les appareils de contrôle, de réglage et de sécurité spéciaux : Thermostat. Compteur. Anti-gel, etc...

LES SUPPLÉMENTS OU RABAIS à prévoir pour variantes et les dispositions à prévoir pour modifications ou agrandissements ultérieurs.
Observations générales.

B. — UN PLAN A L'ÉCHELLE DE 2 cm. PAR MÈTRE

ou à défaut, un croquis coté, portant les indications suivantes :

Caves : leur hauteur et leur destination (caves à vins, à charbon, à légumes), les plafonds sont-ils plats ou voûtés.
Locaux à chauffer : leur désignation (les numéroter) et leurs dimensions, longueur, largeur, hauteur : les coupes des mansardes et des pièces lambrissées.

Murs et cloisons : leurs nature et épaisseur.

Fenêtres et vitrages : leurs dimensions.

Portes (sauf les portes intérieures en bois) : leur nature, bois fer, vitrées, etc..., et leurs dimensions.

Planchers : leurs constitutions et épaisseurs (planchers sur caves, sur terre-plein, sur étage chauffé ou non), les différences de niveaux et le sens des lames de parquets (si des caniveaux sont nécessaires ou probables).

Plafonds : leurs constitution et épaisseur, les plafonds sous étage chauffé ou non, sous grenier (planchéié ou perdu), sous toiture, sous terrasse, différences de niveaux.

Locaux voisins mitoyens : leur nature, chauffés ou non, pour les cuisines, y a-t-il un fourneau à charbon ou seulement un réchaud à gaz.

Orientation du bâtiment :

L'emplacement des appareils : indiquer et coter les emplacements imposés ou possibles pour la chaudière, les radiateurs, le vase d'expansion, etc...

Conduit de fumée : indiquer l'emplacement des conduits utilisables, imposé ou à construire.

Tracé des tuyauteries : d'une façon générale, mentionner tous les accidents de nature à faciliter ou à gêner le passage des tuyauteries : c'est-à-dire sous plafonds, les soffites, poutres, solives, retombées, corniches, fenêtres, vasistas et portes ouvrant sous plafonds et le long des murs, les cheminées et leurs coffres, placards, meubles immuables, portes, compteurs divers, etc...

Esquisser au besoin le tracé des tuyauteries sur le plan.

Dans certains cas, une photographie ou une carte postale représentant les bâtiments fourniront des indications générales utiles.

II. — ESQUISSE DE L'INSTALLATION

L'installation a été esquissée sur place sur le croquis (fig. 96 et 97).

La chaudière est prévue à l'emplacement du vieux calorifère à démolir.

Un sondage du conduit de fumée du calorifère a permis de s'assurer qu'il était réglementaire et de bonne construction.

On a noté la proximité de l'eau froide nécessaire à l'alimentation de la chaudière.

La disposition favorable des lieux permet d'adopter pour les radiateurs des emplacements économiques, rationnels dans les pièces principales, acceptables dans les pièces sur cour. On prévoit dans la salle de bains, particulièrement encombrée par les tuyauteries de vidange, un radiateur sur consoles.

Le client ne s'opposant pas au passage des tuyauteries dans les caves, suffisamment hautes, bien accessibles, et à plafond plat, on adopte la distribution inférieure. On évite le passage de la tuyauterie dans la cave à vins. (Si cela avait été impossible, on aurait prévu un bon calorifuge.)

III. — MISE AU NET DES PLANS

On trace le plan du bâtiment sur calque, à l'échelle de 2 centimètres par mètre et on en fait tirer deux reproductions sur fond blanc, dont l'une servira de plan d'étude et l'autre qui sera présentée au client.

IV. — CALCUL DES DÉPERDITIONS

Le calcul des déperditions effectué comme il a été indiqué au chapitre II, donne les résultats consignés dans les cinq premières colonnes du tableau suivant.

PIÈCES	REPÈRES	TEMPÉRATURES	VOLUMES en m³	DÉPERDITIONS	SURFACE DE CHAUFFE NÉCESSAIRE	NOMBRE DE RADIATEURS	TYPE-HAUTEUR NOMBRE D'ÉLÉMENTS des radiateurs Classic n° 4 092	076	SURFACE DE CHAUFFE INSTALLÉE	DIAMETRES ROBINETS
Salon	1	18	124	3.550	7,10	2	26	»	7,28	15
Vestibule	2	15	35	895	1,80	1	12	»	3,36 (1)	»
Salle à manger	3	18	65	2.400	4,80	1	18	»	5,04	»
Fumoir	4	18	40	1.310	2,60	1	10	»	2,80	»
Petit salon	5	18	33	1.430	2,85	1	11	»	3,08	»
Chambre	6	15	112	2.760	5,50	2	20	»	5,60	»
—	7	15	60	1.820	3,65	1	14	»	3,92	»
—	8	15	36	1.415	2,85	1	11	»	3,08	»
Bains	9	18	27	1.105	2,20	1	»	10	2,30	»
Toilette	10	15	32	1.095	2,20	1	8	»	2,24	»
Chambre	11	15	44	1.830	3,65	1	13	»	3,64	12
—	12	15	32	1.150	2,30	1	8	»	2,24	12
—	13	15	41	1.420	2,85	1	10	»	2,80	12
Séchoir	14	15	65	2.380	4,75	1	15	»	4,20	15
Toilette	15	15	26	1.435	2,85	1	10	»	2,80	12
			772	25.995	51,95	17	186	·10	54,38	

(1) Surface forcée en raison de ce que la porte sur cage d'escalier sera souvent laissée ouverte.

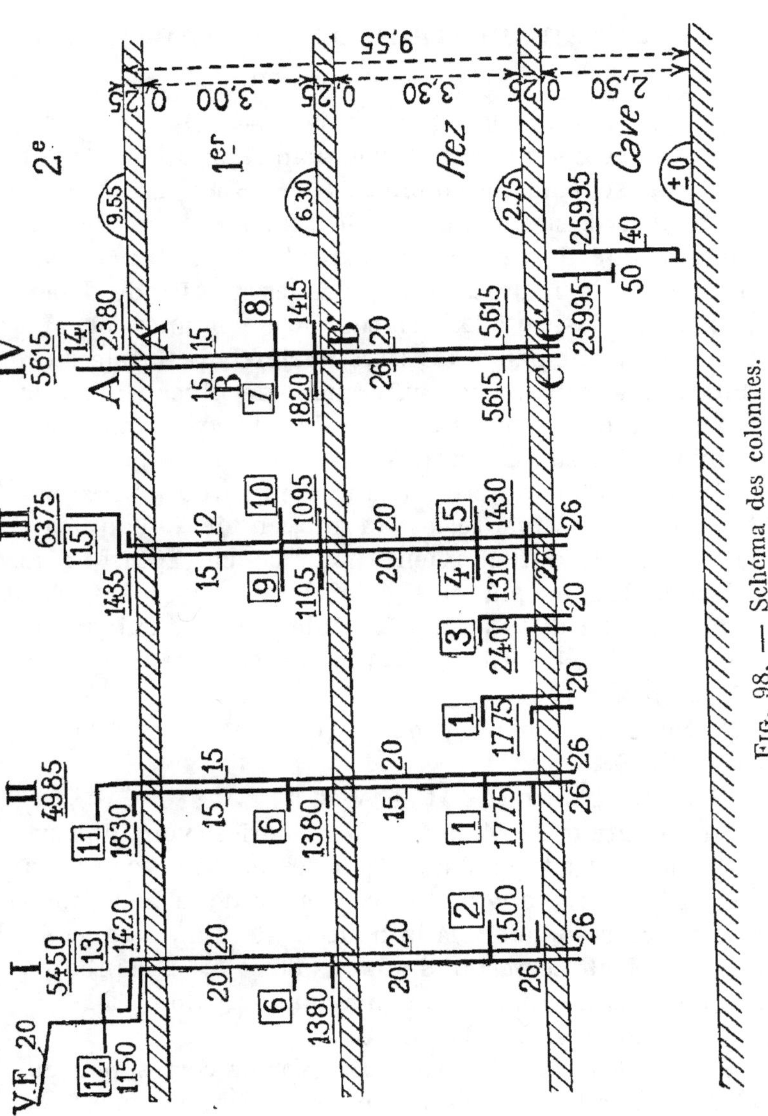

Fig. 98. — Schéma des colonnes.

V. — DÉTERMINATION DES TUYAUTERIES

Détermination des tuyauteries. — On trace les tuyauteries horizontales sur le plan et on trace, d'autre part, un schéma de colonnes (fig. 98).

On inscrit sur le plan et le schéma le nombre de calories que doivent transporter les tuyauteries (soulignées sur la figure), c'est-à-dire les calories de déperdition, et les totaux relatifs aux colonnes et aux tronçons principaux des tuyauteries horizontales. On note sur le schéma les différences de niveau entre la chaudière et les corps de chauffe. (Inscrites dans des demi-cercles sur la figure.)

On peut alors déterminer rapidement et approximativement les tuyauteries au moyen de l'abaque de la figure 99 qui convient dans ce cas, puisque la colonne III la plus éloignée de la chaudière s'en trouve à une distance horizontale mesurée suivant le tracé des tuyauteries (fig. 100) sensiblement égale à 10 mètres.

Voici comment on procède pour la colonne IV de la figure 98.

Pour les tronçons AB et A'B' :

Le radiateur n° 14 émet 2.380 calories (voir tableau, p. 124) et est situé à 9 m. 55 au-dessus du niveau de la chaudière. Sur l'abaque, la rencontre de la ligne horizontale correspondant à la hauteur de 9 m. 55 avec la ligne verticale correspondant à 2.380 calories se produit au point A. Le diamètre convenable est donc 15.

Pour les tronçons BC et B'C' :

Le nombre de calories à transporter correspond au total des pouvoirs d'émission des radiateurs n°s 7, 8 et 14, soit (revoir même tableau, 1.820 + 1.41 + 2.380 = 5.615.

Fig. 99. — Abaque de calculs. — DIAMÈTRES DES TUYAUTERIES DES CHAUFFAGES A EAU CHAUDE pour :
Écart de température entre l'aller et le retour : 30 degrés centigrades.
Distance horizontale entre la chaudière et le radiateur le plus éloigné : maximum 10 mètres.

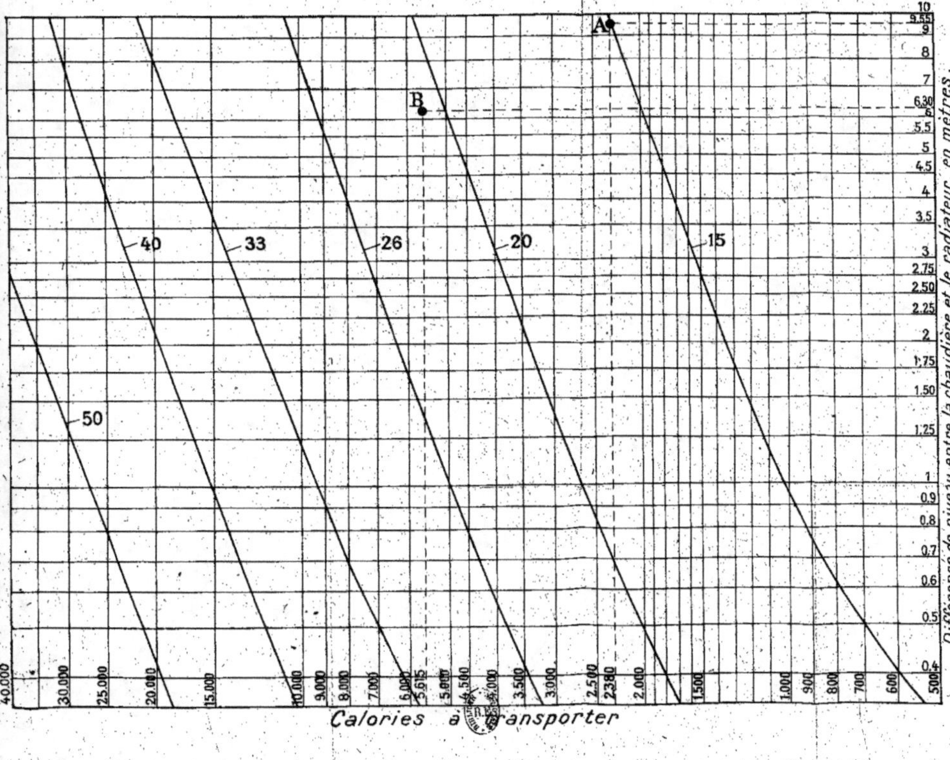

A
B
40
33
26
20
15
50
10
9.55
9
8
7
6.30
6
5.5
5
4.5
4
3.5
3
2.75
2.50
2.25
2
1.75
1.50
1.25
1
0.9
0.8
0.7
0.6
0.5
0.4
Différence de niveau entre la chaudière et le radiateur, en mètres.
40.000
30.000
25.000
20.000
15.000
10.000
9.000
8.000
7.000
6.000
5.615
5.000
4.500
4.000
3.500
3.000
2.500
2.380
2.000
1.500
1.000
900
800
700
600
500
Calories à transporter
NOTA — Les abaques existent pour toutes distances entre chaudière et radiateur. Celui-ci est le N° 4 d'une Série de 30 abaques établis pour des distances de 2 en 2 mètres.

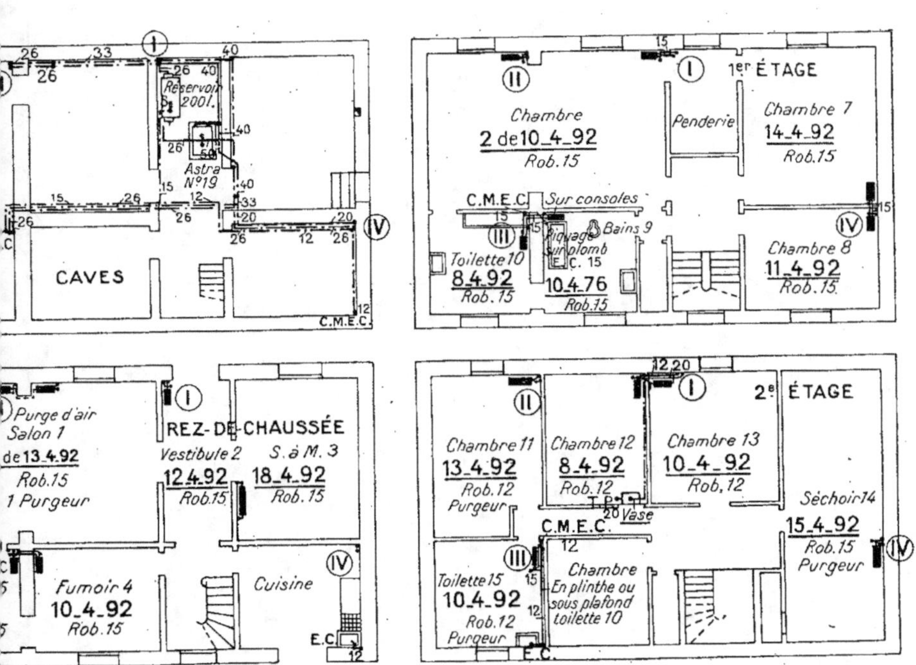

Fig. 100. — Plan de montage.

Les radiateurs les plus défavorisés de la colonne, c'est-à-dire les radiateurs n°s 7 et 8, *les plus bas*, sont situés à 6 m. 30 au-dessus de la chaudière. On suit donc sur l'abaque les lignes correspondantes à 5.615 calories et à 6 m. 30. Elles se rencontrent au point B entre les diamètres 20 et 26, ce qui signifie que le diamètre 20 serait trop juste et le diamètre 26 trop large. On peut prendre 26 pour l'aller et 20 pour le retour.

On continue de la même façon pour les autres colonnes. Pour les tuyauteries horizontales on prend toujours la hauteur du radiateur qui se trouve situé au niveau le plus bas parmi ceux qui sont desservis par les tronçons de tuyauteries considérés. De cette façon, on pèche par excès, mais on évite tout mécompte

On mesure ensuite les tuyauteries horizontales sur le plan et les tuyauteries verticales sur le schéma en commençant, par exemple, par les gros diamètres, et en procédant toujours dans le même ordre : colonnes, tuyauteries horizontales, branchements, etc..., pour ne rien oublier. Les longueurs sont majorées de 10 % pour tenir compte des chutes, déchets, etc.

VI. — DÉTERMINATION DES CORPS DE CHAUFFE

Dans cette étude simplifiée, on néglige, en considération du faible diamètre des colonnes traversant les pièces chauffées, les quantités de chaleur émises par ces colonnes et que l'on considère comme des appoints de garantie.

En compensation on néglige également l'influence du refroidissement de l'eau dans les tuyauteries sur le pouvoir d'émission des radiateurs.

Le client ayant choisi les radiateurs « Classic », de la Compagnie nationale des radiateurs, et les dimensions des emplacements disponibles permettant de placer dans toutes les pièces des radiateurs quadruples, on obtient les surfaces de chauffe nécessaires qu'on inscrit dans la colonne 6 du tableau, page 124, en divisant par 500 les chiffres de la colonne 5.

On détermine les nombres d'éléments nécessaires en s'efforçant d'approprier les hauteurs des appareils à leur longueur en vue d'obtenir des proportions harmonieuses. Les surfaces sont prises plutôt larges dans les salon, salle à manger, bureau, et plutôt justes dans les vestibules, chambres, etc.. Il convient de les majorer de 10 à 15 % dans les pièces où les radiateurs occupent des emplacements défavorables (pièces sur cour). Il aurait également fallu les majorer (de 10 %, par exemple) si l'exiguïté des emplacements avait obligé à employer des radiateurs sextuples.

VII. — DÉTERMINATION DE LA CHAUDIÈRE

Pour déterminer la chaudière, on totalise les surfaces des radiateurs prévus et on multiplie par 500, ce qui donne le nombre de calories émises par les radiateurs.

Comme on prévoit le calorifuge de toutes les tuyauteries en cave, on ne majore que de 15 % pour les pertes par tuyauteries. Si aucun calorifuge n'est prévu, on majore de 25 %. Ces pertes pourraient être calculées au moyen des tableaux pages 78 et 79.

On obtient :

$$54 \text{ m}^2 \ 38 \times 500 = 27.190$$
$$\text{Majoration } 15 \text{ \%.} \qquad 4.100$$

$$\text{Total...... } \quad 31.290 \text{ calories-heure.}$$

Admettant comme pouvoir de transmission de la chaudière « Idéal » sectionnée qu'on se propose d'employer, 8.000 calories-heure par mètre carré·de surface de chauffe, on obtient la surface de chauffe de la chaudière par une simple division (1).

Soit 31.290 :

8.000 = 3 m² 92.

On a adopté une chaudière « Idéal Astra » nº 19 de 4 m² 05 (fig. 101), type commercial le plus voisin.

Fig. 101.
Chaudière «Astra» nº 19 (C. N. R.)

VIII. — DÉTERMINATION DU VASE D'EXPANSION

On calcule la contenance d'eau de l'installation :

Chaudière.....   79 litres, d'après les catalogues.
Radiateurs....   215 —   —
Tuyauteries...   80 —   d'après le tableau (p. 75).
                  ————
                  374

---

(1) Il serait plus logique de déterminer d'abord la surface de grille en tablant sur une allure de combustion normale et sur le rendement correspondant. La surface de chauffe serait ensuite calculée pour absorber la chaleur émise. Mais on se trouve enserré dans les dimensions commerciales des appareils.

Le volume du vase s'obtient en divisant le total par 15, soit :

$$374 : 15 = 25 \text{ litres.}$$

On a adopté un vase rectangulaire n° 3 R de 35 litres, type commercial immédiatement supérieur.

Pour le devis, dans les cas normaux, on peut se contenter de prendre environ un litre pour 750 calories.

IX. — ÉTABLISSEMENT DU PRIX DE REVIENT

Tous les éléments de l'installation étant déterminés, on établit le prix de revient suivant. On peut se référer au guide donné page 118, pour ne rien oublier.

PRIX DE REVIENT

AFFAIRE : X...   RÉFÉRENCE : 151.   DATE :

(NC indique fournitures ou travaux indispensables, mais non compris.)

Générateur : 1 chaudière *Astra* 19.............   »
            2 collecteurs......................   »
            1 jaquette calorifuge..............   »
            1 régulateur......................   »
            1 thermomètre, 2 robinets, 1 jeu
               d'ustensiles..................   »
            1 indicateur de hauteur d'eau.....   »
            1 tuyau tôle......................   »
            1 conduit de fumée *poteries*........   »
            1 assise sous chaudière..........   »

Vase d'expansion 3 *R* avec consoles et niveau
d'eau.....................................   »
Corps de chauffe : 17 radiateurs 186 *El Classic*
      n° 4 *de* 92...............   »
       10 *El Classic*
   n° 4 *de* 76...............   »
    17 robinets à double réglage.   »
    2 colliers et consoles.......   »
Tubes fer noir qualité chauffage : 13 mètres, 12 *ST*.   »
      35 — 15....   »
      45 — 20....   »
      26 — 26....   »
      9 — 33....   »
      19 — 40....   »
      2 — 50....   »
        60....   »
Raccords *GF* colliers, ingrédients..............   »
Calorifuges *bourrelets soie et toile en cave*..........   »
Transports, camionnages (matériaux, outillage,
  gravois). Octroi...........................   »
Main-d'œuvre.............................   »
Déplacements (frais de voyage et de séjour)......   »
Dépose des appareils pour peinture et repose....   »
Raccordement sur eau froide....................   »
Raccordement sur vidange..........⎱
Peinture des appareils et tuyauteries.⎰
Raccords de peinture, menuiserie, ⎰ *N. C.*....   »
  tentures.
Eau et combustible pour essais.
Gros percements.............................   »
Fourniture et pose de fourreaux................   »
Démolition d'installations existantes *(calo et con-*
  duits)................................   »

     Total débours...........   »

A déduire : récupération de matériel existant.... *négligeable.*

     Prix de revient net.......   »

Les robinets de radiateurs peuvent être choisis
d'après le tableau suivant.

DIAMÈTRES DES ROBINETS
DES CORPS DE CHAUFFE A EAU CHAUDE

POUVOIR D'ÉMISSION DU CORPS DE CHAUFFE	DIFFÉRENCE DE NIVEAU EN MÈTRES entre chaudière et corps de chauffe				
	0	2,5	5,5	8,5	11,5
0 à 750..................	15 $^m/_m$	12 $^m/_m$	12 $^m/_m$	12 $^m/_m$	12 $^m/_m$
750 à 1.500..............	20	15	15	12	12
1.500 à 2.250............	26	20	15	15	15
2.250 à 3.000............	26	20	20	20	15

Le prix des raccords, colliers, ingrédients s'apprécie en pourcentage du prix des tubes. On peut prendre :

100 % lorsque le prix des tubes n'excède pas 1.000 francs;

80 % lorsque le prix des tubes est compris entre 1.000 et 2.500 francs;

60 % lorsque le prix des tubes est supérieur à 2.500 francs.

Ces pourcentages varient suivant le prix des raccords utilisés et l'habileté des monteurs. Des statistiques de chantiers tenues à jour sont très utiles à ce sujet.

Les frais de transport, camionnages et octrois sont estimés d'après le tonnage des marchandises qu'on trouvera dans les catalogues et sur le tableau (p. 75).

La main-d'œuvre peut être estimée par les méthodes indiquées au chapitre XI en s'aidant de l'expérience d'installations semblables et de statistiques de chantiers tenues à jour.

L'établissement du prix de revient « à l'œil » est une gymnastique difficile et dangereuse. Les installateurs pour qui c'est quelquefois une nécessité feront bien d'étayer leurs approximations sur des statistiques se rapportant à des affaires étudiées et traitées normalement et dans lesquelles on fait ressortir parallèlement le nombre de calories exigées en moyenne par mètre cube à chauffer, suivant la nature, la destination et la position des locaux, et le prix de la calorie-heure « installée » dans ces conditions.

Faire un prix au radiateur est un non-sens, une source de déboires et de surprises. C'est d'ailleurs une pratique contre laquelle les installateurs sérieux doivent s'élever avec véhémence dans leur intérêt, dans l'intérêt de leur profession et dans celui de leurs clients.

X. — RÉDACTION DU DEVIS

Le devis a été rédigé comme suit :

DEVIS forfaitaire pour l'installation du chauffage central à eau chaude par thermosiphon, à double tuyauterie, dans la propriété de M.... sise à.....

Le devis comporte les fournitures et travaux suivants :

Générateur :

Une chaudière « Idéal Astra » n° 19 en fonte, à éléments assemblés, à grille fixe, d'une surface de chauffe de 4 m² 05 et munie des accessoires suivants :

Un collecteur de départ et un collecteur de retour en fonte;
Une jaquette calorifuge en feutre et tôle;
Un thermomètre;
Un robinet d'alimentation raccordé sur la distribution d'eau froide;
Un robinet de vidange raccordé sur la vidange des eaux usées;
Un régulateur automatique de tirage et de combustion;
Un indicateur de niveau d'eau à cadran;
Un tuyau de fumée en tôle noire avec tampons de visite et de ramonage;

Un conduit de fumée en poteries enduites extérieurement, courant sous plafond de la cave à charbon pour rejoindre le conduit de fumée de l'ancien calorifère supposé en bon état et réglementaire (1).

Vase d'expansion :

Un vase d'expansion en tôle galvanisée d'une capacité de 35 litres placé sur consoles et muni d'un niveau d'eau.

Corps de chauffe :

17 radiateurs « Idéal Classic » n° 4 d'une surface totale de chauffe de 54 m² 50 environ, peints une couche usine;

17 robinets à double réglage en bronze, à volants isolants permettant le réglage individuel de chaque radiateur;

Purgeurs d'air à main nécessaires.

Tuyauteries :

Tuyauteries pour la circulation de l'eau chaude en tubes de fer noir qualité chauffage, assemblés par raccords en fonte malléable et fixés par colliers en fer noir. Développement total des tuyauteries, x... mètres environ.

Calorifuge des tuyauteries ne concourant pas au chauffage en bourrelets de soie recouverts de toile.

Montage :

Le montage serait exécuté par des ouvriers spécialistes.

Travaux accessoires compris dans le devis :

Démolition du calorifère et des conduits de chaleur existants sous plafond des caves;

Bouchement des conduits verticaux;

Évacuation des gravois résultant des travaux et démolitions;

Construction du massif d'assise de la chaudière.

Garantie de température :

L'installation proposée permettrait d'obtenir, par un chauffage régulier et continu de toutes les pièces à la fois et tant que la température extérieure ne s'abaisse pas en dessous de 5 degrés au-dessous de zéro, les températures suivantes :

18 degrés dans les salon, salle à manger, fumoir, petit salon, salle de bains;

15 degrés dans le vestibule, 6 chambres, 2 toilettes et le séchoir.

L'installation est munie des moyens de réglage nécessaires pour modifier l'allure de marche suivant la rigueur de la température extérieure.

---

(1) Légalement, cette clause ne décharge pas l'installateur de sa responsabilité.

Prix forfaitaire :

L'installation, établie conformément au présent devis, et suivant le plan ci-annexé, serait livrée aux conditions générales de vente ci-jointes, prête à fonctionner, pour le prix net et forfaitaire de francs : x...

Payable : x % à la livraison des marchandises; x % après réception; x % à trois mois de date de la réception provisoire.

On joint généralement aux devis, soit un extrait du règlement général de la Chambre syndicale du chauffage, soit un texte simplifié dans le genre du suivant :

Conditions générales de vente.

Devis :

Sauf indications contraires, les prix remis comportent tous les frais de transport, camionnages, octrois, déplacements ou séjour des ouvriers, la fourniture des ingrédients nécessaires aux montages, les percements et les rebouchements.

La peinture des appareils et tuyauteries, les raccords de menuiserie, tentures, peinture, la fourniture de l'eau et du combustible pour les essais ne sont jamais compris.

Lorsqu'une installation nécessite l'intervention de spécialistes (maçon, menuisier, etc.), il en est toujours fait mention dans le devis.

La dépose des appareils pour peinture et leur repose après peinture sont, en principe, à la charge du client.

Essais :

Le monteur essaie toujours l'installation, avant son départ et en présence du client ou de son représentant. — Cet essai constitue la réception provisoire. La réception définitive est acquise de droit un an après.

Les essais contradictoires qui pourraient être demandés par le client auraient lieu à ses frais.

Garantie :

Le bon fonctionnement des installations est garanti pendant un an à dater de la réception provisoire.

La garantie contre tout vice de matière ou de construction est de deux ans. Elle est limitée au remplacement pur et simple des pièces reconnues défectueuses, sans indemnité d'aucune sorte.

Les températures indiquées sur les plans ou dans les devis d'installations de chauffage sont garanties pour un chauffage régulier et continu de toutes les pièces à la fois et tant que la température extérieure ne s'abaisse pas en dessous de cinq degrés au-dessous de zéro (sauf indications spéciales).

Paiement :

Les prix s'entendent sans escompte, aux conditions indiquées dans les devis ou acceptées par écrit par l'installateur.

Sauf convention particulière, les retards de livraison ne peuvent justifier l'annulation d'une commande. Le paiement d'un solde ne peut jamais être différé mais son versement ne dégage pas la responsabilité de l'installateur.

Contestations :

En cas de contestation, la juridiction du domicile de l'installateur est seule compétente.

Il est d'usage de fournir au client un plan portant le tracé des tuyauteries et l'indication des emplacements des appareils, ainsi que des vignettes fournies par les constructeurs et qui donnent l'image des appareils proposés.

XI. — PRÉSENTATION DU DEVIS

Un client avisé, un architecte documenté, porte son attention sur les points suivants :

Les garanties de températures (qui sont, en définitive, les seules sur lesquelles il soit nécessaire d'être intransigeant);

La conception générale de l'installation (emplacements des appareils, passage des tuyauteries, etc.);

Les qualités et caractéristiques des appareils proposés;

Les accessoires prévus, indispensables ou commodes.

Il s'assure que tous les travaux nécessaires au complet achèvement de l'installation sont prévus ou, s'ils sont laissés au soin des spécialistes, mentionnés comme tels dans le devis.

Enfin, il peut exiger des renseignements techniques : coefficients de déperditions utilisés, renouvellement d'air admis, pouvoir d'émission ou de transmission des appareils proposés, allure de combustion envisagée, combustible à employer, etc...

Tous ces points peuvent d'ailleurs être explicités dans un cahier de charges.

L'installateur fera éventuellement observer :

Que des surfaces trop justes, outre qu'elles ne permettent pas de faire face aux températures extrêmes, oblige généralement à faire fonctionner la chaudière à une température supérieure à la température normale (voir graphique p. 89), ce qui accroît la consommation de combustible.

Que, pourtant, l'installateur qui offre la plus grande surface de chauffe n'est pas toujours celui dont la proposition est la plus juste et la mieux étudiée, car de mauvais emplacements de radiateurs conduisent normalement à renforcer les surfaces de chauffe.

Qu'à égalité de surfaces de chauffe, la meilleure installation est celle dans laquelle les corps de chauffe sont le plus rationnellement disposés.

Que l'économie d'installation est négligeable auprès de l'économie d'exploitation qui se répète chaque année et ne peut être obtenue que par l'emploi de chaudière et de corps de chauffe de puissance suffisante et de tuyauteries de diamètres convenables. Une installation trop juste peut faire illusion pendant longtemps. Il suffit d'un hiver un peu rigoureux pendant lequel le minimum de température extérieure prévue soit atteint pour que l'insuffisance se révèle subitement et trop tard pour qu'un recours puisse être exercé sur l'installateur. Les conséquences de cette insuffisance peuvent être graves lorsqu'il s'agit, par exemple, d'un propriétaire que ses engagements mettent dans l'obligation de fournir à ses locataires certaines températures jusqu'à un minimum bien déterminé de température extérieure.

Que certains accessoires, quelquefois négligés, comme le régulateur, sont à peu près indispensables.

Et maintenant voici comment on peut répondre à la question toujours posée : « *Quelle sera la consommation en combustible de l'installation proposée.* »

— La consommation d'une installation de chauffage dépend avant toute chose de la rigueur de l'hiver et, pour une très grande part, de la conduite générale de l'installation. Ainsi une chaudière dont la surface de chauffe est fréquemment ramonée, la grille convenablement décrassée et le chargement effectué à bon escient, consomme beaucoup moins qu'une chaudière négligée.

Ces raisons font qu'il n'est pas du pouvoir de l'installateur de donner une garantie de consommation. Tout au plus peut-il donner une garantie de rendement de la chaudière dans des conditions de marche et de conduite bien déterminées.

Sous réserves : que le combustible employé soit conforme aux indications du constructeur (comme qualité et comme calibrage), que l'installation soit conduite et réglée centralement et localement suivant les indications de l'installateur, que les appareils soient entretenus et chargés correctement.

On peut donner, *à titre d'indication*, les chiffres suivants, pour l'anthracite et les charbons anthraciteux, chauffage du 1er novembre au 31 mars et *température extérieure minimum :* 5 degrés en dessous de zéro :

Petites chaudières : 4 tonnes par hiver et par mètre carré de surface de chauffe.

Chaudières sectionnées : 3,5 tonnes par hiver et par mètre carré de surface de chauffe.

Il ne faut pas manquer de signaler à tous ceux qui posent la question de la consommation les possibilités d'économie qu'on acquiert en calorifugeant la chaudière et les tuyauteries qui ne concourrent pas au chauffage, c'est-à-dire toutes celles qui passent dans les locaux non chauffés.

EXÉCUTION DE L'INSTALLATION

La mise en place d'une installation de chauffage à eau chaude comporte les opérations suivantes :

a) *Vérification de l'avant-projet ;*
b) *Tracé des plans et schémas de montage ;*
c) *Rédaction des commandes et listes de matériaux ;*
d) *Approvisionnement du chantier ;*
e) *Montage ;*
f) *Essai de l'installation.*

Voici comment ces différentes opérations ont été effectuées dans le cas présenté.

a) **Vérifications.** — On se rend sur place, plans et documents d'étude en mains pour vérifier les données utilisées, s'assurer de la disposition générale, des emplacements d'appareils, du tracé définitif des tuyauteries.

On peut procéder dans l'ordre suivant, en apportant le plus grand souci de précision dans les détails.

Cheminée. — Examiner, s'il y a lieu, comment on établira le conduit de fumée, comment on raccordera le tuyau de tôle. Il suffit quelquefois de bien choisir l'emplacement exact de la chaudière pour que ce raccordement puisse se faire très simplement.

Chaudière. — Il faut déterminer l'emplacement exact le plus commode pour une disposition facile du tuyau de fumée, des collecteurs, des tuyauteries de départ et de retour et des accessoires. Voir exactement où l'on raccordera l'eau froide et la vidange.

Fixer l'emplacement du massif qui fera l'objet d'un petit croquis (fig. 102) dont les cotes principales sont relevées dans les catalogues, et qui doit être disposé de façon à permettre la pose et la dépose facile du tuyau de fumée.

Radiateurs. — S'assurer que les emplacements prévus sont suffisants. On doit prévoir 5 à 7 centimètres derrière les radiateurs pour permettre le mouvement de l'air chaud et 12 à 15 centimètres aux extrémités pour le robinet et le raccordement. Vérifier que les hauteurs admises sont convenables, particulièrement lorsque les radiateurs doivent être placés sous les fenêtres.

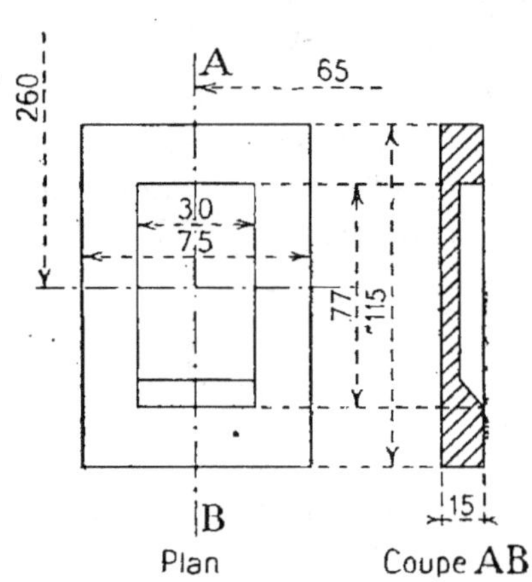

Fig. 102.
Massif pour chaudière.

Tuyauteries. — Vérifier le tracé général. S'assurer que sa réalisation est possible. Sonder au besoin certains passages que l'on a des raisons de présumer difficultueux. S'assurer que les trous qu'il sera nécessaire de percer pour le passage des tuyauteries ne compromettront pas la solidité des pans de murs, huisseries de portes, etc. ou n'entraîneront pas de dégâts importants (dégradations de corniches, par exemple), ou de travaux aléatoires (percements de marbre, etc.).

Modifier au besoin certaines parties du tracé pour éviter ces possibilités d'accidents ou de difficultés.

Calculs. — Avant de commander les appareils, on

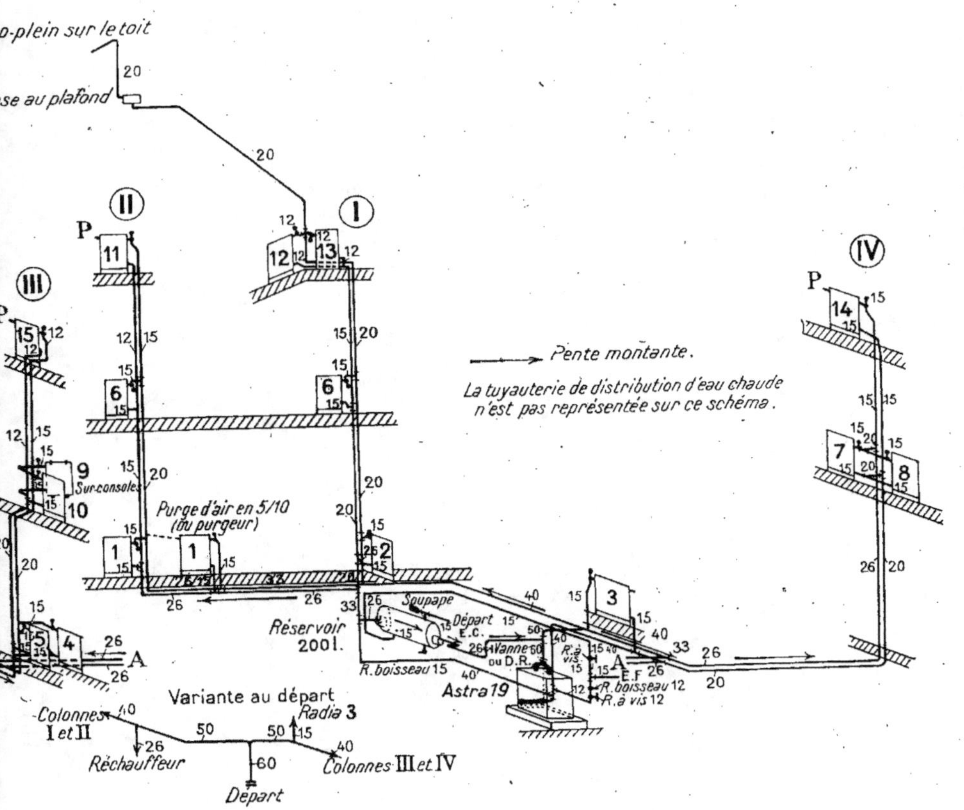

Fig. 103. — Schéma des colonnes.

vérifie les calculs de déperdition et les calculs de détermination des appareils. Dans l'exemple présenté, les diamètres admis pour le devis ont été vérifiés par la méthode générale en s'aidant de tableaux de pertes de charge. Les corrections ont été très réduites et toutes en diminution, ce qui montre **que** dans le cas très particulier étudié où les colonnes alimentant les radiateurs sont semblables, de même hauteur, chargées également, et à peu près équidistantes de la chaudière (à part la colonne 1), l'abaque avait donné des résultats acceptables pour l'exécution. Il ne faut pas en conclure que l'abaque donné fournira dans tous les cas les diamètres convenables pour toutes les exécutions.

b) **Tracé des plans et schéma de montage.** — Tous les calculs étant soigneusement vérifiés, on établit le plan de montage (fig. 100) et le schéma des colonnes (fig. 103). Un schéma perspectif est d'une lecture facile (1).

c) **Rédaction des commandes et listes de matériaux.** — Les commandes de chaudières et radiateurs sont rédigées sur des bons spéciaux et passées immédiatement en considération des délais assez longs généralement demandés par les fonderies.

Les tubes sont mesurés sur le plan et le schéma comme pour le devis. Les longueurs sont majorées de 10 % comme pour le devis.

Bien que des erreurs et des omissions soient à peu près inévitables dans la liste des raccords, et que, d'autre part, les modifications de détail apportées en cours d'exécution rendent inutiles certaines pièces prévues et nécessaires des pièces imprévues, il faut

----

(1) Sur le plan et le schéma figure un service d'eau chaude combiné avec le chauffage central. Voir à ce sujet le chapitre XI.

apporter la plus grande attention à l'établissement de cette liste. Toute pièce qui manque se traduit sur le chantier par une perte de temps. La pratique du chantier est fort utile, sinon indispensable, à celui qui dresse les listes de matériaux qui ne doit d'ailleurs jamais hésiter à faire appel à la collaboration du monteur pour l'établissement de ces listes.

Les tés, réductions, et pièces spéciales sont relevés sur le schéma. Pour les pièces de raccords courantes, on peut adopter les proportions indiquées par le tableau suivant :

PROPORTIONS DES RACCORDS

(en pourcentage du métrage des tubes)

Coudes..........................	15 %	
Mamelons......................	20 %	
Manchons......................	30 %	
Écrous..........................	15 %	
Colliers	50 %	p^r les diam. 12, 15 et 20.
	30 %	— sup^{rs} à 20.

(Moyennes d'estimation).

Une bonne méthode pour ne rien oublier dans les listes de matériaux consiste à pointer le prix de revient ou le duplicata du devis au fur et à mesure.

Il est toujours utile de donner au monteur un duplicata de la liste de matériaux qui lui permettra de vérifier les approvisionnements et de justifier ses réclamations éventuelles de matériel.

d) **Approvisionnements.** — Le tonnage des marchandises employées dans les installations de chauffage est élevé. Les tubes sont encombrants. Toutes choses qui compliquent le stockage, les manutentions, et qui grèvent lourdement le budget de transports et camionnages.

e) **Montage.** — Quelques renseignements généraux sur le montage sont donnés au chapitre XII.

f) **Essais de l'installation terminée.** — On procède d'abord au remplissage, en ouvrant le robinet d'alimentation de la chaudière, après s'être assuré que toutes les vannes, robinets de radiateurs et purgeurs d'air sont ouverts. On referme les purgeurs d'air à mesure qu'ils crachent de l'eau. On s'assure de l'étanchéité générale (1) et dès que le niveau normal est atteint au vase d'expansion, on peut allumer la chaudière et chauffer lentement. On procède, s'il y a lieu, au réglage en agissant sur le dispositif de double réglage des robinets de radiateurs. (Voir chapitre IV.)

Le réglage terminé, l'indicateur de hauteur d'eau et le régulateur de combustion réglés, on peut livrer l'installation au client en lui donnant toutes les explications nécessaires pour la conduite et l'entretien.

Il est prudent de faire signer à ce moment un certificat de réception provisoire qui marquera l'origine du délai de garantie. Ce certificat peut être rédigé sous la forme suivante :

Je soussigné, Monsieur X......... demeurant......... reconnaît avoir assisté ce jour aux essais d'étanchéité et de bon fonctionnement de l'installation de chauffage central exécutée dans ma propriété par M. Y... suivant son devis n° ......
L'installation est étanche et la circulation normale.
Ce certificat n'infirme pas les garanties générales.
Date et signature.

Défauts de montage. — Les défauts de montage les plus fréquents sont : *les fuites* provenant de joints mal faits, de raccords mal serrés, de tubes ou de raccords fendus.

______

(1) On peut faire un essai sous pression au moyen d'une petite pompe à main.

Pour éviter tous dégâts, il faut réparer les fuites immédiatement et d'une façon définitive. Les anti-fuites, la soudure à l'étain et autres moyens de fortune ne doivent être employés qu'avec discernement et modération. Certains suintements qui se produisent à la mise en route s'étanchent à chaud ou par oxydation au bout de quelques jours, mais il faut les surveiller.

L'insuffisance des colliers nécessaires au maintien des tuyauteries et à la conservation des pentes;

Les tuyaux bouchés;

Les contrepentes et l'oubli ou la mauvaise position des pièces destinées à favoriser la purge d'air (réductions excentrées).

CHAPITRE VI

CAS PARTICULIERS
ET SYSTÈMES SPÉCIAUX DE CHAUFFAGE
A EAU CHAUDE

CHAUFFAGE A NIVEAU PAR THERMOSIPHON

Chauffage d'appartement. — On établit de plus en plus les chauffages par appartement qui représentent le cas général du chauffage à niveau.

Si cette solution est discutable du point de vue de l'économie générale, elle a l'avantage d'être une solution indépendante qui permet à chacun de se chauffer correctement, à sa guise et de ne payer que le chauffage qu'il utilise.

Difficultés. — Les installations de chauffage central à eau chaude par thermosiphon dans lesquelles les radiateurs doivent être placés au même niveau que la chaudière présentent de nombreuses difficultés.

Du point de vue technique, l'élément principal de la force hydromotrice : la différence de niveau entre le générateur et les radiateurs, fait défaut. L'eau circule surtout en raison du refroidissement des tuyauteries horizontales d'alimentation H 1, H 2, etc... qui fait que les colonnes descendantes d'alimentation

10

C 1, C 2, etc. sont légèrement plus denses que la colonne montante de départ C (fig. 104).

La charge est extrêmement faible. Elle n'excède guère 10 millimètres d'eau par centimètre carré dans les installations courantes. Le calcul des tuyauteries est très délicat et conduit à de gros diamètres qui coûtent cher, dont le montage est onéreux et qui sont inesthétiques.

D'autre part, l'obligation à peu près générale de placer le vase d'expansion sous le plafond de l'étage à

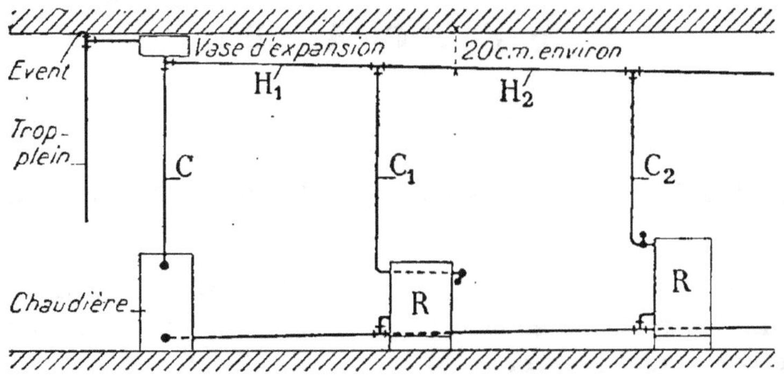

FIG. 104. — Chauffage à niveau.

chauffer oblige à faire circuler les tuyauteries horizontales d'alimentation à quelques 20 centimètres sous le plafond. Si les plafonds comportent des corniches, cette disposition peut avoir un aspect acceptable, mais s'il n'y en a pas l'aspect est déplorable.

Il est impossible de faire circuler les tuyauteries de retour sous le plafond de l'étage inférieur. On se trouve donc dans l'obligation de les disposer le long des plinthes et on doit franchir les portes par des caniveaux dont l'établissement entraîne des frais accessoires importants (coupe de parquets, dépose et repose de parquets ou carrelages) (fig. 105).

Le montage des installations à niveau ne peut être confié qu'à des ouvriers exercés. Les tubes doivent être bien cintrés de façon à réduire les pertes de charge au minimum et les pentes rigoureusement observées. On doit tenir compte dans les prévisions de main-d'œuvre des conditions généralement très difficiles du montage (espace restreint, étages à monter par des escaliers de service étroits, etc.).

Emplacement de la chaudière et cheminée. — Dans tous les chauffages d'étage et en particulier dans les chauffages d'appartements parisiens, il est souvent difficile de trouver 'un emplacement convenable pour la chaudière. Cet emplacement est généralement imposé par la présence d'un conduit de fumée utilisable, car dans la plupart des cas on ne peut songer à construire un conduit.

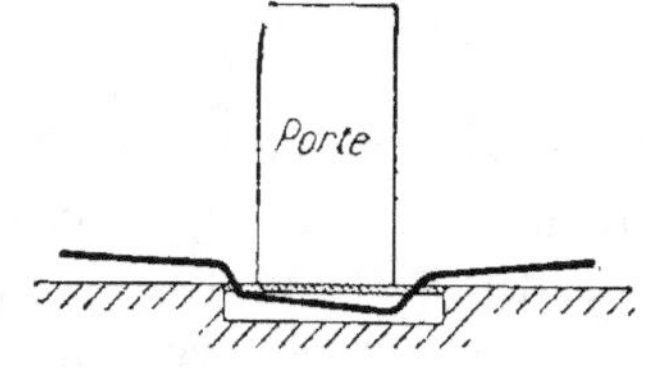

Fig. 105-106.
Caniveau.

On place souvent la chaudière dans la cuisine. Si la cuisine n'a qu'un conduit de fumée, on perd la faculté de pouvoir utiliser la cuisinière (voir réglementation des conduits de fumée, p. 40).

On place quelquefois la chaudière dans un vestibule possédant un conduit de fumée ou on l'adosse à une pièce dont on peut prolonger convenablement le conduit de fumée, ou même plus rarement, dans une des pièces de l'appartement. Dans ces deux derniers cas, la chaudière chauffe plus ou moins la pièce dans laquelle elle se trouve, mais la disposition est souvent peu esthétique en raison de la présence inévitable de la tuyauterie de départ, toujours de gros diamètre.

En règle générale, la plus grande circonspection est de rigueur dans l'utilisation des conduits de fumée existants particulièrement dans les appartements parisiens.

Dispositions générales des tuyauteries. — Pour éviter le vilain aspect de la tuyauterie, on s'efforce de placer les tuyauteries principales de distribution et de retour dans les vestibules et dégagements et de les faire passer à contre-jour.

Vase d'expansion. — Si l'on veut rapprocher les tuyauteries horizontales du plafond, il faut placer le vase d'expansion au-dessus du niveau de ce plafond, c'est-à-dire à l'étage supérieur, dans un escalier de service, dans une courette, etc. Le vase est alors exposé au froid et doit être calorifugé ou réchauffé par une circulation.

Caniveaux. — Pour réduire les frais accessoires au minimum, il faut s'efforcer d'éviter les caniveaux qui nécessitent des coupes de parquets en travers. En tout cas, il faut prendre soin d'éviter les joints dans les caniveaux et donner une bonne pente aux tuyauteries qui y sont placées de façon à ce que la purge d'air soit parfaite, car la moindre résistance perturbe la circulation.

Les tuyauteries en caniveaux doivent être démontables et on fixe souvent les lames de parquets qui les recouvrent par des vis de façon à pouvoir les visiter si besoin est. On ne devrait pas placer une tuyauterie en caniveaux ni refermer un caniveau sans avoir, au préalable, fait un essai sous pression.

Purge. — Il peut arriver qu'une tuyauterie de retour circule en plinthes entre deux portes. On ne peut alors la purger ni d'un côté ni de l'autre. Il faut donc prévoir un point haut au voisinage d'une des portes et y placer un purgeur d'air à l'extrémité d'une petite longueur de tuyauterie formant réservoir d'air. On pourrait également réunir le point haut à la tuyauterie d'alimentation (qui se purge sur le vase d'expansion) par un tube de petit diamètre. Ce dispositif présente l'inconvénient d'établir un court circuit entre les tuyauteries d'aller et les tuyauteries de retour (fig. 77).

Retours sous plafonds. — Pour éviter les caniveaux, on peut établir une installation d'étage avec retours sous plafonds (fig. 107).

Les installations avec retours sous plafonds son d'une réalisation délicate. Les diamètres néces-

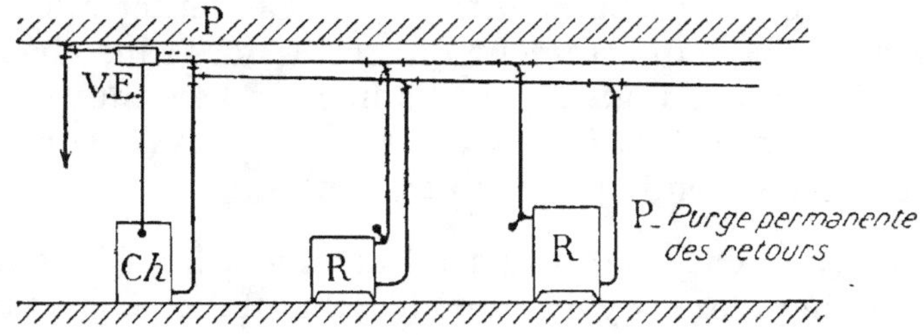

FIG. 107. — Retours sous plafonds.

saires sont généralement plus forts que les diamètres employés pour les installations ordinaires, la longueur des tuyauteries est accrue, des raccords spéciaux assez cher (tés cintrés, etc.) peuvent devenir nécessaires. Tout ceci conduit à une augmentation de prix de revient qui peut compenser et même dépasser les frais entraînés par l'établissement des caniveaux. D'autre part, l'esthétique de ces installations est déplorable puisqu'elles présentent deux tuyauteries visibles sous plafond au lieu d'une et que ces tuyauteries ont généralement des diamètres encore plus gros que celles d'un thermosiphon ordinaire.

Les retours sous plafonds ne paraissent présenter d'intérêt que dans des cas tout à fait particuliers où l'établissement des caniveaux entraînerait des frais énormes.

Remarque. — Lorsque l'appartement à chauffer est situé à un étage intermédiaire, l'installateur est tenté d'admettre dans les appartements inférieurs et supérieurs des températures assez élevées en considération de ce que les locataires du dessus et du dessous se chauffent certainement, quelquefois par le chauffage central. Il ne faut pas oublier que certaines personnes laissent des pièces sans feu pendant tout l'hiver et que la possession d'une installation de chauffage central n'empêche pas certains autres d'aller hiverner ailleurs que dans leur appartement qui reste alors sans chauffage. Il paraît imprudent d'admettre, en moyenne, plus de 8 à 10° dans les appartements inférieurs et supérieurs à celui qu'on doit chauffer.

Nota. — On peut utiliser l'abaque (fig. 99) pour déterminer les tuyauteries des chauffages à niveau, *pour les projets du moins.*

On lira les diamètres sur la ligne correspondant à la hauteur de 0 m. 50 (charge : 9 millimètres d'eau par centimètre carré).

Ce procédé n'est pas recommandable pour l'exécution.

Les figures 108 et 109 donnent le plan et le schéma de montage d'une installation réalisée à Paris.

CHAUFFAGE PAR FOURNEAU DE CUISINE

Indications. — Le chauffage par fourneau de cuisine présente un grand attrait pour l'usager qui n'a ainsi qu'un seul feu à conduire pour la cuisine et le chauffage.

Il est particulièrement intéressant pour les petits

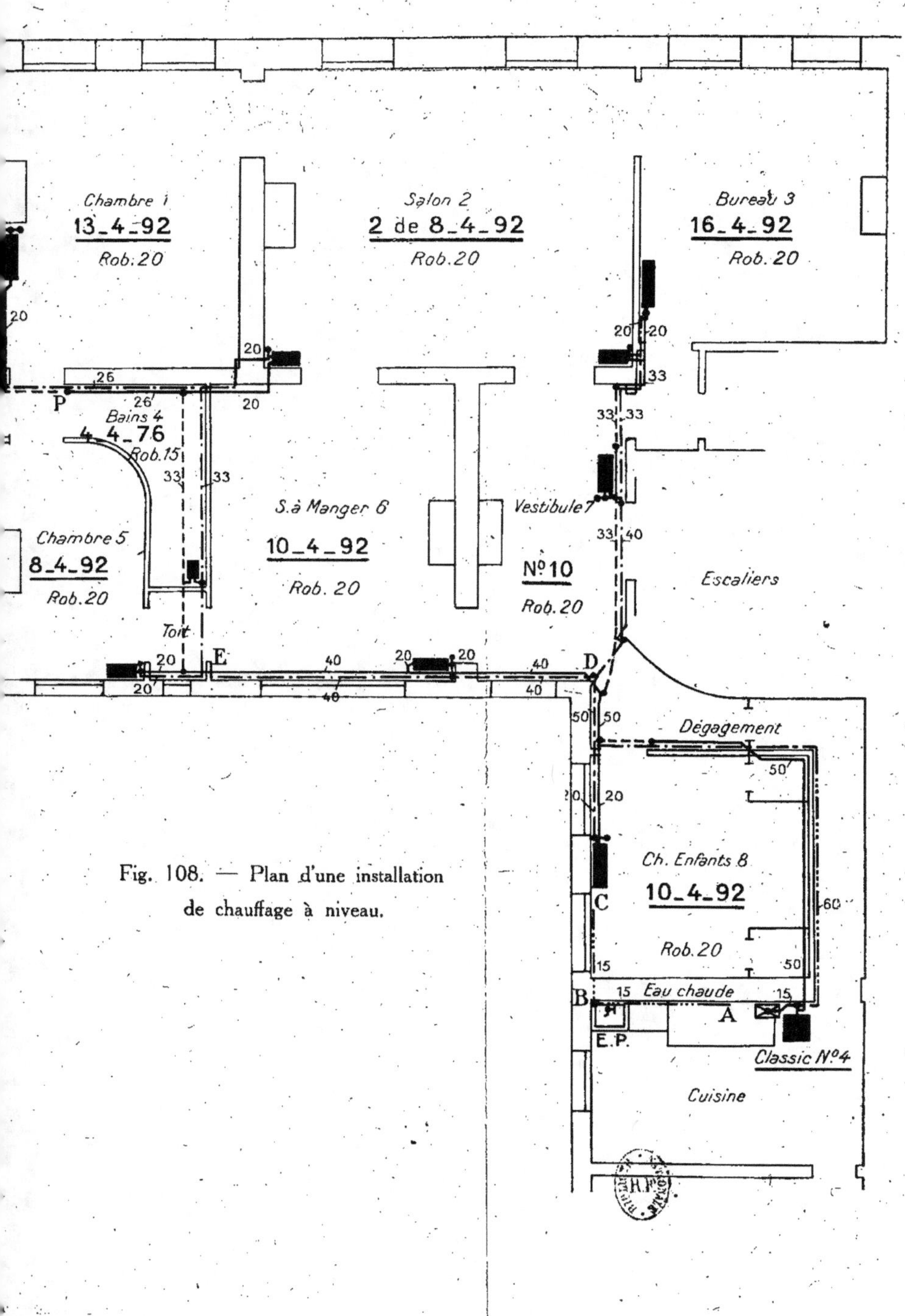

Fig. 108. — Plan d'une installation
de chauffage à niveau.

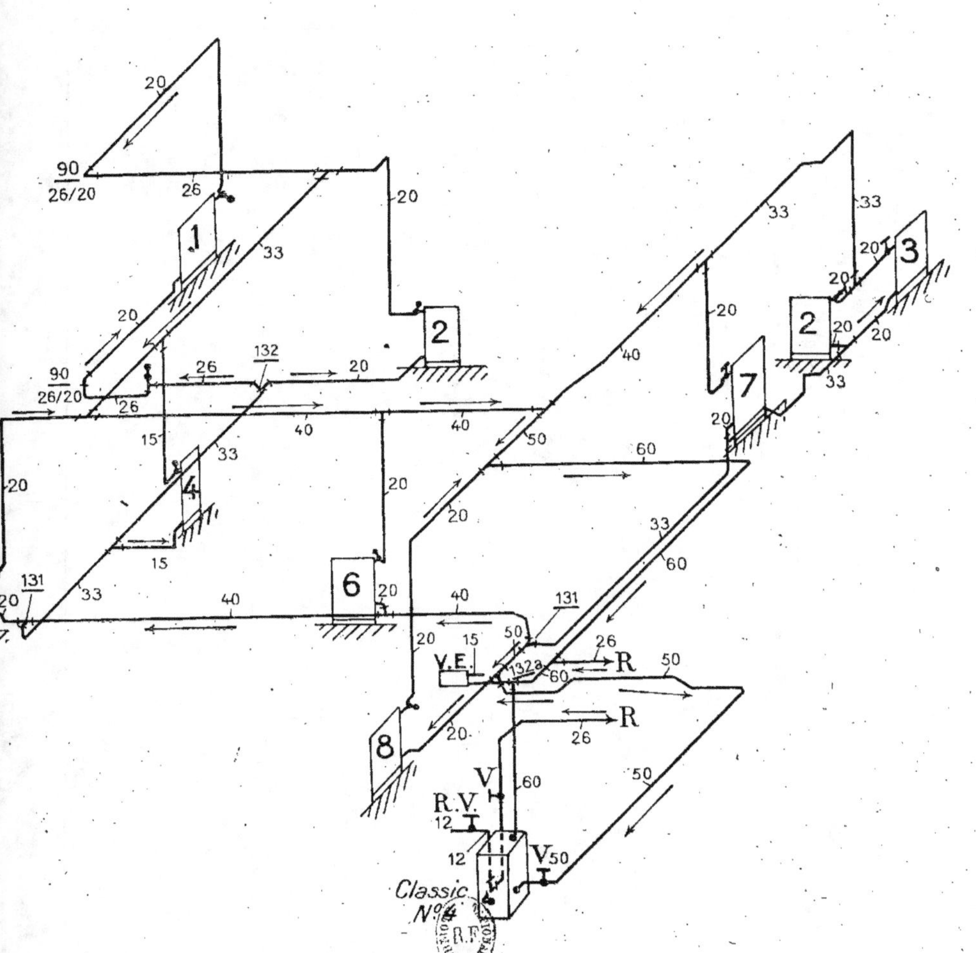

Fig. 109. — Schéma d'installation de chauffage à niveau.

pavillons de banlieue où on a l'habitude d'allumer la
cuisinière et les petites maisons de campagne où l'on allume toujours la cuisinière parce qu'on ne dispose pas du gaz.

Ce système ne s'applique pas dans de bonnes conditions aux installations d'une certaine importance (plus de 15.000 calories).

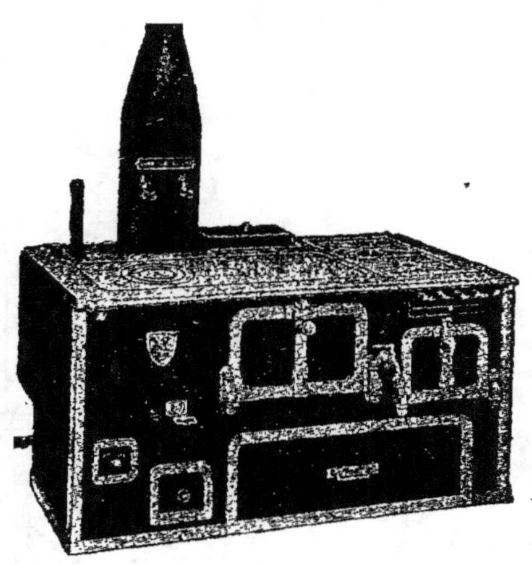

FIG. 110. — Fourneau Robur mixte.

Difficultés. — Du point de vue technique il est difficile de concilier deux services,

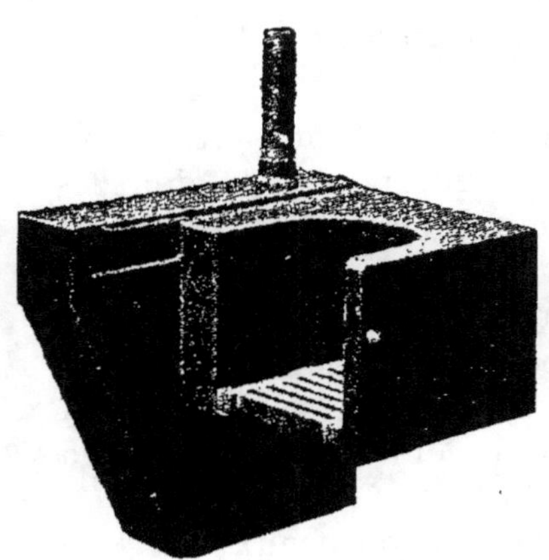

FIG. 111. — Bouilleur Ducharme.

l'un intermittent, la cuisine ; et qui exige fréquemment un feu vif, c'est-à-dire des épaisseurs de [combustible assez faibles, l'autre continu, le chauffage, qui exige un feu lent et un foyer à grande capacité.

D'autre part, il est difficile de loger dans un fourneau de cuisine un bouilleur présentant une grande surface de chauffe.

Appareils ordinaires. — Les appareils les plus

simples (fig. 110) sont des fourneaux de cuisine

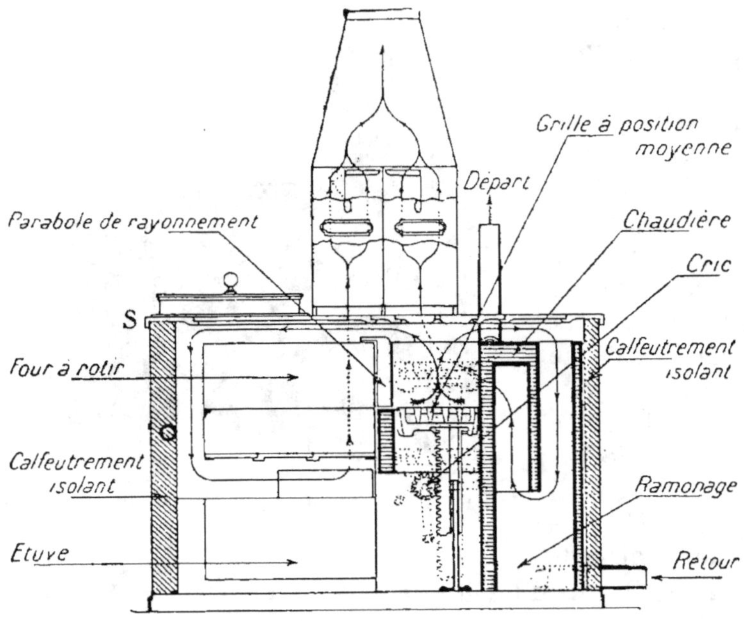

Fig. 112. — Coupe du fourneau CAP.

dans lesquels on a disposé une sorte de boîte à eau en tôle (bouilleur) en forme d'équerre ou d'U, dont les parois intérieures forment foyer et dont les parois extérieures sont balayées par les gaz chauds (fig. 111). Deux clés de fumées permettent de faire circuler les gaz soit autour du bouilleur, soit autour du four pour les besoins de la cuisine (fig. 112).

Fig. 113.
Foyer d'été.

Certains de ces fourneaux ont une grille mobile en hauteur (qu'on manœuvre de l'extérieur par une manivelle) qui permet de faire varier la capacité du foyer et l'épaisseur de la couche de combustible. Ce dispositif résoud partiellement la difficulté technique signalée plus haut.

On reproche généralement aux fourneaux de chauffage d'émettre de fortes quantités de chaleur dans la cuisine et d'être difficiles à conduire en été. Les para boles ou foyer d'été (fig. 113) en fonte qu'on place à cette époque dans le foyer d'hiver

FIG. 114.
Fourneau Culina (C. N. R.).

pour en réduire la capacité n'empêchent pas la transmission de chaleur entre le foyer et le bouilleur et celui-ci ne débitant pas, puisque les radiateurs sont fermés, peut entrer en ébullition.

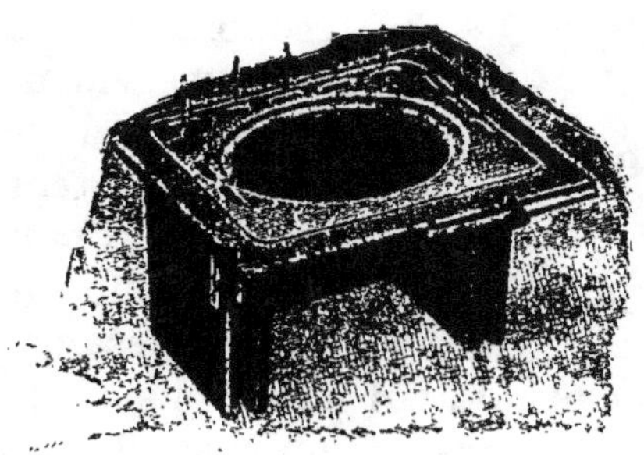

FIG. 115. — Foyer d'été du fourneau Culina (C. N. R.).

Fourneaux particuliers. — Un certain nombre d'appareils présentent des dispositifs intéressants :

Le fourneau « Culina » (fig. 114), que la Compagnie des radiateurs a constitué en accolant pour ainsi dire à une cuisinière une chaudière en fonte Classic, a, du point de vue chauffage, tous les avantages d'une chaudière. Son foyer d'été, séparé de la chaudière par une lame d'air continuellement renouvelée, est très efficace (fig. 115).

Le fourneau « Robur scientific » (fig. 116), construit par les établissements Odelin, Nattey, Bourdon, est muni de grilles verticales à travers lesquelles les fumées viennent balayer le combustible en ignition, ce qui achève leur combustion. Un récupérateur constitué par une chemise d'eau entourant le tuyau de fumée réduit le rayonnement dans la cuisine et ramène les gaz qui s'échappent à une température compatible avec une marche économique. Il faut naturellement prendre garde à ce que le récupérateur ne soit pas trop efficace, c'est-à-dire à ce que le tirage reste suffisant malgré l'action refroidissante qu'il exerce sur les gaz.

FIG. 116.
Fourneau Robur « Scientific ».

On construit des fourneaux de cuisine et chauffage à deux foyers indépendants assurant, l'un le service de la cuisine et éventuellement le service d'eau chaude en toutes saisons, l'autre, de plus grande capacité, assurant le service du chauffage.

M. R. André a mis au point un fourneau de chauffage à chargement automatique commandé par la diminution de poids du combustible placé sur la grille au fur et à mesure de la combustion. Cet appareil peut assurer une marche très régulière de plusieurs

FIG. 117. — Fourneau R. André.

heures sans rechargement. Son mécanisme est robuste et relativement simple (fig. 117).

Installation. — L'installation d'un chauffage à eau chaude par thermosiphon avec fourneau de cuisine comme générateur ne diffère pas en principe d'une installation avec chaudière. Il faut toutefois se souvenir que le bouilleur se trouve placé assez haut par rapport au sol, ce qui restreint l'emploi des corps de chauffe très bas.

Les chauffages à eau chaude par fourneau de cuisine sont fréquemment combinés avec des services de distribution d'eau chaude qui présentent l'avantage sur les services combinés avec des chaudières de fonctionner en toutes saisons (à moins qu'on ne fasse en été la cuisine au gaz). Le service d'eau chaude exerce d'ailleurs une action régulatrice sur le fonctionnement d'été en ce sens qu'il absorbe pour l'utiliser la chaleur que le foyer transmet au bouilleur, même dans les appareils munis d'un foyer d'été efficace.

Avantage particulier. — Le fourneau de chauffage est un générateur pour lequel on est toujours assuré de trouver un emplacement et une cheminée.

CHAUFFAGE A EAU CHAUDE A CIRCULATION ACCÉLÉRÉE

Avantages. — Si, par un procédé quelconque, on réussit à augmenter la faible vitesse de circulation qui caractérise les thermosiphons, il devient possible de réduire les diamètres de tuyauteries, ce qui présente de nombreux avantages des différents points de vue suivants :

a) Economie et simplicité d'installation résultant des faibles diamètres faciles à poser, avec toutes commodités de parcours ;

b) Economie d'exploitation, car les diamètres étant réduits les pertes par tuyauteries le sont également ;

c) Souplesse de fonctionnement : les tuyauteries étant de faible diamètre, la capacité en eau de l'installation est diminuée. Les mises en régime sont plus rapides et la souplesse accrue ;

d) Esthétique meilleure pour le chauffage d'appartement dans lesquels le thermosiphon ordinaire exigerait des diamètres énormes.

Inconvénients. — Les inconvénients généraux des systèmes à circulation accélérée sont :

Fréquemment, l'irrégularité de fonctionnement et la difficulté du réglage.

En tout cas, la complication, la sujétion à un mécanisme souvent délicat et une consommation accessoire de chaleur ou de force motrice.

Principes des différents systèmes. — Pour pouvoir réduire les diamètres il faut augmenter la force hydromotrice, c'est-à-dire la pression ou charge naturelle. On peut y parvenir :

Par émulsion, c'est-à-dire en incorporant à l'eau de circulation un corps plus léger (de la vapeur, par exemple) qui, s'élevant rapidement dans la colonne de départ, entraînera l'eau;

Par pulsion, c'est-à-dire en injectant périodiquement dans le circuit de la vapeur ou de l'air dont la pression oblige l'eau à circuler plus rapidement;

Par pompe, c'est-à-dire en plaçant sur la tuyauterie principale de retour une pompe (centrifuge) qui, actionnée par l'électricité ou la vapeur, entraîne l'eau à une vitesse réglable.

Accélération par émulsion. — Pour les petites installations, on emprunte généralement la vapeur nécessaire pour l'émulsion de l'eau au générateur même d'eau chaude. Cela ne va naturellement pas sans une consommation supplémentaire de charbon. Il existe de multiples dispositifs plus ou moins ingénieux et plus ou moins efficaces dont le principe général consiste à retarder jusqu'à vaporisation, au voisinage d'une portion très chaude de la surface de chauffe de la chaudière, une fraction de l'eau à faire circuler. Un ajutage spécial injecte la vapeur produite à la base de la colonne montante principale.

L'augmentation de vitesse obtenue est généralement assez faible et tous ces systèmes ont un inconvénient capital : la vapeur que l'on injecte dans l'eau en élève peu à peu la température jusqu'au voisinage de 100 degrés et les deux principaux avantages du thermo-siphon : basse température des corps de chauffe et facilité de réglage central sont perdus. Le fonction-nement est d'ailleurs souvent irrégulier.

Accélération par pulsion par la vapeur. — Il existe un grand nombre de dispositifs qui emprunte la vapeur nécessaire au générateur d'eau chaude et dans lesquels un système de cloches, de flotteurs, de clapets, provoque périodiquement l'action d'une certaine quantité de vapeur sur l'eau de la colonne de départ et la condensation de cette vapeur dans une capacité en communication avec la tuyauterie principale de retour, ce qui provoque un vide partiel qui aspire en quelque sorte périodiquement les retours.

Ces systèmes présentent généralement les mêmes inconvénients que le chauffage par émulsion. Leurs mécanismes sont souvent compliqués et délicats. Le réglage de la cadence des pulsions est difficile.

Certains constructeurs livrent des appareils de pulsion tout préparés qui, raccordés sur une instal-lation, en accélèrent la circulation. « L'Automatic Speed générator » dans lequel les clapets sont rem-placés par une colonne de mercure qui se déplace appartient à cette catégorie (fig. 118).

Pulsion par l'air comprimé. — La Société du chauf-fage central Moreau exploite un système qui présente le grand mérite de conserver les avantages du thermo-siphon en les augmentant en quelque sorte puisqu'il permet de faire circuler l'eau chaude quelle que soit sa température.

Son principe consiste dans la pulsion périodique de l'eau par de l'air comprimé emprunté en général à la distribution de la ville. Le mécanisme est assez simple. La Société du chauffage Moreau utilise les chau-dières et radiateurs du commerce et des tuyauteries de très petits dia-mètres (la pression de l'air comprimé permet de grandes vitesses de circu-lation), en cuivre, qui se posent facilement, rapidement et sans dégâts.

Ce système nécessite la présence d'une distribution d'air comprimé, il est assujetti à une panne possible de cette distribution et entraîne une consommation d'air relative-ment onéreuse. Des applications assez nombreuses en ont été faites à Paris.

Fig. 118.
Automatic
Speed Generator.

Accélération par pompe. — Ce système permet de faire circuler l'eau quelle que soit sa température et de régler à volonté la vitesse de circulation, ce qui donne une certaine souplesse à l'installation.

On utilise généralement une motopompe électrique centrifuge qu'on intercale sur la tuyauterie collectrice de retour et qui refoule l'eau de retour dans la chau-dière (fig. 119).

Le système est assujetti à un groupe électro-méca-nique, à une panne possible d'électricité et entraîne une consommation de force motrice.

Pour parer aux pannes de pompe ou de moteur, on prévoit dans les installations importantes deux pompes et deux moteurs alimentés, autant que possible, par deux forces différentes (électricité et vapeur, électricité et gaz d'essence).

Applications. — L'emploi d'une pompe de circulation permet l'extension du chauffage à eau chaude à de grands bâtiments pour lesquels ce mode de

Fig. 119. — Pompe de circulation.

chauffage s'impose (écoles, hôpitaux, etc...) et dans lesquels le thermosiphon ordinaire serait impuissant à vaincre les pertes de charge résultant de la grande longueur des tuyauteries.

L'emploi d'une pompe permet de réduire les diamètres des installations de chauffage à eau chaude d'appartements, mais on rencontre dans ce genre d'applications quelques difficultés qui résultent de la délicatesse des petits moteurs électriques, de vibrations bruyantes, et des nécessités d'entretien.

Les applications les plus intéressantes du chauffage

à eau chaude par pompe qui ont été réalisées sont sans doute le chauffage de groupes d'immeubles et le chauffage urbain.

Chauffage de groupes d'immeubles. — MM. Nessi frères et Cie ont appliqué au chauffage de groupes d'immeubles parisiens leur système particulier dans lequel la pompe est mue par de la vapeur fournie par les chaudières de chauffage. La production de la vapeur utilisée comme force motrice n'entraîne qu'une légère augmentation de la consommation et le système fonctionne entièrement par ses propres moyens. Le rendement de ces chauffages de groupes est très supérieur au rendement d'installations isolées et tous les avantages du chauffage à eau chaude sont conservés.

Chauffage urbain système Van der Woude. — La première application de ce système a été faite dans un faubourg de la ville de Groningue (Hollande). Dans chaque immeuble, on a placé un réservoir à flotteur qui, recevant l'eau chaude de la centrale, alimente les radiateurs. L'eau refroidie retourne par gravité à des réservoirs collecteurs. Des pompes centrifuges puisent dans ces réservoirs et refoulent l'eau sous pression à travers les chaudières et dans la tuyauterie de distribution. Cette tuyauterie est établie en tubes d'acier soudés à l'autogène et calorifugée au feutre goudronné. Elle comporte naturellement des lyres de dilatation.

Des essais ont été faits avec des tuyaux en bois qui n'ont pas besoin de calorifuge et ne se dilatent pas.

La température de l'eau étant pratiquement constante dans tout le réseau, on mesure la consommation au moyen de simples compteurs d'eau placés sur les branchements d'alimentation.

Emploi spécial des dispositifs d'accélération. — Lorsqu'une installation fonctionne mal parce que les tuyauteries sont insuffisantes, il peut être plus économique d'adjoindre un dispositif d'accélération que d'entreprendre la démolition du réseau de tuyauteries et son remplacement par un réseau normal.

CHAPITRE VII

CHAUFFAGE PAR LA VAPEUR A BASSE PRESSION

GÉNÉRALITÉS

Vaporisation de l'eau. Condensation de la vapeur d'eau. — Lorsque l'eau bout à l'air libre, la vapeur qui s'en dégage est à une température qui a été conventionnellement adoptée comme le degré 100 du thermomètre et la pression de cette vapeur est égale à la pression atmosphérique que la vapeur doit vaincre pour s'échapper du liquide. La pression atmosphérique moyenne normale est de 1.033 grammes. par centimètre carré (ou 10 m. 33 d'eau ou 76 centimètres de mercure par centimètre carré).

La pression effective de la vapeur à 100 degrés, qui est la différence entre sa pression absolue et la pression atmosphérique, est donc nulle.

Si, par un procédé quelconque, on exerce sur l'eau une pression supérieure à la pression atmosphérique normale, l'ébullition se trouve retardée et ne se produit qu'à une température supérieure à 100 degrés. La pression absolue de la vapeur (toujours égale à la pression qui s'exerce sur l'eau) devient ainsi supérieure à la pression atmosphérique.

Pour vaporiser un litre d'eau à une certaine température, il faut lui fournir une première quantité de chaleur appelée chaleur d'échauffement, égale en calories à l'écart en degrés entre la température initiale de l'eau froide et la température de vaporisation, et, lorsque l'eau est arrivée à cette température, une seconde quantité de chaleur, ou chaleur latente de vaporisation, d'autant plus petite que la température de vaporisation est plus élevée.

CARACTÉRISTIQUES DE LA VAPEUR D'EAU

PRESSION ABSOLUE	TEMPÉRATURE CENTIGRADE ET CHALEUR D'ÉCHAUFFEMENT à partir de 0°	CHALEUR LATENTE de vaporisation (en calories)
300 gr. : cm²	68°7	557,50
600 —	85°5	547,80
1.033 —	100°	537,00
1.050 —	100°4	536,20
1.100 —	101°8	535,25
1.133 —	102°65	534,50
1.200 —	104°2	533,50
1.300 —	106°5	532,00
1.400 —	108°7	530,70
1.500 —	110°7	528,90
2 kg. : cm²	119°6	522,50
3 —	132°8	513.20
6 —	157°9	495,00

C'est ainsi que pour obtenir de la vapeur d'eau à une pression effective de 100 grammes (c'est-à-dire à une pression absolue de 1.033 + 100 = 1.133 gr.) en partant d'eau à 8 degrés, il faut fournir par litre d'eau (voir tableau ci-dessus, 6e ligne) :

Chaleur d'échauffement : 102,65 — 8 ...... 94.65
Chaleur de vaporisation à 102,65 .... 534.50

Soit, par litre, une chaleur totale de (en calories) 629,15.

Lorsque la vapeur se refroidit, elle se condense en eau et restitue d'abord la chaleur latente de vaporisation, puis la chaleur d'échauffement si l'on refroidit l'eau de condensation.

C'est ainsi qu'un kilogramme de vapeur à 100 degrés qui se condense restitue environ 537 calories.

Principe du chauffage par la vapeur. — Le principe du chauffage à vapeur consiste à envoyer la vapeur produite par un générateur central dans des corps de chauffe où elle se condense en cédant à l'atmosphère des locaux sa chaleur latente de vaporisation. Un réseau de tuyauteries de retour ramène au générateur l'eau de condensation qui, vaporisée à nouveau, recommence le même cycle.

Définition du chauffage par la vapeur à basse pression. — Le chauffage par la vapeur à basse pression est caractérisé par le fait que la pression de la vapeur dans la chaudière ne dépasse jamais 500 grammes par centimètre carré (ou 5 mètres de hauteur d'eau par centimètre carré).

Avantages. — Les principaux avantages du chauffage par la vapeur à basse pression sont les suivants :

Rapidité de mise en régime, en raison de la température de la vapeur et de sa vitesse de circulation.

Prix d'installation réduit en raison des faibles diamètres des tuyauteries de vapeur, et surtout de ceux des tuyauteries de retour d'eau de condensation, et des faibles dimensions des corps de chauffe (qui sont d'ailleurs moins encombrants que ceux des chauffages à eau chaude).

Absence à peu près complète de risque de gel des corps de chauffe et tuyauteries.

Inconvénients. — Les principaux inconvénients du chauffage à vapeur à basse pression sont les suivants :

Haute température des surfaces de chauffe qui dessèchent l'atmosphère, présentent des risques de brûlure, et au contact desquelles les poussières organiques se décomposent en donnant naissance à des produits nocifs ou malodorants.

Difficulté, et quelquefois impossibilité pratique, de réglage central et local, et ses conséquences (gaspillage de combustible).

Obstruction et destruction par oxydation des tuyauteries de retour sèches, c'est-à-dire de celles qui véhiculent à la fois de l'eau et de l'air.

Pertes constantes par les tuyauteries, quelle que soit l'allure de marche (dans les chauffages à eau chaude les pertes sont réduites lorsque la température extérieure étant clémente, on abaisse la température de l'eau en circulation).

Bruit, si l'installation n'est pas parfaitement calculée et établie.

Dans certains cas, nécessité d'une différence de niveau de plusieurs mètres entre la chaudière et les corps de chauffe les plus bas.

Nécessité de surveillance de la chaudière.

Indications. — Des points de vue technique, économique et pratique, le chauffage à vapeur à basse pression convient surtout pour les grands locaux que l'on veut mettre rapidement en régime de température, tels que halls, ateliers, grandes salles, etc. et pour les locaux exigeant une puissance calorifique telle que l'établissement d'un chauffage à eau chaude entraînerait des frais trop élevés.

Purge d'eau. — Il se produit dans les tuyauteries des chauffages à vapeur une condensation partielle et dans les corps de chauffe une condensation importante. Il est de toute rigueur d'évacuer rapidement et complètement l'eau de condensation qui s'oppose à la circulation de la vapeur et *dont la rencontre avec elle provoque des bruits violents.*

Il est à noter que les corps de chauffe n'ont leur pleine efficacité que lorsqu'ils sont alimentés de vapeur sèche.

Pour cela, on dispose les tuyauteries en pente et on ne pose jamais de grandes longueurs de tuyauteries horizontales (plus de 20 mètres dans les diamètres moyens) sans prévoir des dispositifs de purge d'eau.

Il faut éviter les trajets que l'eau et la vapeur parcourraient en sens inverse et, en particulier, les tuyauteries horizontales en pente montante dans le sens de marche de la vapeur, et les parcours verticaux.

Lorsque des tracés de ce genre sont inévitables, on augmente le diamètre et on s'efforce d'incliner légèrement les parcours verticaux de façon à ce que l'eau circule le long de la paroi inférieure du tuyau pendant que la vapeur s'écoule le long de la paroi supérieure.

Purge d'air. — Un autre point capital dans tous les chauffages à vapeur est d'assurer l'évacuation de l'air qui s'oppose à la pénétration de la vapeur dans les tuyauteries et les corps de chauffe, et la rentrée de l'air dans les corps de chauffe dès qu'on ferme le robinet qui les commande. Dès la fermeture du robinet de commande d'un radiateur, la vapeur restant à l'intérieur se condense et il se produit un vide partie qui aspirerait l'eau de condensation si l'air ne venait pas prendre la place de la vapeur condensée : la chaudière pourrait alors être détruite par manque d'eau.

DISPOSITIONS DES TUYAUTERIES

Système à un tuyau (ou américain). — Le système à un tuyau représenté par la figure 120 fonctionne en circuit fermé, c'est-à-dire qu'il est sans communication avec l'atmosphère. La vapeur et l'eau de condensation circulent dans la même canalisation, dans le même sens dans la tuyauterie horizontale (posée en pente), en sens inverse dans les colonnes et dans les branchements de radiateurs.

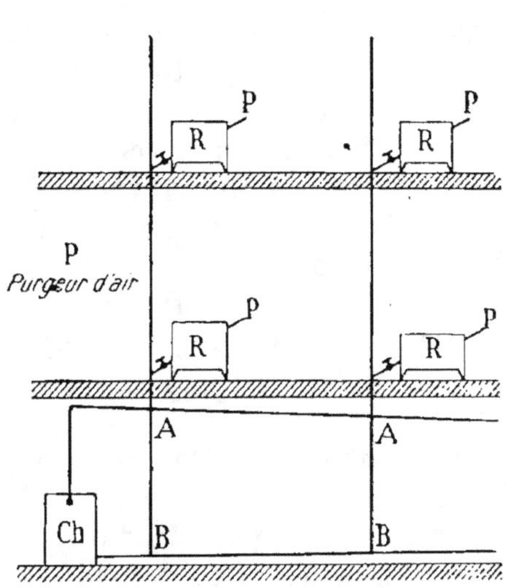

Fig. 120. — Chauffage à un tuyau.

Les tuyauteries telles que A, B, sont destinées à purger à leur base les colonnes montantes.

Les branchements des corps de chauffe sont, pour les raisons indiquées ci-dessus, établis à forte pente et commandés par des vannes à passage direct V qui doivent être complètement ouvertes ou complètement fermées, car une ouverture partielle entraînerait une diminution de pression dans le radiateur d'où l'eau de condensation ne pourrait plus s'échapper.

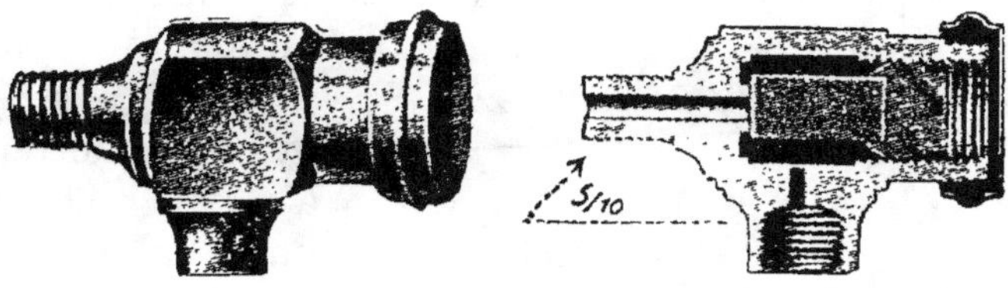

FIG. 121. — Purgeur d'air.

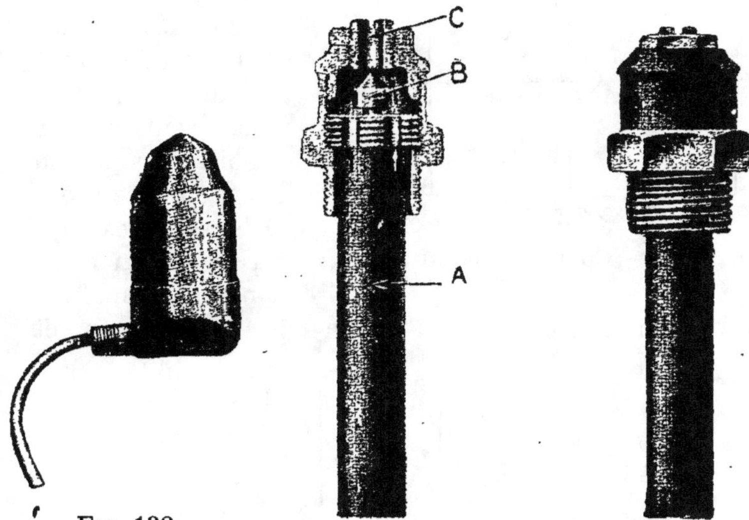

FIG. 122.
Purgeur « Airid ».

FIG. 123. — Purgeur « Samson ».

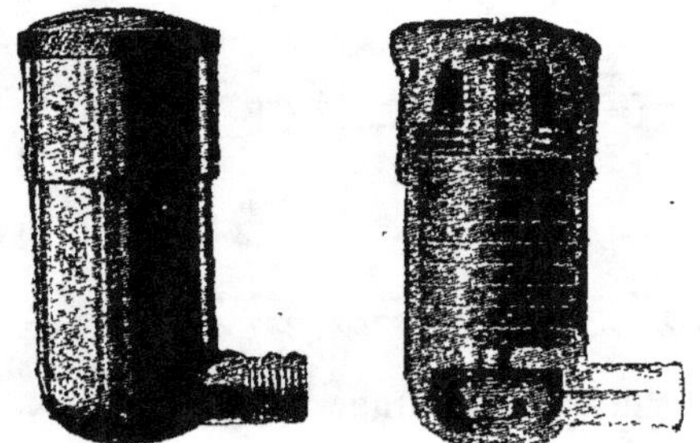

FIG. 124. — Purgeur Calex.

Les corps de chauffe et les têtes de colonnes sont munis de purgeurs d'air P qui permettent à l'air chassé par la vapeur de s'échapper, qui se ferment lorsque la vapeur les atteint et se rouvrent pour permettre la rentrée de l'air lorsque la vapeur se condense. Ces appareils qui comportent un obturateur dilatable sous l'action de la chaleur et

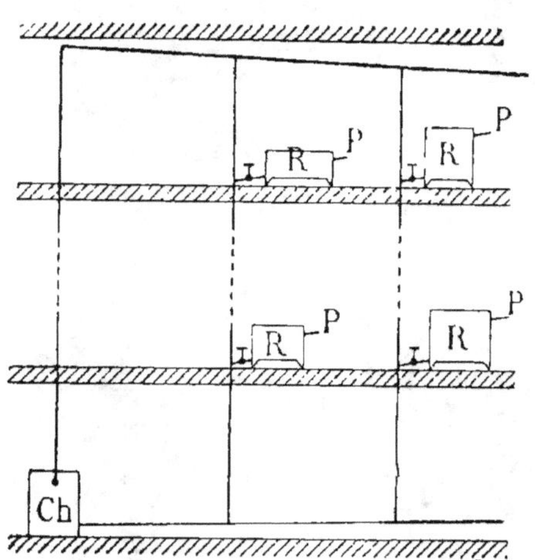

FIG. 125. — Chauffage à un tuyau.

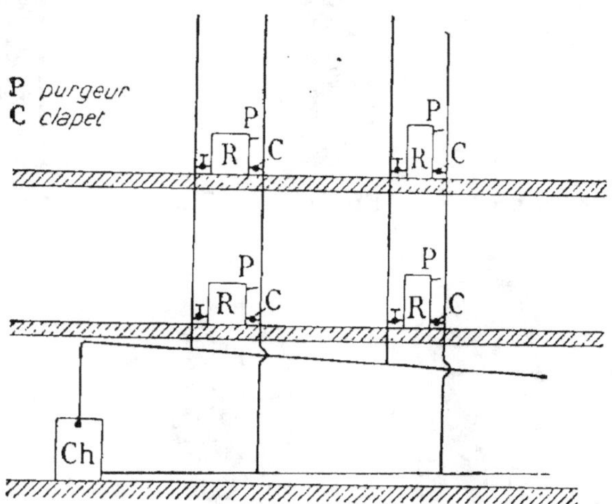

FIG. 126. — Chauffage à deux tuyaux.

qui vient s'appliquer sur l'orifice de passage d'air

sont d'un fonctionnement délicat et quelquefois capricieux (fig. 121 à 124).

La disposition représentée par la figure 125 a l'avantage sur la précédente de faire circuler la vapeur et l'eau dans le même sens dans les tuyauteries principales. Les trajets ne sont contrariés que dans la colonne montante et dans les branchements. La disposition est un peu plus onéreuse et nécessite le calorifugeage de la colonne montante.

Systèmes à deux tuyaux. — Les systèmes comportant deux tuyaux, l'un d'aller pour la vapeur, l'autre de retour pour l'eau de condensation, peuvent être établis en circuit ouvert ou en circuit fermé.

En circuit fermé (fig. 126), ils nécessitent des purgeurs d'air et un second robinet (ou un clapet de retenue) sur l'orifice de retour des corps de chauffe pour que l'eau des retours ne puisse pas être refoulée par la pression de la vapeur dans les corps de chauffe dont on ferme le robinet d'alimentation.

Ces dispositifs sont donc compliqués et leur fonctionnement soumis à celui d'appareils capricieux.

SYSTÈME A DEUX TUYAUX EN CIRCUIT OUVERT

Le plus couramment employé.

Réglementation. — En France, le système à deux tuyaux en circuit ouvert échappe, *si la pression de marche est inférieure à* 300 *grammes et la chaudière munie d'un tube de sûreté hydraulique,* à la sévère réglementation des appareils à vapeur. Voici les textes qui autorisent son installation dans les conditions indiquées, sans formalités spéciales :

CIRCULAIRE MINISTÉRIELLE DU 8 JUILLET 1903

*Le Ministre des Travaux publics à M. le Préfet
du département de...*

Aux termes de l'article 1ᵉʳ du décret du 30 avril 1880, tous les générateurs à vapeur autres que ceux placés à bord des bateaux sont soumis aux prescriptions de ce décret. Il en résulte que certains appareils, tels que les chaudières servant au chauffage par la vapeur, dans lesquels la pression atteint un taux à peine appréciable, sont en droit assujettis à ces prescriptions.

Il a paru à la Commission centrale des Machines à vapeur qu'une dérogation à cette règle, en ce qui concerne lesdites chaudières, ne présenterait aucun inconvénient pour la sécurité, à la condition qu'elles fussent munies de dispositifs permettant de les considérer comme des « vases ouverts » en libre communication avec l'atmosphère.

J'ai décidé en conséquence, d'accord avec cette Commission, que dorénavant, il y aura lieu de considérer tout générateur servant à un chauffage par la vapeur à très basse pression comme un vase ouvert échappant à l'application du décret du 30 avril 1880, pourvu que ce générateur soit mis, d'une manière assurée, en communication permanente avec l'atmosphère par un tuyau d'équilibre à colonne d'eau n'ayant pas plus de 3 mètres de hauteur.

EXTRAIT DU DÉCRET DU 9 OCTOBRE 1907

L'article 1ᵉʳ du décret du 9 octobre 1907, portant règlement sur les appareils à terre, excepte de l'application de ce règlement :

b) Les générateurs de capacité quelconque où des dispositions matérielles efficaces empêchent la pression effective de la vapeur de dépasser 300 grammes par centimètre carré, à la condition que ces générateurs soient munis d'une plaque portant les mots : *Non soumis au décret du 9 octobre* 1907, et indiquant la pression maximum pour laquelle ces dispositions sont prises.

Avantages et inconvénients. — Le principal avantage
du système à deux tuyaux en circuit ouvert est la
possibilité de supprimer complètement les purgeurs
d'air.

Ses inconvénients principaux sont la difficulté de
réglage et la nécessité d'une différence de niveau de

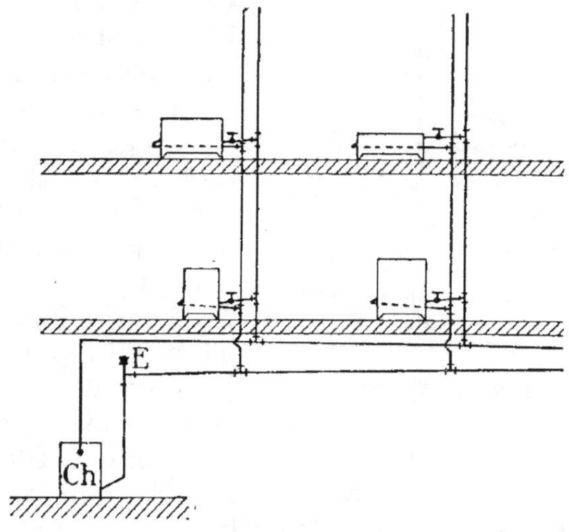

FIG. 127. — Chauffage à deux tuyaux.

l'ordre de 2 mètres à 2 m. 50 entre la chaudière et les
corps de chauffe les plus bas.

Purge d'air. — Le chauffage à vapeur à basse
pression à double tuyauterie en circuit ouvert est
caractérisé par la présence d'évents qui mettent en
communication les tuyauteries de retour et l'atmosphère.

Théoriquement, un seul évent placé en E suffirait
à ventiler toute l'installation et à assurer la purge et
la rentrée naturelle de l'air dans les corps de chauffe
(fig. 127).

Pratiquement, on multiplie les évents de façon à ce que l'air ait le minimum de trajet à faire pour s'échapper des corps de chauffe et tuyauteries sous la poussée de la vapeur et pour y revenir dès qu'on ferme les robinets d'admission.

La figure 128 montre comment un évent peut être disposé sur les tuyauteries de retour. Les évents doivent être établis dans les endroits où la poussière ne peut pas venir les obstruer et à l'abri de la gelée, car le gel de gouttelettes d'eau sur un évent peut amener son obturation.

Lorsque les évents crachent de la vapeur, c'est le signe que la pression de marche est trop élevée ou que certains corps de chauffe reçoivent trop de vapeur. Il faut réduire le feu ou régler les radiateurs suralimentés.

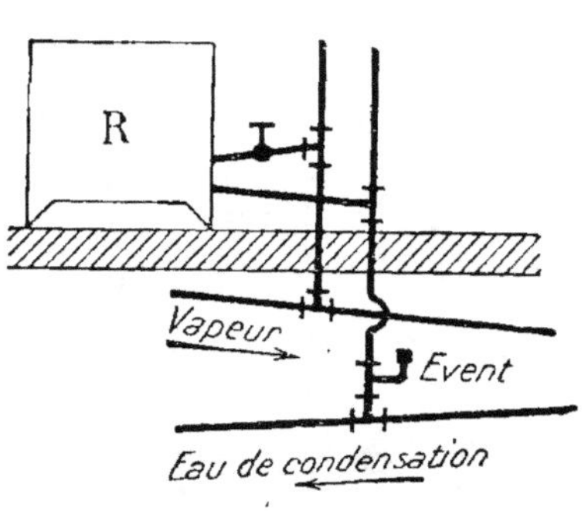

FIG. 128. — Évent.

Ligne de pression. — Les retours étant en communication avec l'atmosphère, la pression de vapeur ne peut pas y régner et l'eau de condensation s'écoule vers la chaudière par le simple effet de son poids *(les tuyauteries horizontales doivent être posées en pente)*.

La pression exercée dans la chaudière par la vapeur sur la surface de l'eau en ébullition maintient l'eau des tuyauteries de retour à un niveau supérieur d'une hauteur H, égale à la pression de marche, à celui de l'eau dans la chaudière (ligne d'eau). Ce niveau de l'eau dans les retours est appelé ligne de pression (fig. 129).

Différence de niveau nécessaire entre la chaudière et les corps de chauffe. — Toutes les parties de l'ins-

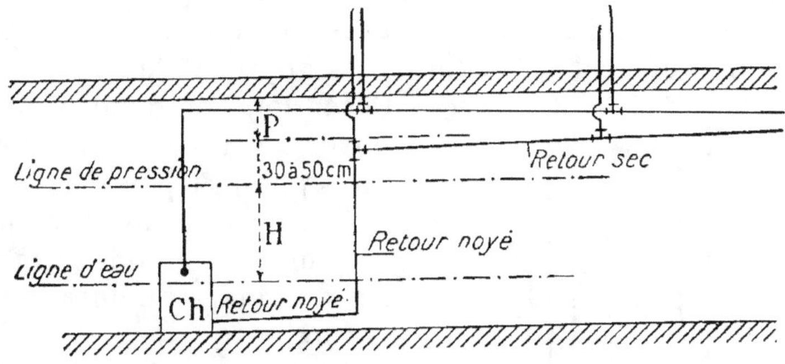

Fig. 129. — Ligne de pression.

tallation qui se trouvent en dessous de la ligne de pression sont noyées, c'est-à-dire pleines d'eau. Il est donc impossible de placer des corps de chauffe dans cette région. D'autre part, en pratique, comme il faut tenir compte de ce que la pression de marche peut subir certaines variations, on détermine la hauteur nécessaire sous le plafond des caves en ajoutant 30 à 50 centimètres au total

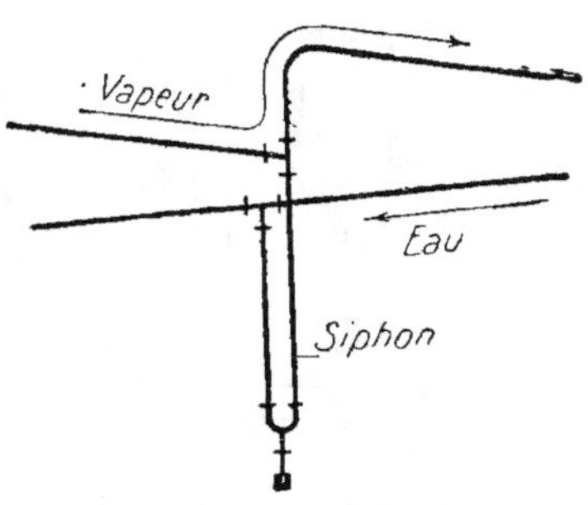

Fig. 130.
Reprise de pente.

de la hauteur H de la ligne de pression et de la pente P de la tuyauterie de vapeur (fig. 129).

Avant toute proposition de chauffage à vapeur à basse pression en circuit ouvert, il faut s'assurer qu'on dispose bien de cette hauteur nécessaire ou bien prévoir pour la chaudière une fosse de profondeur suffisante.

Purge d'eau. — Pour éviter qu'en raison de la pente qu'il est nécessaire de leur donner pour faciliter l'écoulement de l'eau de condensation, les tuyauteries de vapeur ne deviennent gênantes, on effectue chaque fois que cela est nécessaire des reprises de pente à l'occasion desquelles on purge la tuyauterie par un siphon (fig. 130).

C'est aussi au moyen de siphons qu'on purge les colonnes montantes à leur base.

Siphon. — Le siphon est un obturateur hydraulique qui laisse passer l'eau de condensation et arrête la vapeur. (Si on raccordait directement les tuyauteries de vapeur à celles de retour comme dans les systèmes en circuit fermé, la vapeur viendrait s'échapper par les évents.)

Le fonctionnement du siphon s'explique facilement par l'examen de la figure 131 :

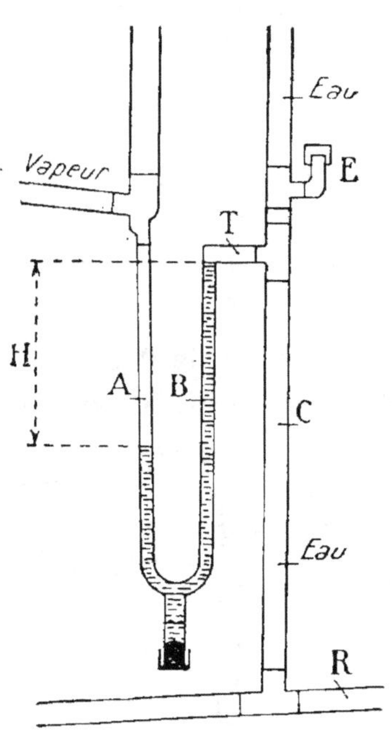

FIG. 131. — Siphon.

La pression de vapeur s'exerce dans la branche A où le niveau de l'eau est inférieur d'une hauteur H (égale à la pression de marche) au niveau dans la branche B qui affleure la tubulure de décharge T.

L'arrivée d'une certaine quantité d'eau de condensation en A provoque l'écoulement par la tubulure T dans la tuyauterie C, d'une quantité d'eau égale. Les deux branches conservant toujours la même différence de niveau. E est l'évent, R la tuyauterie de retour.

Les siphons doivent être démontables pour permettre la visite de leur partie basse, leur obstruction peut empêcher le retour de l'eau de condensation à la chaudière. Il est prudent de munir les siphons exposés à la gelée lorsque l'installation ne fonctionne pas d'un petit robinet de vidange.

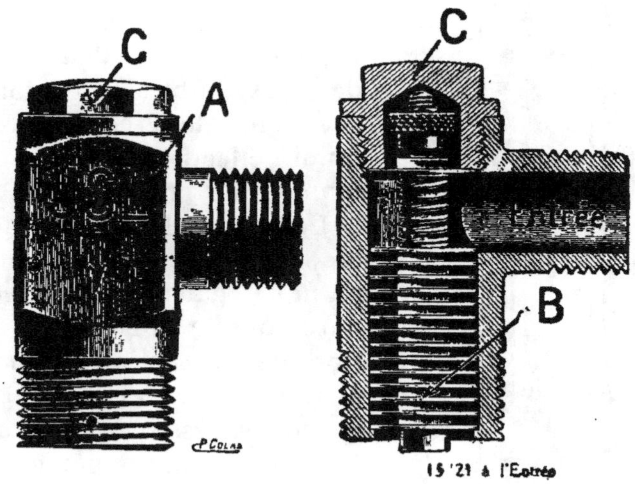

Fig. 132. — Purgeur de condensation « J. S. L. ».

Retours secs et retours mouillés. — Les retours secs sont ceux qui, circulant à un niveau supérieur à la ligne de pression, véhiculent à la fois de l'eau et de l'air.

Les **retours** mouillés **ou** noyés sont **ceux** qui ne portent que de l'eau.

Il **est** préférable **de** noyer dès qu'on le peut les **retours sous** la ligne de pression. On peut alors en réduire les diamètres et on évite l'oxydation puisque **ces** retours sont toujours pleins d'eau (fig. 129).

Possibilité de réglage. — Dans ces types d'installation, en faisant varier la pression à la chaudière, on fait varier les quantités de vapeur qui pénètrent dans les corps de chauffe et, par suite, le pouvoir calorifique de ces derniers.

Mais l'influence de la moindre variation de pression sur le débit des tuyauteries est considérable et comme il est pratiquement impossible d'obtenir de très faibles variations de pression, le réglage central qu'on effectue de cette façon manque de précision.

Le réglage local effectué par la manœuvre des robinets manque également de précision parce que la plus petite variation de la section de passage provoque, en raison de la grande vitesse de la vapeur, une variation importante du débit.

En somme, le réglage d'une installation à vapeur à basse pression en circuit ouvert, théoriquement possible, est pratiquement très difficile et quelquefois même impossible. Il suffit en effet que certaines tuyauteries soient un peu justes pour que, dès qu'on diminue la pression de marche, les corps de chauffe qu'elles desservent ne reçoivent plus du tout de vapeur.

En pratique, on s'efforce de régler les robinets de façon à ce que la vapeur ne pénètre jamais dans les

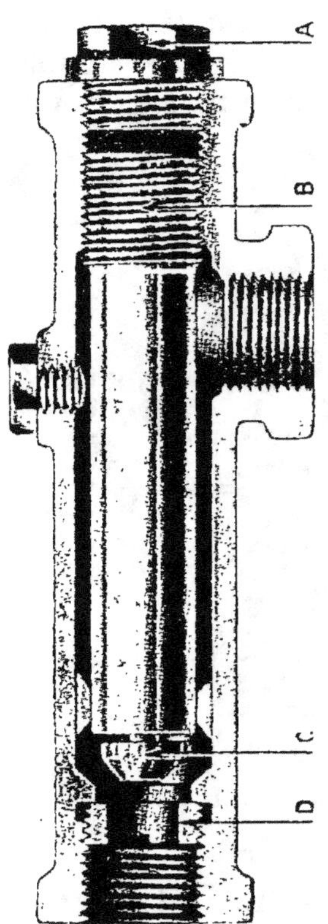

Fig 133.
Purgeur de
condensation
« Samson ».

retours (1). En effet, lorsque la vapeur s'introduit dans les tuyauteries de retour elle y rencontre l'eau de condensation et pénètre dans certains corps de chauffe par le retour, ce qui perturbe le fonctionnement. D'une façon générale, pour effectuer le réglage, on fait fonctionner la chaudière à sa pression maximum, et on « serre » le double réglage des robinets jusqu'à ce qu'une partie du corps de chauffe reste tiède. On a ainsi la certitude que toute la vapeur qui pénètre dans le corps de chauffe s'y condense entièrement.

Lorsqu'une installation est réglée de cette façon et qu'on diminue la pression à la chaudière, la quantité de vapeur qui pénètre dans les corps de chauffe diminue et s'y condense entièrement dans une de leurs parties.

Fig. 134.
Régulateur Idéal.

Certains éléments pourront rester normalement pleins d'air et froids. Ce phénomène fait que le réglage central d'une installation à vapeur laisse toujours les usagers soupçonneux. La partie froide les inquiète... même si les températures sont obtenues.

Conditions de bon fonctionnement. — Le bon fonctionnement d'une installation de chauffage par la vapeur à basse pression en circuit ouvert repose entièrement sur la régularité de la pression à la chaudière qui ne peut être obtenue que par une marche à une *allure de combustion raisonnable* et l'emploi d'une

------

(1) Ce résultat peut être obtenu en plaçant un purgeur d'eau de condensation à la sortie des radiateurs, mais on perd alors l'avantage de la simplicité.

chaudière munie d'un dispositif de chargement régulier (foyer magasin, par exemple) dont le tirage est asservi à un régulateur sensible agissant sur toutes les entrées d'air et sur le registre de fumée ou le coupe-tirage.

Les variations de pression ont d'autant plus d'in-

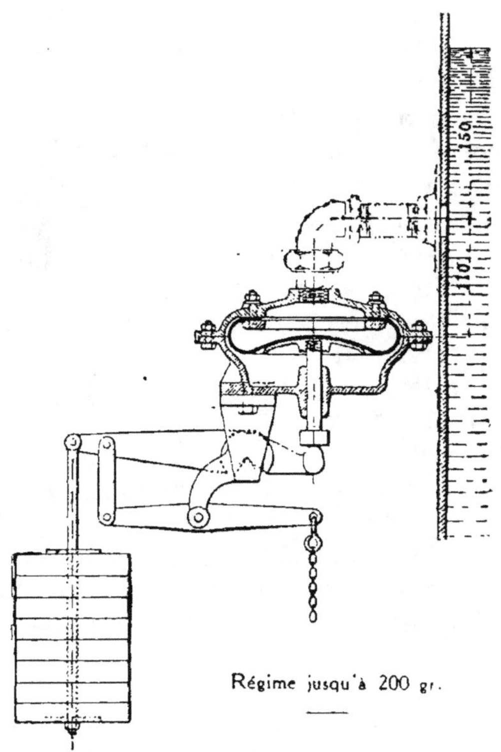

Fig. 135. — Régulateur Chappée à poche.

fluence sur le réglage général que la pression est plus élevée, ce qui renforce l'intérêt de l'emploi des chauffages à très basse pression (50 à 100 grammes) qui ont par ailleurs l'avantage de ne pas nécessiter de grandes hauteurs sous plafond des caves. On doit toujours s'efforcer de les établir lorsque le budget du client le permet (plus la pression de marche est basse, plus les diamètres des tuyauteries sont élevés et conséquemment leur prix).

Régulateurs. — Ils sont placés sur la chaudière. Les régulateurs à membrane, les plus simples, ont pour organe sensible une membrane en caoutchouc spécial sur laquelle s'exerce la pression de la vapeur par l'intermédiaire d'une petite masse d'eau. Les déplacements de la membrane sous l'effet des variations de pression sont transmis à un levier qui actionne par le moyen de chaînes les portes de tirage et règle l'allure du feu (fig. 134 et 135).

Les régulateurs hydrostatiques, à eau ou à mercure, sont plus sensibles que les régulateurs à membrane.

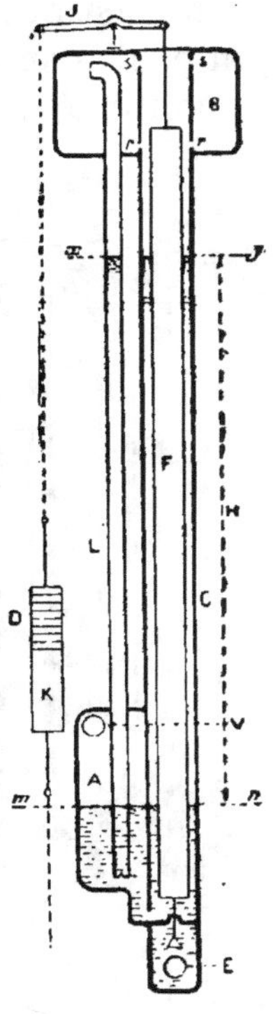

Fig. 136.
Régulateur
Chappée.

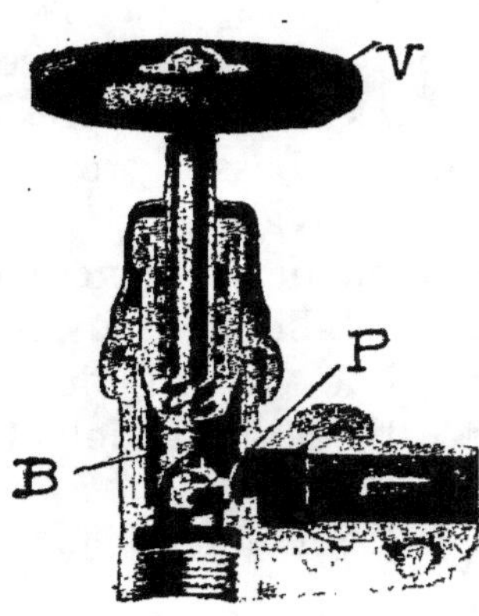

Fig. 137. — Robinet
« Idéal » (C. N. R.)

L'organe actif est un flotteur qui suit les déplacements d'une colonne d'eau ou de mercure soumise à la pression de la vapeur (fig. 136).

Nota. — Le fonctionnement d'un régulateur est d'autant plus sûr que l'appareil comporte moins de renvois, de poulies, d'articulations.

Robinets à double réglage. — Le robinet à double réglage représenté par la figure 137 comporte un boisseau élastique B dont la fenêtre est taillée en biseau. On peut manœuvrer ce boisseau de l'extérieur pendant la marche, ce qui permet à l'installateur de limiter

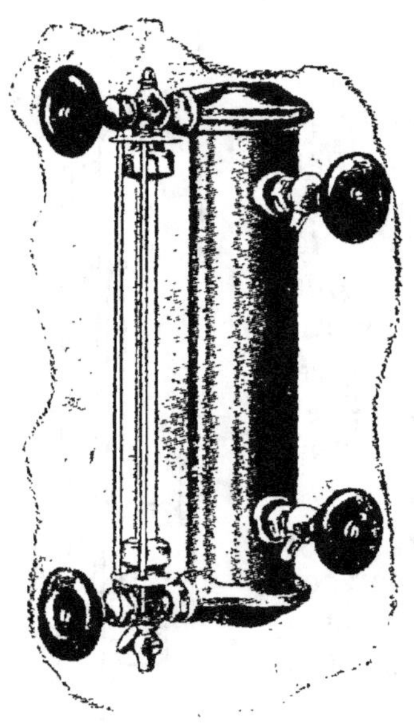

FIG. 138. — Niveau d'eau.

l'ouverture de passage maximum dans les conditions indiquées ci-dessus (page 181).

Le pointeau P manœuvré par le volant V reste à la disposition de l'usager pour modérer à volonté la quantité de vapeur qui pénètre dans le corps de chauffe.

Accessoires des chaudières à vapeur à basse pression. — Les accessoires ordinaires des chaudières à vapeur à basse pression sont les suivants :

1 manomètre généralement métallique, sensible, et qui doit être placé dans une région de la chaudière où la vaporisation n'est pas trop violente (fig. 9).

1 tube de niveau d'eau avec robinets de jauge (fig. 138).

1 soupape de sûreté à large passage de vapeur, réglée à une pression légèrement supérieure à la pression de marche maximum (fig. 139).

1 régulateur sensible :

1 robinet d'alimentation en eau froide raccordé sur une distribution d'eau sous pression ;

1 robinet de vidange raccordé sur une vidange d'eaux

usées ou muni d'un raccord pour caoutchouc mobile ;
1 jeu d'ustensiles pour chargement et nettoyage.

Dispositif légal de sécurité. — Aux termes de la
circulaire ministérielle du 8 juillet 1903, et du décret
du 9 octobre 1907 portant règlement sur les appareils
à vapeur, un simple tube formant siphon, en communication avec la chambre de vapeur de la chaudière
et dont la branche, en communication avec l'air libre,
a une hauteur maximum de 3 mètres, constitue un

FIG. 139. — Soupape de sûreté.

dispositif suffisant pour qu'un chauffage à vapeur à
basse pression échappe à la sévère réglementation des
appareils à vapeur (décret du 9 octobre 1907).

On peut adopter la disposition représentée par la
figure 140.

En marche normale, le niveau de l'eau dans la
branche T_1 est en A, à une distance du niveau dans
le vase V égale à la pression de marche H ; quand la
pression augmente, le niveau A s'abaisse et si la
pression vient à dépasser la valeur (H + 50), la
vapeur refoule l'eau des tubes T_1 et T_2 dans le vase
et s'échappe par le tube T_3. Lorsque la pression
reprend sa valeur normale, le siphon constitué par

les branches T_1 et T_2 se réamorce de lui-même par le tube T_4, et la communication de la chaudière avec l'extérieur est de nouveau interrompue. En pratique, ce réamorçage n'a pas toujours lieu d'une façon parfaite, car la vapeur peut entraîner l'eau. Il est d'ail-

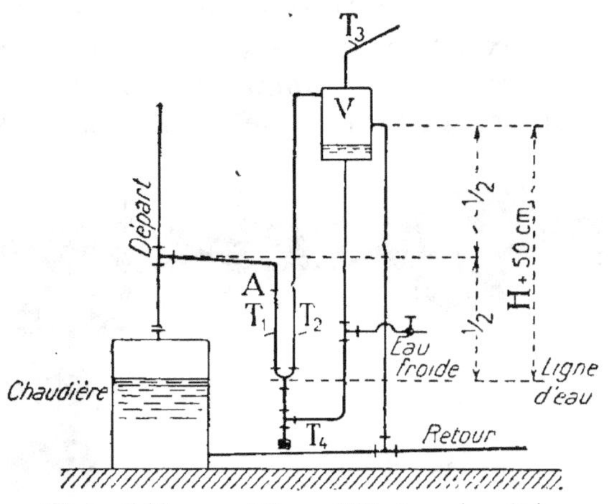

Fig. 140. — Dispositif de sécurité.

leurs toujours nécessaire que le chauffeur intervienne lorsque le dispositif de sécurité fonctionne.

Dispositifs spéciaux de sécurité. — 1° *Avertisseurs de manque d'eau.* — Le manque d'eau dans une chaudière à vapeur est d'autant plus grave que c'est un accident qui s'aggrave de lui-même et très rapidement, car dès que la quantité d'eau restante dans la chaudière diminue, sans que le feu baisse, la vaporisation s'accélère. La destruction complète de la chaudière peut s'ensuivre, surtout lorsqu'elle est en fonte.

Le chauffeur doit intervenir immédiatement en cas de manque d'eau, ralentir rapidement le feu en ouvrant au besoin la porte de chargement, même jeter le feu dans les cas d'urgence. Il faut naturellement attendre pour remettre de l'eau que la chaudière soit refroidie sous peine de voir la fonte « claquer » sous l'action d'une brusque entrée d'eau froide.

Les appareils avertisseurs de manque d'eau sont fort utiles surtout sur les générateurs qui ne sont pas surveillés continuellement. On peut établir un avertisseur très simple en plaçant un sifflet (fig. 141) sur le tube T_3 du dispositif de sécurité décrit plus haut ou à l'extrémité d'un tube plongeant de quelques centimètres dans l'eau de la chaudière et dans lequel la vapeur s'engouffre dès que le niveau baisse dangereusement.

Il existe des avertisseurs de manque d'eau électriques dont les indications sont facilement transmises à distance.

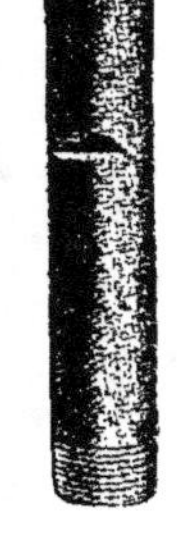

FIG. 141.
Sifflet
manque d'eau.

2° *Coupe-tirage automatique.* — Certains constructeurs disposent sur le registre de fumée une soupape légère qui, s'ouvrant dès que le tirage prend une valeur exagérée, fait office de coupe-tirage automatique.

3° *Registre de fumée automatique.* — D'autres constructeurs disposent à l'extrémité d'un levier commandant le registre de fumée un petit seau placé pour recueillir l'eau qui s'échappe d'un tube de sûreté hydraulique dès que la pression normale est dépassée. Alourdi par l'eau qu'il reçoit, le seau descend en entraînant la fermeture du registre.

Entretien des dispositifs de réglage et de sécurité. — La plus grande attention doit être apportée à l'entretien des dispositifs de réglage et de sécurité des chaudières à vapeur. On doit, en particulier, les nettoyer fréquemment et débarrasser les articulations, poulies, sièges d'appui, des poussières qui s'y accumulent rapidement.

Il ne faut pas oublier que le mauvais état d'un de ces dispositifs peut provoquer des accidents graves et en tout cas onéreux.

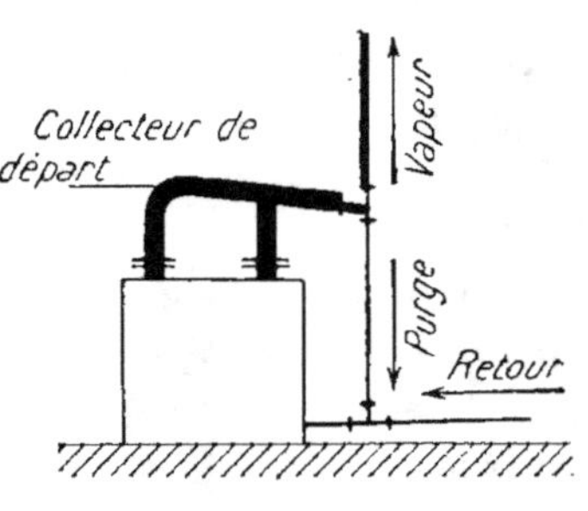

FIG. 142. — Collecteur.

Entraînements d'eau et leurs remèdes. — Une des premières conditions à remplir si l'on veut éviter les bruits et conserver aux corps de chauffe leur pleine efficacité est d'avoir toujours dans les tuyauteries et appareils de la vapeur aussi sèche que possible.

Il a été question plus haut de purger rapidement et complètement l'eau de condensation, mais la vapeur peut entraîner de l'eau directement à son départ de la chaudière. Des entraînements d'eau importants peuvent déterminer un manque d'eau à la chaudière avec toutes ses conséquences.

L'entraînement d'eau se produit chaque fois que la vitesse de la vapeur au départ de la chaudière est trop grande, ce qui peut

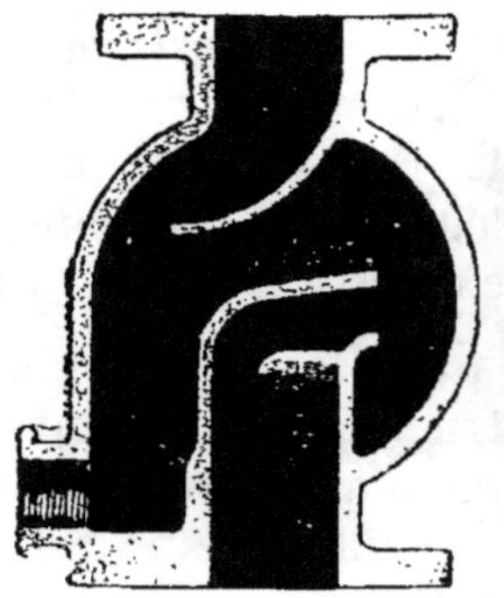

FIG. 143.
Séparateur d'eau et
de vapeur.

avoir lieu dans les chaudières en fonte lorsque les nipples qui connectent entre elles les sections sont de trop petits diamètres, dans les chaudières dont la surface d'émersion (1) est trop faible, et, d'une façon générale, chaque fois que l'on exige de la chaudière une vaporisation excessive (2).

Le remède aux entraînements d'eau est dans l'installation d'un collecteur de départ de gros diamètre raccordé à la chaudière par des tuyauteries largement dimensionnées, disposé en bonne pente, et convenablement purgé (fig. 142).

Dans certains cas, un séparateur d'eau et de vapeur peut être nécessaire (fig. 143).

Les chaudières qui comportent un dôme de vapeur ne sont pas sujettes aux entraînements d'eau (fig. 144 et 145).

Il ne faut pas confondre avec l'entraînement d'eau un phénomène d'émulsion qui se produit dans la chaudière à la première mise en route et qui provient de ce que l'huile employée au cours du montage, entraînée par la vapeur et l'eau de condensation, est venue se rassembler dans la chaudière où elle surnage l'eau en ébullition. On fait disparaître toute trace d'huile par plusieurs vidanges successives.

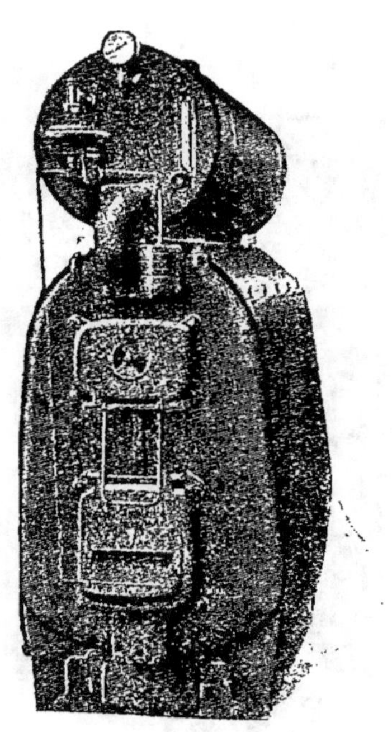

Fig. 144.
Chaudière à dôme de vapeur
« La Française ».

---

(1) La surface d'émersion est la surface de l'eau à travers laquelle se dégage la vapeur.

(2) Pouvoir de vaporisation normal : 15 kilogrammes de vapeur par mètre carré de surface de chauffe.

DÉTAILS D'EXÉCUTION

Réductions de diamètres. — Toutes les réductions de diamètres effectuées sur les tuyauteries de vapeur

FIG. 145. — Coupe de la chaudière
à dôme de vapeur Niederbronn.

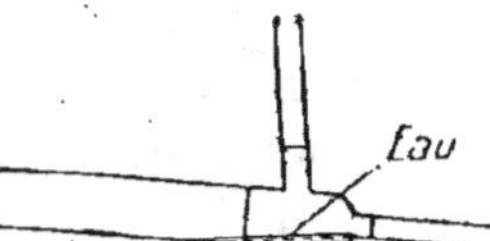

FIG. 146.
Mauvais montage.

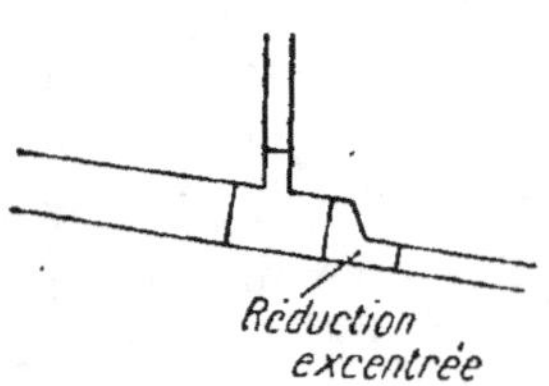

FIG. 147.
Bon montage.

ou d'eau condensée dans le sens de la pente descendante doivent être établies de telle façon que l'eau ne puisse s'accumuler à leur endroit. C'est pour cette raison que le montage représenté par la figure 146 est défectueux, alors que le montage représenté par la figure 147 et comportant des réductions excentrées est correct.

Branchements des corps de chauffe. — Les dilatations étant assez importantes, il est très souvent indispensable d'allonger les branchements en plaçant le robinet du côté opposé à la colonne d'alimentation.

L'entrée de vapeur peut être raccordée en haut ou en bas. Lorsqu'elle est raccordée en haut, dès que la pression de marche diminue quelque peu, la partie inférieure du radiateur reste froide.

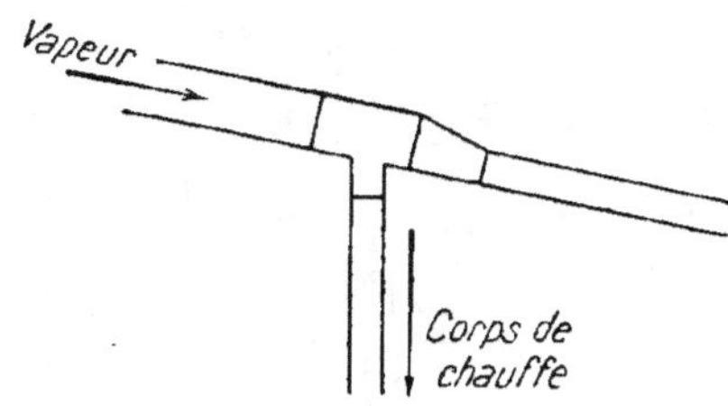

FIG. 148. — Mauvais montage.

Lorsqu'elle est raccordée en bas, on a quelque chance qu'il se produise dans le radiateur un heureux mélange de la vapeur et de l'air qui rentre dans le corps de chauffe dès que la pression s'abaisse.

Pour éviter que l'eau de condensation des tuyauteries ne pénètre dans les corps de chauffe, *qu'il y a toujours intérêt à alimenter en vapeur sèche*, il ne faut jamais disposer les branchements sur tuyauterie

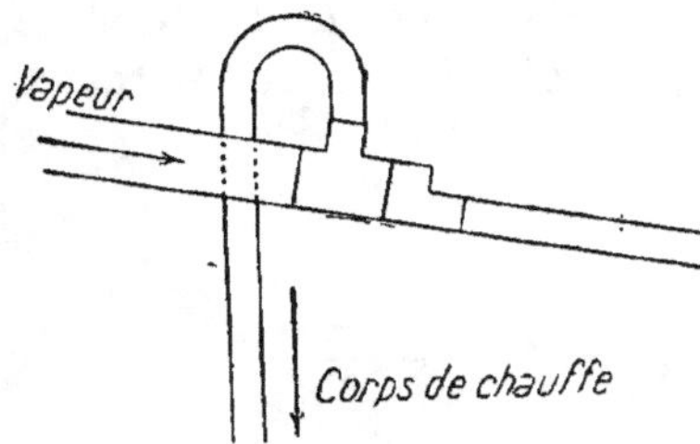

FIG. 149. — Bon montage.

horizontale comme l'indique la figure 148, mais comme l'indique la figure 149. De cette façon, l'eau de condensation continue son chemin pendant que la vapeur sèche seule peut pénétrer dans le corps de chauffe.

Siphons. — Les siphons sont généralement établis conformément à la figure 150, H étant la hauteur correspondant à la pression de marche.

Events. — Une façon commode d'établir un évent est de scier verticalement l'extrémité d'une petite longueur de tube (bobine ou mamelon) et de la coiffer d'un bouchon femelle que l'on visse plus ou moins à la main (fig. 151).

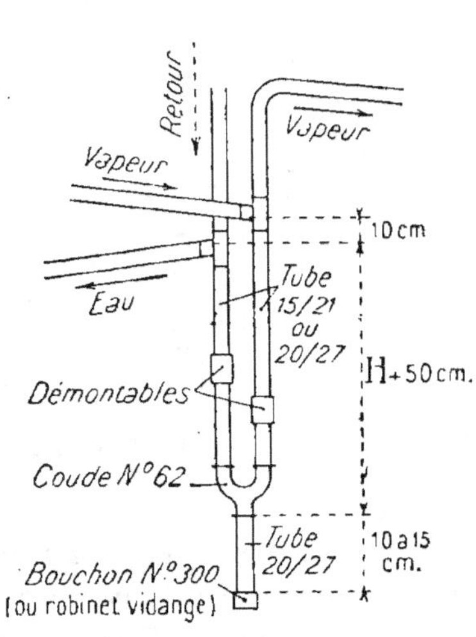

Fig. 150. — Siphon.

Passages de portes. — Lorsqu'une tuyauterie de retour sèche, c'est-à-dire contenant de l'eau et de l'air, doit passer sous une porte, il faut prendre soin de continuer la pente au delà de la porte et de placer avant la porte un évent ou d'établir une tuyauterie

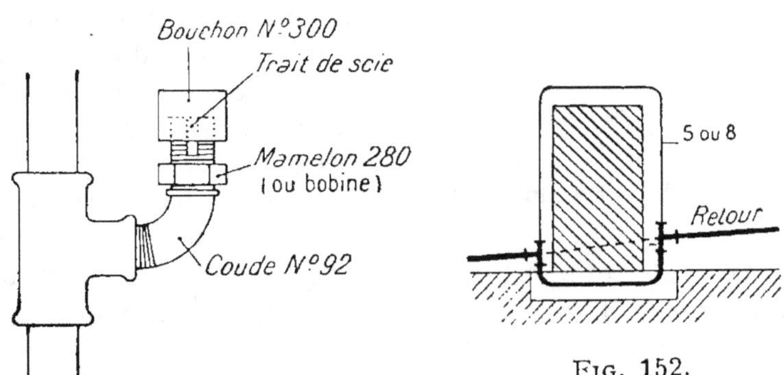

Fig. 151. — Détail d'un évent.

Fig. 152.
Caniveau passage de porte.

de petit diamètre qui, contournant la porte, permettra à l'air de continuer normalement sa route (fig. 152).

AVANT-PROJET ET EXÉCUTION D'UNE INSTALLATION A BASSE PRESSION

Dans son ensemble, un avant-projet de chauffage par la vapeur à basse pression diffère peu d'un avant-projet de chauffage par l'eau chaude.

Détermination des surfaces de chauffe. — Après avoir déduit des nombres de calories à fournir, calculées comme il est dit au chapitre II, les quantités de chaleur émises par les tuyauteries, on peut, pour obtenir les surfaces de chauffe, diviser les restes par les pouvoirs d'émission moyens suivants :

Radiateurs : 750 calories-heure par mètre carré de surface de chauffe.

Tuyaux à ailettes : 500 calories-heure par mètre carré de surface de chauffe.

Les diamètres des robinets peuvent être pris sur le tableau suivant :

POUVOIR D'ÉMISSION DU CORPS DE CHAUFFE	DIAMÈTRE DU ROBINET
0 à 1.500	12
1.500 à 4.000	15
4.000 à 7.000	20

Détermination de la chaudière. — On peut admettre comme pouvoir de transmission des chaudières à vapeur à basse pression les chiffres donnés pour les chaudières à eau chaude (voir page 59) à condition de ne prendre comme surface de chauffe que la *surface mouillée,* c'est-à-dire celle qui se trouve en dessous de la ligne d'eau, car la surface en contact avec la vapeur est sans effet du point de vue de la vaporisation. Il faut naturellement tenir compte des quantités de chaleur émises utilement ou non par les tuyauteries.

Prix de revient. — Le modèle donné par le tableau suivant peut servir de guide pour éviter les oublis.

PRIX DE REVIENT

Générateurs :

Chaudière..............................	»
Collecteurs............................	»
Jaquette calorifuge...................	»
Régulateur (à membrane ou hydrostatique)	»
Manomètre............................	»
Niveau d'eau..........................	»
Soupape de sûreté....................	»
Robinets d'alimentation et de vidange..	»
Jeu d'ustensiles......................	»
Dispositifs de sécurité................	»
Avertisseur de manque d'eau...........	»
Séparateur d'eau et de vapeur.........	»
Tuyau tôle...........................	»
Conduit de fumée.....................	»
Assise sous chaudière................	»

Corps de chauffe :

Radiateurs...........................	»
Robinets à double réglage..	»
Tuyaux à ailettes (fonte ou acier).......	»
Brides et contrebrides...........	»
Joints et boulons..............	»
Supports, étriers....	»
Robinets à soupapes, vannes......	»

La suite comme pour le prix de revient d'installation à eau chaude (voir page 130).

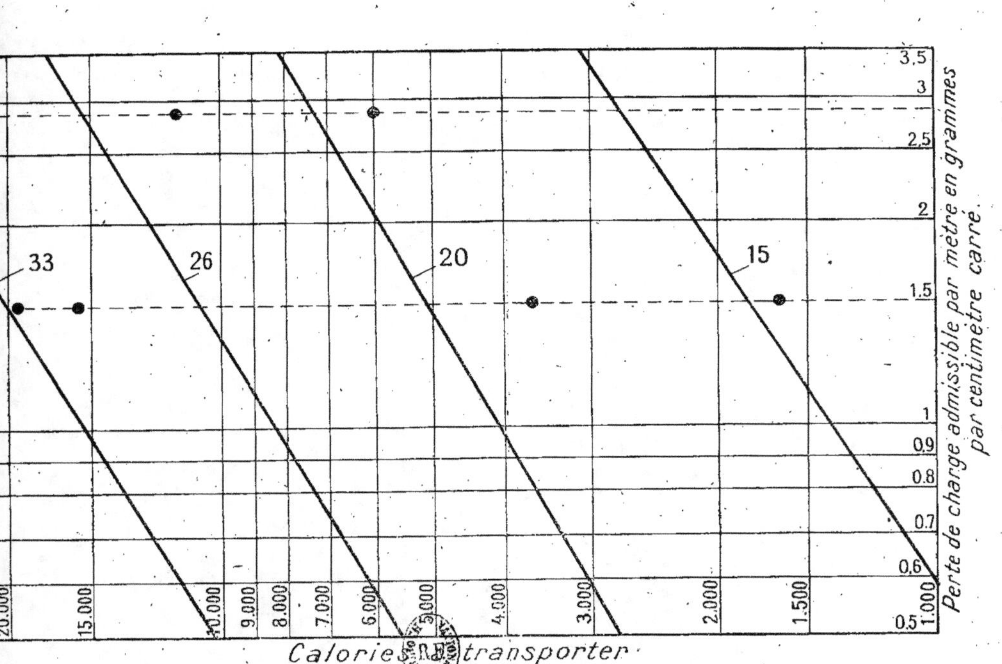

Fig. 153. — Abaque pour calculs des tuyauteries des chauffages par la vapeur à basse pression.

Diamètre des tuyauteries de vapeur nues.

On a fait figurer les tuyaux à ailettes qui sont d'un emploi courant dans les installations de chauffage par la vapeur.

Devis. — Dans la présentation du devis, il faut insister sur *l'utilité*, sinon sur la nécessité de certains dispositifs (foyer-magasin, régulateur sensible, fonctionnement à très basse pression, etc.) toujours onéreux, mais qu'un client ou un architecte avisés doivent accepter s'ils veulent éviter les ennuis ultérieurs de conduite.

Pour tenir compte de ce que les pertes par tuyauteries sont constantes, et la régulation difficile, il est bon, si on doit donner quelques indications concernant la consommation, de majorer de 20 % les chiffres donnés pour les chauffages à eau chaude.

Exécution. — L'exécution d'un chauffage par la vapeur à basse pression comporte les mêmes opérations que l'exécution d'un chauffage à eau chaude et on les conduit de la même façon.

Calcul des tuyauteries pour l'exécution. — Le réglage central d'une installation n'est possible, dans les limites indiquées ci-dessus, que lorsque les tuyauteries ont été calculées avec soin.

On peut calculer les tuyauteries de façon à ce que la pression à l'entrée de chaque corps de chauffe, qui est égale à la différence entre la pression à la chaudière et le total des pertes de charges jusqu'au corps de chauffe considéré, soit suffisante pour que la vapeur remplisse parfaitement le corps de chauffe.

Un exemple montrera comment on peut utiliser l'abaque (fig. 153) pour l'application de cette méthode.

Exemple. — Déterminer les tuyauteries de l'installation de chauffage à vapeur à basse pression représentée par la figure 154. La pression de marche est de

50 grammes. Les nombres de calories à transporter sont soulignés d'un trait sur la figure et les longueurs

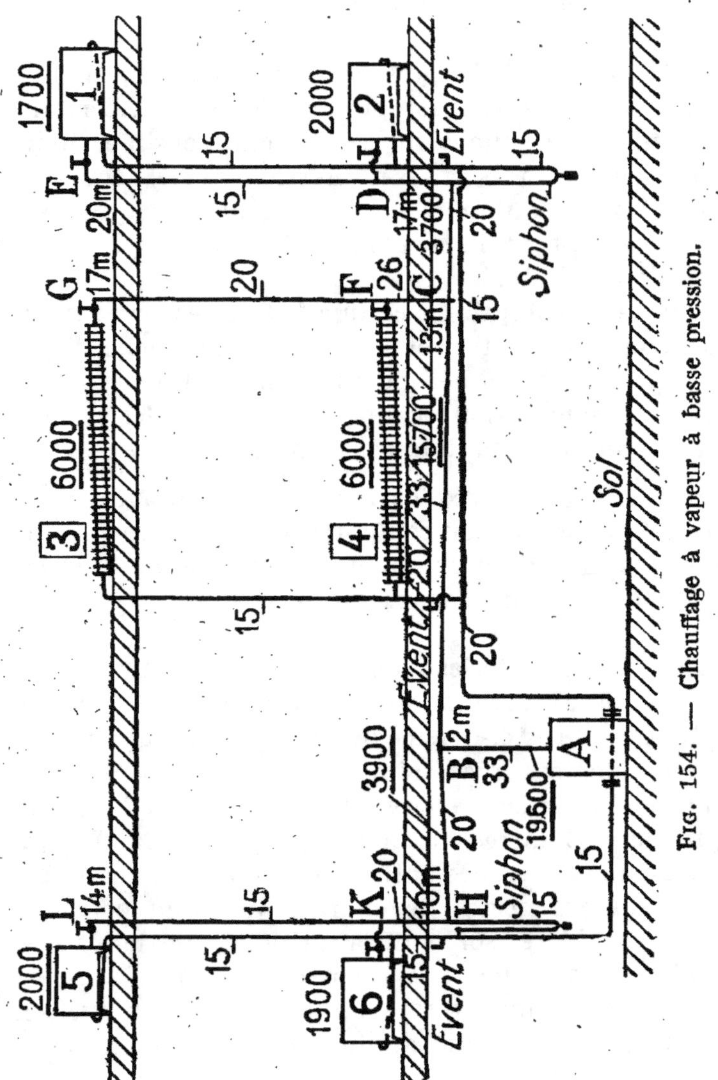

FIG. 154. — Chauffage à vapeur à basse pression.

des tuyauteries de vapeur à partir de la chaudière y sont inscrites.

On admet qu'une pression de 20 grammes à l'entrée des corps de chauffe est suffisante pour que la vapeur les remplisse complètement.

Dans ces conditions, la pression disponible pour

FIG. 155. — Chaudière « Idéal » H.

vaincre les pertes de charges est, dans chaque tronçon, 50 — 20 = 30 grammes.

La tuyauterie d'alimentation du radiateur n° 1, le plus éloigné de la chaudière, a une longueur de 20 mètres. La perte de charge admissible par mètre est donc de : $\frac{30}{20} = 1$ gr. 5. On lira les diamètres du tronçon ABCDE sur l'abaque en prenant les points de rencontre de la ligne horizontale correspondant à 1 gr. 5 avec les lignes verticales correspondant aux nombres de calories à transporter.

Pour connaître la perte de charge admissible dans

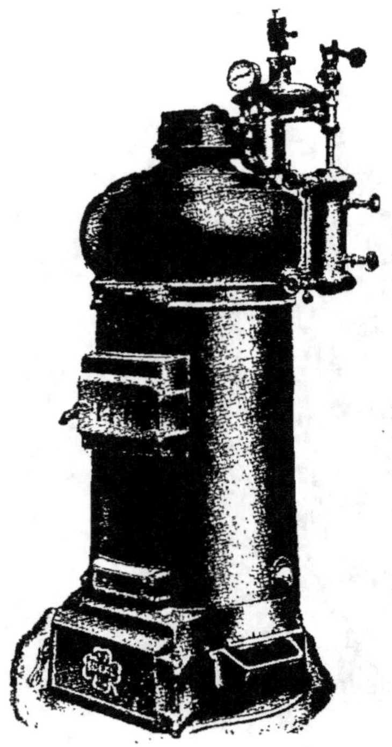

Fig. 156.
Chaudière « Idéal » Premier.

Fig. 157.
Chaudière Soval.

le tronçon CFG, on retranche de la charge disponible dans le circuit ABCFG, soit 30 grammes, la perte de charge admise dans le tronçon ABC. Comme ce tronçon a une longueur· de 13 mètres, la perte de charge totale qu'il provoque est de 1,5 × 13 = 19,5 gr.

La charge disponible dans le tronçon CFG est donc de : 30 — 19,5 = 10 gr. 5.

Comme ce tronçon a une longueur de 17 — 13

= 4 mètres, il doit être dimensionné pour une perte de charge par mètre de : 10,5 = 2 gr. 6 environ.

On lit les diamètres sur l'abaque comme il est

Fig. 159.
La Préférable.

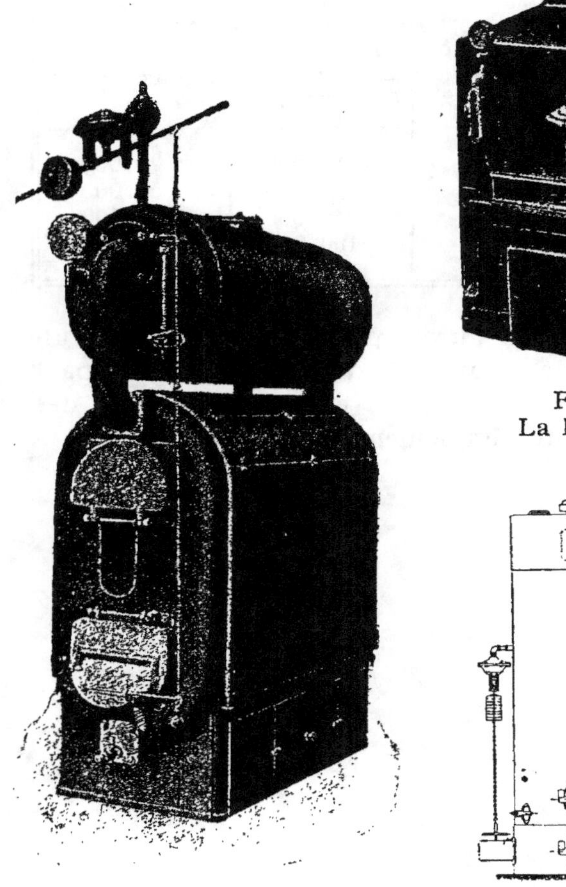

Fig. 158.
Chaudière Niederbronn.

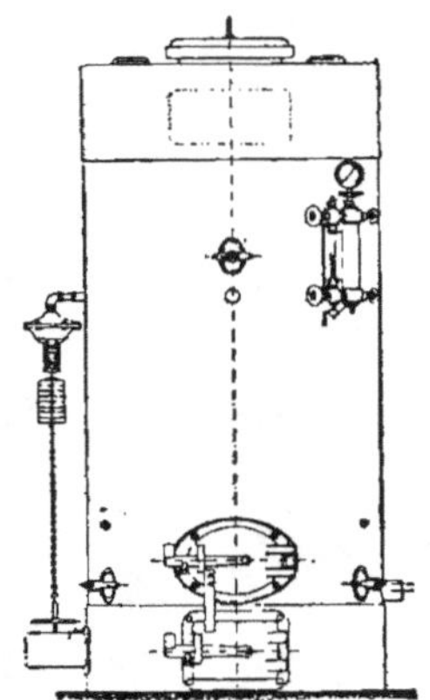

Fig. 160.
Chaudière Chappée.

indiqué plus haut et on procède d'une façon analogue pour le tronçon BKL.

Les tuyauteries de retour d'eau ont été choisies d'après le tableau suivant :

TUTAUTERIES DE RETOUR D'EAU

DIAMÈTRES	QUANTITÉS DE CHALEUR CORRESPONDANT A LA VAPEUR CONDENSÉE		
	RETOURS SECS		RETOURS NOYÉS
	Horizontaux	Verticaux	
15	6.000	10.000	20.000
20	16.000	25.000	50.000
26	30.000	45.000	90.000
33	70.000	100.000	220.000

Remarque. — On aurait pu choisir pour base un autre circuit que celui du radiateur n° 1. La répartition des pertes de charges et par suite celle des diamètres eût été simplement différente.

CHAPITRE VIII

CHAUFFAGES A VAPEUR DIVERS

CHAUFFAGE PAR LA VAPEUR A HAUTE PRESSION

Difficultés et emploi. — L'alimentation directe des corps de chauffe par la vapeur à une pression de plusieurs kilogrammes présente deux inconvénients considérables :

Haute température des corps de chauffe :

Impossibilité de réglage de l'émission de chaleur.

Des difficultés d'exécution viennent compliquer la pratique de ce système : la nécessité de résistance des tuyauteries et appareils ; la difficulté d'obtenir l'étanchéité des tuyauteries (sauf si l'on emploie la soudure autogène) ; la nécessité de ménager des dilatations importantes qui travaillent les joints ; la nécessité et difficulté d'un isolement calorifuge efficace ; et les difficultés pour assurer les purges d'eau et d'air sans perte de vapeur.

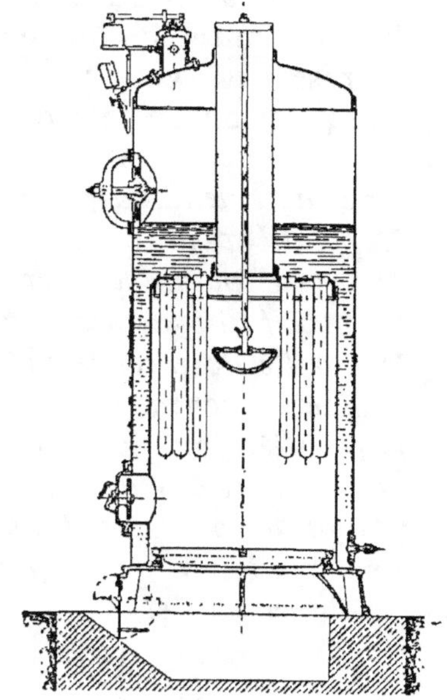

FIG. 161. — Chaudière à haute pression Chappée.

Toutes ces raisons font que ce système n'est employé que dans des cas tout à fait exceptionnels, par exemple pour des locaux industriels où l'on veut utiliser, sans complication d'installation, le surplus de puissance des générateurs à haute pression (fig. 161) destinés à d'autres usages.

Chauffages urbains. — La vapeur à haute pression est un véhicule commode pour le transport à distance de la chaleur produite par les centrales thermiques.

Son principal avantage dans ce cas est sa rapidité de circulation dans les conduites, qui fait que les pertes ne sont pas trop élevées, relativement au nombre de calories transportées.

Les difficultés qu'on rencontre dans l'établissement d'un réseau de conduites de distribution de vapeur à haute pression en vue du chauffage d'un quartier ou d'une ville sont les suivantes :

Encombrement du sous-sol ;

Difficulté pour assurer l'étanchéité ;

Difficulté pour ménager les dilatations ;

Difficulté d'isolement calorifuge ;

Difficulté de mesure précise de la chaleur distribuée à chaque branchement ;

Difficulté pour assurer la purge des conduits de vapeur et le retour des eaux de condensation.

Obligation d'établir dans les immeubles des postes de transformation à basse pression ou en eau chaude de surveillance difficile.

CHAUFFAGE PAR LA VAPEUR DÉTENDUE

Principes. — Le chauffage par la vapeur détendue est l'application courante dans les locaux d'usines où

l'on dispose de générateurs à haute pression pour
d'autres usages que le chauffage (force motrice).

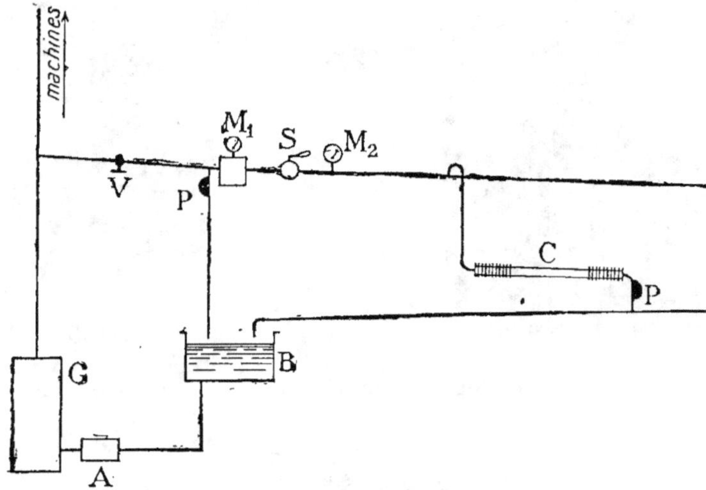

FIG. 162. — Chauffage par la vapeur détendue.

*Le schéma général d'une installation par la vapeur
détendue est donné par la figure 162, dans laquelle on a
représenté par :*

G,   le générateur à haute pression.
V,   une vanne d'arrêt.
P,   un purgeur d'eau de condensation.
D,   le détendeur muni d'un manomètre M^1.
S,   une soupape de sûreté qui s'ouvre lorsque le détendeur ne
     remplit pas son office.
M^2, un manomètre qui indique la pression de la vapeur à la sortie
     du détendeur.
C,   les corps de chauffe.
p,   un purgeur d'eau de condensation qui s'ouvre pour permettre
     l'écoulement de l'eau de condensation et se ferme pour empê-
     cher la pénétration de la vapeur dans les tuyauteries de
     retour.
B,   une bâche dans laquelle on recueille l'eau de condensation.
A,   un alimentateur (pompe ou injecteur), qui réintroduit l'eau
     de condensation dans la chaudière.

Détendeur. — Le principe de cet appareil consiste
à étrangler le passage de la vapeur par une réduction

Fig. 163. — Détendeur « Idéal ».

Fig. 165.
Détendeur à charge
par contrepoids.

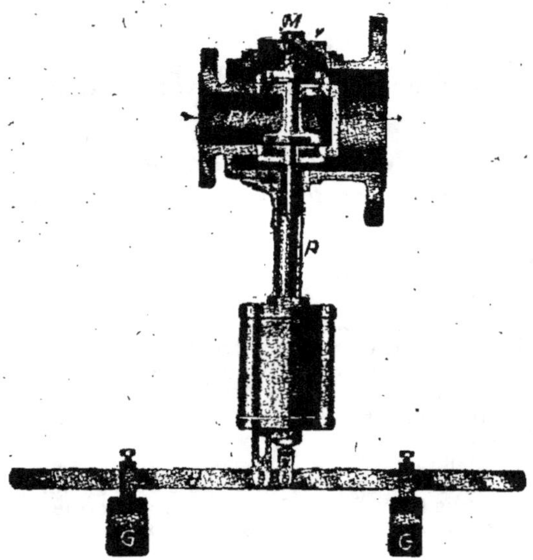

Fig. 164. — Détendeur Samson.

de section avant de l'admettre dans une canalisation
de section plus forte. La détente brusque qui se produit à la sortie de l'étranglement amène une dimi-

nution de pression qui dépend de la pression en amont
de l'orifice et du débit de l'appareil. La vapeur à

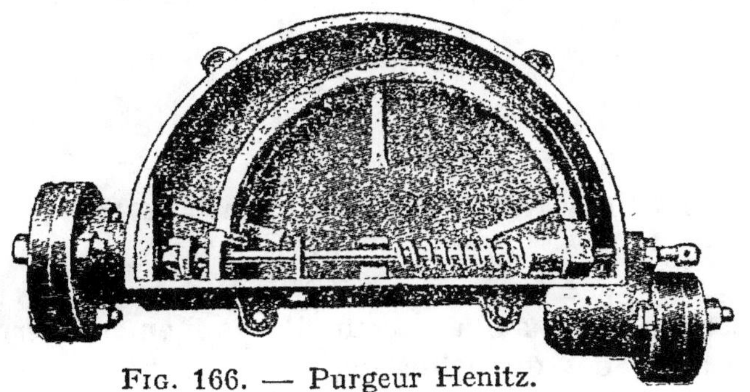

Fig. 166. — Purgeur Henitz.

haute pression règle automatiquement la pression de
détente, car elle agit sur la soupape qui étrangle l'orifice de passage et qui est constamment rappelé par
un contrepoids ou un ressort taré (fig. 163 à 165).

Détails d'exécution. — Chaque corps de chauffe est
muni d'un purgeur
d'air nécessaire pour
l'évacuation et la
rentrée de l'air et
d'un purgeur d'eau
(fig. 166).

Lorsque, par éco-
nomie, on n'emploie
qu'un purgeur d'eau
pour plusieurs radia-
teurs, il faut placer
sur le retour de chacun
d'eux un clapet qui

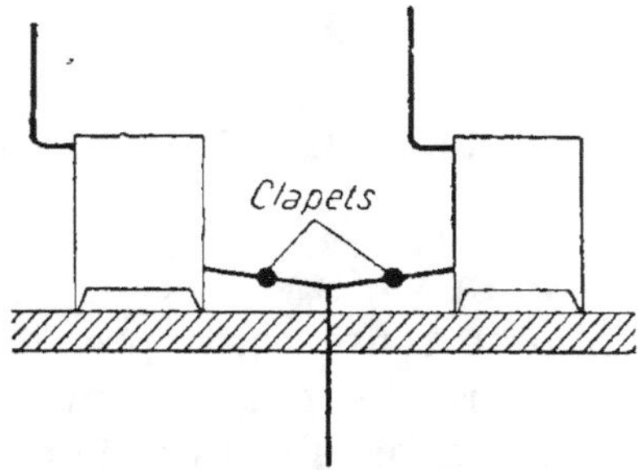

Fig. 167. — Emploi des clapets
de retenue.

interdit à la vapeur de pénétrer par le retour d'un corps
de chauffe dont le robinet est ouvert dans un corps de
chauffe voisin dont le robinet serait fermé (fig. 167).

On peut rejeter l'eau de condensation à l'égout mais ce système oblige à alimenter la chaudière en eau fraîche, ce qui provoque son entartrage rapide.

CHAUFFAGE
PAR LA VAPEUR D'ÉCHAPPEMENT

Le chauffage par la vapeur d'échappement permet l'utilisation des quantités de chaleur contenues dans la vapeur d'échappement des moteurs et machines

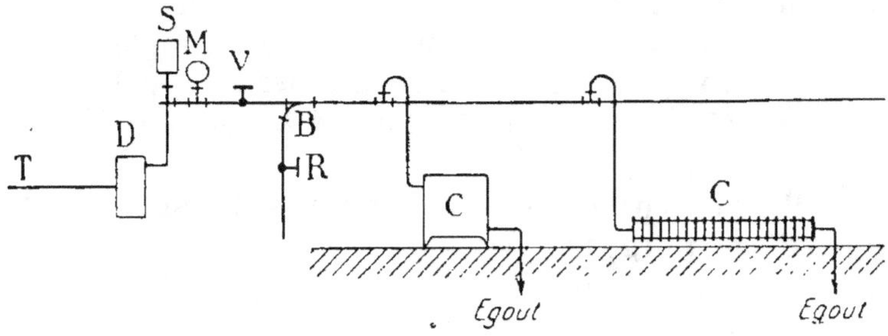

Fig. 168. — Chauffage par la vapeur d'échappement.

diverses à vapeur. C'est en somme une récupération.

Comme toute contrepression à l'échappement nuit au bon rendement des machines à vapeur, il faut prendre dans l'installation des chauffages par la vapeur d'échappement toutes les précautions utiles pour réduire au minimum les résistances du circuit de chauffage (gros diamètres, coudes forgés à grand rayon, etc.) et faire déboucher les tuyauteries d'eau de condensation à l'air libre dans un caniveau bien accessible.

Le schéma général d'une installation de chauffage par la vapeur d'échappement est représenté par la figure 168.

D, est un déshuileur, sorte de récipient chicané dans lequel se dépose l'huile entraînée par la vapeur d'échappement arrivant des machines par le tuyau T.

S, une soupape d'échappement qui se soulève pour laisser échapper la vapeur dans l'air lorsqu'on ferme la vanne de commande V du chauffage ou si la vapeur d'échappement arrive en trop grande quantité. Cette soupape limite automatiquement la contrepression à la valeur compatible avec un bon fonctionnement des machines.

M, est un manomètre,

B, un branchement, commandé par un robinet R, et qui permet d'introduire dans la tuyauterie une certaine quantité de vapeur vierge provenant directement des générateurs et qui sert à compléter, s'il y a lieu, la quantité de vapeur nécessaire au chauffage.

C, sont les corps de chauffe dont l'eau de condensation est rejetée directement à l'égout.

Le chauffage par la vapeur d'échappement est très simple, relativement facile à installer, mais il ne faut pas en attendre des résultats très précis ni très constants.

Il arrive d'ailleurs fréquemment que lorsqu'un système de chauffage est combiné avec le service principal de l'usine, on arrive à le considérer comme un parent pauvre auquel on n'accorde que les quantités de vapeur dont on n'a pas besoin.

CHAUFFAGE A VAPEUR SOUS VIDE

Le chauffage à vapeur sous vide, très employé aux Etats-Unis pour le chauffage des gratte-ciel, a pour principe l'établissement dans les corps de chauffe et tuyauteries, par le moyen d'une pompe, actionnée par la vapeur ou l'électricité, d'un vide partiel qui facilite la circulation de la vapeur.

Les avantages principaux de ce système sont les suivants :

Réduction du diamètre des tuyauteries (que permet la grande vitesse de la vapeur).

Plus grande efficacité des radiateurs, parfaitement purgés d'air et d'eau;

Température relativement basse des corps de chauffe (1);

Possibilité d'abaisser le niveau des radiateurs par rapport au générateur (l'eau de condensation est aspirée par le vide);

Possibilité d'un réglage efficace par variations de l'intensité du vide (1).

L'inconvénient réside dans l'emploi d'une pompe et dans la difficulté d'obtenir dans toutes les tuyauteries et appareils des grosses installations le même degré de vide.

---

(1) On a vu que la température de la vapeur dépend de la pression.

CHAPITRE IX

CHAUFFAGE CENTRAL PAR L'AIR CHAUD

Le chauffage par l'air chaud présente un avantage certain sur les autres systèmes pour le chauffage des grands locaux dont le cube d'air considérable ne peut être rapidement et convenablement chauffé que par un brassage régulier et énergique.

Pour les installations domestiques, il présente des avantages esthétiques incontestables (ni tuyauteries, ni corps de chauffe).

CALORIFÈRES

Un bon calorifère à circulation méthodique, bien étanche, et comportant les dispositifs de dépoussiérage et d'humidification de l'air nécessaires ne mérite que les critiques suivantes :

Nécessité de disposer d'une cave pour l'appareil et d'un sous-sol pour les conduits;

Encombrement de l'appareil et des conduits de chaleur;

Difficulté d'établir les conduits après construction;

Difficulté d'entretenir les conduits en état de propreté;

Pertes par rayonnement de l'enveloppe et des conduits de chaleur.

Mais des fumistes ignorants ont installé des calorifères insuffisants ou défectueux et ont ruiné le système dans l'esprit du public.

Une réaction se dessine et il est probable que les constructeurs rechercheront de plus en plus des calorifères domestiques, fabriqués en séries comme les chaudières, chauffés au charbon ou au gaz, et qui permettront de réaliser les petites installations domestiques dans des conditions peut-être plus économiques que les chauffages à eau chaude et de résoudre élégamment la difficulté qu'on éprouve pour mettre rapidement en régime et chauffer économiquement les habitations occupées d'une façon intermittente.

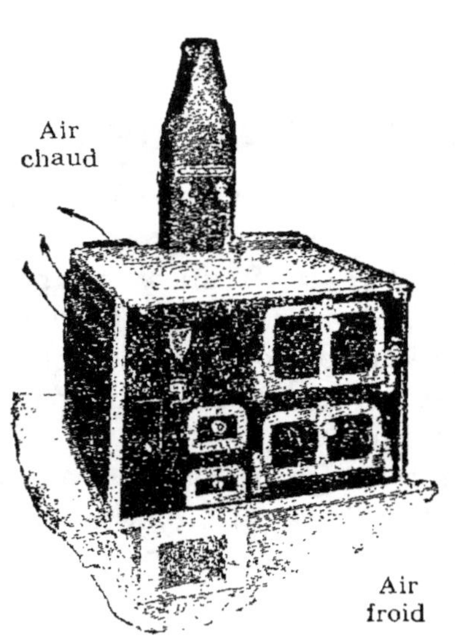

FIG. 169. — Fourneau Robur.

Le *fourneau* « *Robur* » à air chaud permettant d'assurer la cuisine et le chauffage par air chaud au moyen du même appareil est une solution originale (fig. 169).

CHAUFFAGE INDIRECT
PAR L'EAU CHAUDE OU LA VAPEUR

Une disposition spéciale du chauffage à air chaud est le chauffage indirect qu'on réalise en réchauffant l'air à introduire dans les pièces par passage sur une batterie centrale de tuyaux à ailettes alimentés par une chaudière à vapeur ou à eau chaude.

Les avantages, inconvénients ou difficultés de ce système sont les mêmes que ceux du calorifère à air chaud. L'entretien en état de propreté des batteries de chauffe est difficile. D'autre part, le chauffage indirect est d'un prix d'établissement plus élevé que le chauffage direct par corps de chauffe et il entraîne une consommation plus élevée en raison de l'importance des pertes par rayonnement de l'enveloppe des batteries (chambre de chaleur) et des conduits de chaleur.

On peut établir des installations combinées de chauffage indirect et de chauffage direct. Les corps de chauffe sont placés dans les pièces de second ordre ou de dimensions ordinaires et les bouches de chaleur sont réservées aux pièces dont on veut ménager l'esthétique ou aux grands locaux (halls, vestibules, cages d'escaliers, etc.).

CHAUFFAGE PAR PULSION

La portée des installations de chauffage indirect est, comme celle des calorifères, assez réduite. L'air se refroidit dans les conduits et ce refroidissement diminue la force aéromotrice qui a son origine dans la différence de densité de l'air chaud et de l'air extérieur.

Le chauffage à air chaud pulsé qu'on réalise au moyen d'aérothermes a une portée beaucoup plus grande.

Un aérotherme (fig. 170, 171) se compose d'une batterie de chauffe généralement constituée par des tuyaux à ailettes (fig. 172) et d'un ventilateur.

Fig. 170.
Aérotherme S. E. D.

14

Le ventilateur aspire de l'air dans le local à chauffer

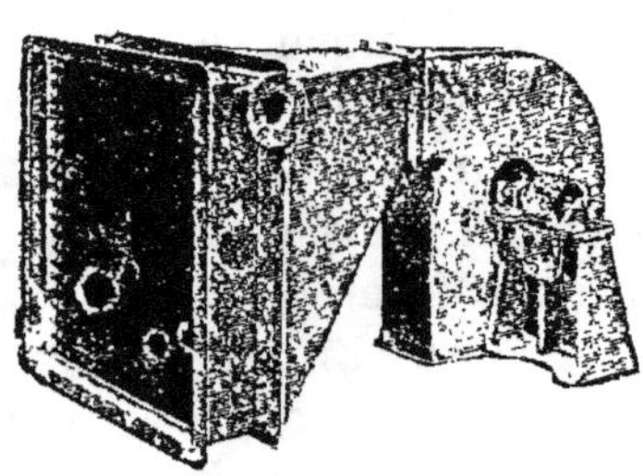

FIG. 171.
Aérotherme S. E. D.

ou à l'extérieur, l'oblige à passer rapidement sur la batterie et le refoule soit sur des écrans qui facilitent la diffusion de l'air chaud dans l'atmosphère, soit dans des conduits qui aboutissent à des bouches de cha-

leur convenablement disposées.

Le chauffage par pulsion s'applique à tous les grands locaux qu'on veut chauffer rapidement et dont on veut ménager l'esthétique tels que salles de spectacles, grands halls, etc.

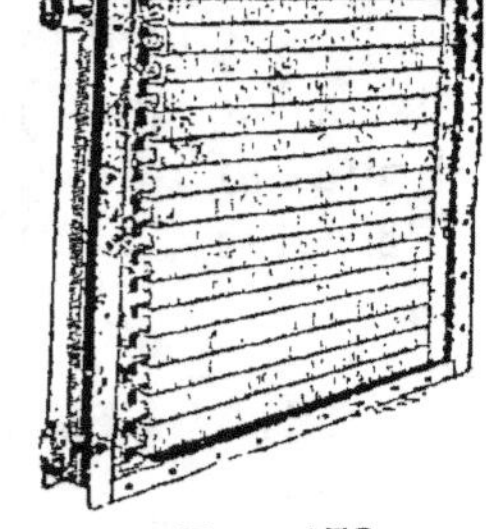

FIG. 172.
Batterie aérothermique
Favier.

On peut le combiner dans ces cas avec un dispositif de ventilation et un dispositif de rafraîchissement pour l'été.

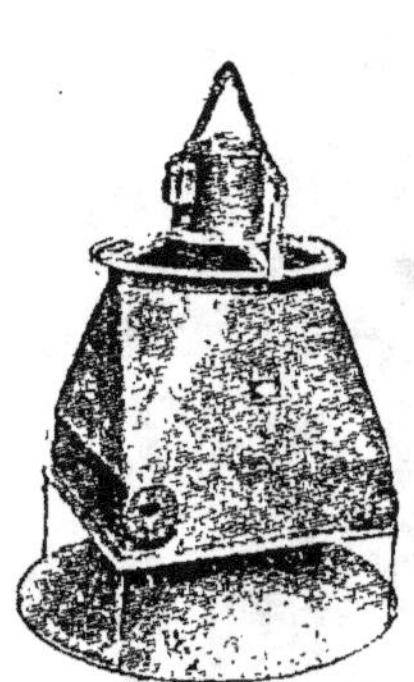

FIG. 173.
Aérotherme
suspendu.

Le chauffage par pulsion permet également d'obtenir, dans les grands locaux industriels : ateliers, magasins, garages... une égalité de température acceptable à beaucoup moins de frais qu'une installation de chauffage direct par la vapeur.

Les aérothermes suspendus (fig. 173) donnent de bons résultats dans les locaux dont la toiture est disposée en sheds vitrés ou constituée par des grandes surfaces facilement refroidies (tôle ondulée).

Le chauffage par aérotherme est très souple puisqu'il permet par le simple arrêt des ventilateurs de réduire les quantités de chaleur émises.

La contrepartie de cet avantage est la difficulté de conserver une allure régulière à un générateur dont le débit varie chaque fois que l'on arrête un ou plusieurs ventilateurs. Il est vrai que, la plupart du temps, le générateur est employé simultanément à d'autres usages (force motrice, etc.), ce qui en régularise le débit.

La combinaison d'aréothermes et de chaudières à gaz présente des avantages considérables du point de vue de la souplesse du chauffage.

CHAUFFAGE—VENTILATION

Le *chauffage-ventilation* s'apparente au chauffage par l'air chaud.

Il consiste en une disposition particulière des corps de chauffe, représentée par les figures 174 et 175, qui assure le renouvellement régulier et abondant de l'atmosphère du local chauffé.

L'air extérieur, appelé par une ouverture de section convenable, débouchant derrière ou dessous le corps de chauffe, balaie celui-ci avant de se répandre dans le local.

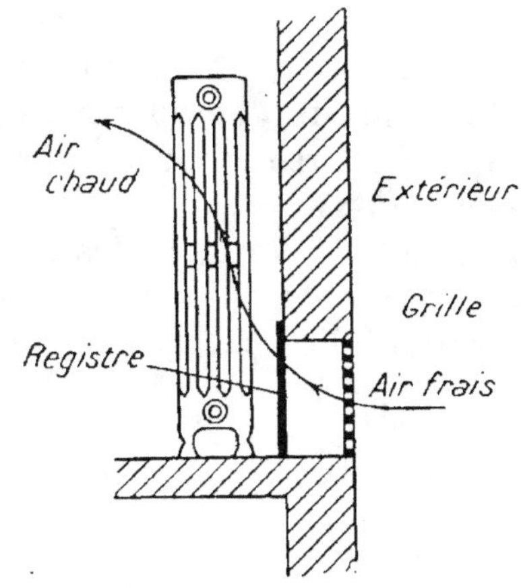

Fig. 174.
Chauffage-ventilation.

Un registre permet de régler la quantité d'air admise.

Ce système ne donne ses pleins résultats qu'à la condition que des ventouses ou des conduits d'évacuation d'air vicié soient ménagés à la partie supérieure du local.

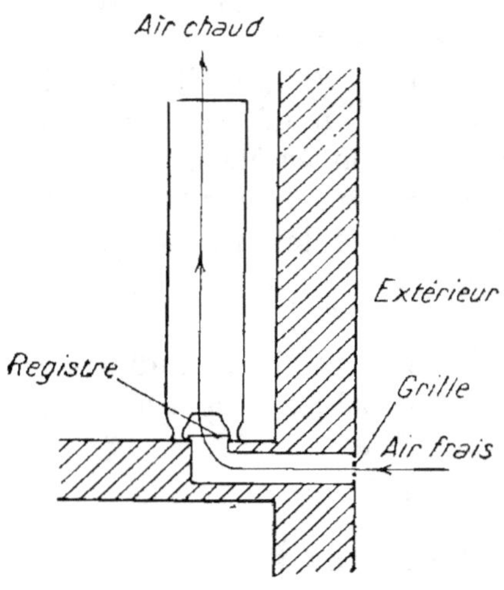

FIG. 175.
Chauffage-ventilation.

La purification (dépoussiérage) de l'air appelé de l'extérieur est pratiquement difficile.

Le chauffage-ventilation est très onéreux d'installation parce qu'il nécessite le renforcement des appareils et onéreux d'exploitation parce qu'il entraîne une consommation considérable de combustible (une certaine partie de l'air qui traverse le local est chauffé sans profit pour les occupants).

On place quelquefois des enveloppes disposées pour canaliser l'air froid sur les corps de chauffe. Elles augmentent l'efficacité du dispositif.

CHAPITRE X

CHAUFFAGES CENTRAUX UTILISANT D'AUTRES SOURCES DE CHALEUR QUE LA COMBUSTION DIRECTE DU CHARBON

CHAUFFAGE CENTRAL AU GAZ

Les entrepreneurs de plomberie et chauffage sont tout désignés pour l'installation du chauffage central avec chaudières à gaz.

Le reproche de prix de revient élevé qu'on fait à ce chauffage s'adresse plutôt aux compagnies gazières dont les tarifs prohibitifs ralentissent la vulgarisation d'un système de chauffage souple et commode.

Un avantage énorme du chauffage par le gaz est la faculté d'indépendance de l'usager. A ce titre, le chauffage central par le gaz est même supérieur au chauffage par centrale thermique.

On ne trouvera ci-dessous qu'un résumé très succinct de la question du chauffage central par le gaz, d'ailleurs entièrement inspiré des travaux de M. Prud'hon, ingénieur spécialiste.

Considérations générales. — Une installation de chauffage central par le gaz ne donne des résultats intéressants que *lorsqu'elle est utilisée de façon inter-*

mittente. En conséquence, une installation avec chaudière à gaz doit être conçue d'une *manière différente d'une installation avec chaudière à charbon* dont la marche est généralement continue.

L'emploi du gaz présente un intérêt social en ce sens qu'il oblige à distiller les charbons, ce qui permet d'en extraire tous les corps utiles, que l'on gaspille lorsqu'on les brûle sous leur forme naturelle. L'emploi du gaz permet fréquemment d'améliorer le rendement général des installations de chauffage central.

Avantages. — Les principaux avantages du chauffage central par le gaz sont les suivants :

Simplicité de service (« une allumette et c'est tout »);

Suppression des manipulations (charbon, cendres, mâchefer);

Propreté (ni poussière, ni fumée, ni suie);

Suppression du stock de combustible;

Contrôle facile de la consommation;

Impossibilité du coulage;

Paiement du combustible après consommation;

Régularité, souplesse, faculté de réglage précis et efficace;

Amélioration du rendement général de l'installation;

Prix de revient. — Le prix de revient d'une installation de chauffage central au gaz peut être envisagé de trois points de vue :

Combustible seul;

Combustible et main-d'œuvre;

Amortissement de l'installation, combustible, main-d'œuvre, entretien.

Conditions d'application. — En raison du prix actuel du gaz, l'emploi de ce combustible n'est particulièrement intéressant que pour les chauffages intermittents : bureaux, boutiques, ateliers, bibliothèques, salles de réunions, de spectacles, etc...

Ses avantages pratiques font qu'il convient parfaitement pour le chauffage individuel des appartements, pour le chauffage de demi-saison, pour le chauffage de préservation contre la gelée, pour le chauffage d'appoint.

Systèmes de chauffage. — Tous les systèmes à eau chaude, par thermosiphon ou accélérés, le chauffage à vapeur à basse pression, et le chauffage à air chaud peuvent être réalisés avec générateur à gaz.

RÈGLES A OBSERVER DANS LES CHAUFFAGES A EAU CHAUDE PAR LE GAZ

Pour permettre les mises en régime rapides qui donnent la faculté de tirer d'un chauffage à eau chaude à gaz le maximum d'avantages, il faut s'efforcer de réaliser des installations légères, c'est-à-dire de réduire le volume d'eau et de métal au minimum.

On emploiera dans ce but des corps de chauffe à faible contenance et légers, et des dispositions permettant de réduire les diamètres et la contenance en eau des tuyauteries : chaudière en contrebas, distribution par-dessous, parcours minima, etc...

Puissance des installations. — On comprend aisément que les arrêts successifs, les remises en route fréquentes et rapides, nécessitent généralement des installations plus puissantes que celles des chauffages continus. On sera donc souvent amené à prévoir des corps de chauffe plus gros.

Le renforcement des appareils dépendra de la nature des parois et de la destination des locaux. Plus les murs seront épais plus la majoration devra être importante, car la chaleur absorbée par eux au moment du réchauffage est considérable et tend à ralentir l'établissement de la température de régime.

Lorsqu'il s'agit du chauffage de bureaux ou de locaux similaires, qui doivent être mis en régime de température *rapidement et tous en même temps,* on peut renforcer par rapport à un chauffage à charbon, si les murs sont ordinaires et si le chauffage est allumé tous les jours :

Les corps de chauffe, de 10 à 15 % ;

La chaudière, de 20 à 30 %.

Lorsqu'il s'agit de chauffer un appartement, il est inutile de renforcer tous les appareils, car il n'est jamais nécessaire de réchauffer rapidement toutes les pièces, ni de les réchauffer toutes à la fois.

Conduits d'évacuation des chaudières à gaz. — On établit généralement les conduits d'évacuation des chaudières à gaz en tuyaux de fibro ciment, avec manchette en tôle spéciale au départ, té de purge d'eau de condensation à la base, et aspirateur au sommet.

L'établissement des conduits d'évacuation exige, en raison de la très faible valeur du tirage, des précautions toute particulières. Il n'est pas possible d'employer à l'évacuation des gaz de combustion des conduits en maçonnerie parce que la combustion du gaz produit une quantité de vapeur d'eau considérable qui ruinerait rapidement ces conduits.

Service d'eau chaude. — Les chaudières à gaz présentent, en raison de leur facilité d'allumage et de leur souplesse, des avantages incontestables pour les services de distribution d'eau chaude à débits intermittents ou variables, aussi ne peut-on qu'en conseiller l'emploi.

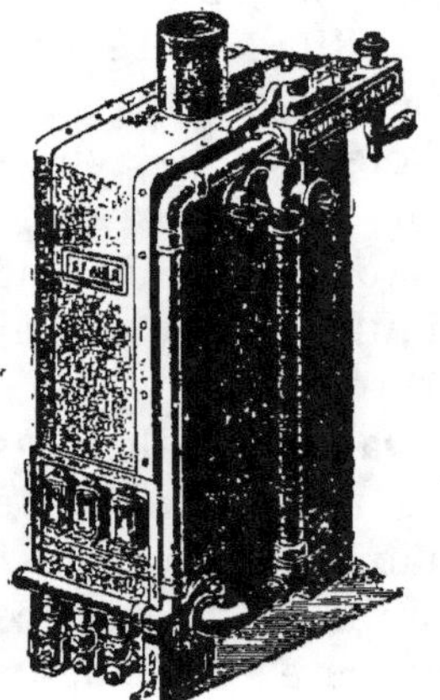

Fig. 176. — Chaudière
à gaz SF Auer
« Standard ».

Fig. 178.—Chaudière
« Phi » mural.

Fig. 177.
Chaudière « Phi ».

Fig. 179.
Chaudière « Phi »
Société Chaleur
et Lumière.

Chaudières à gaz. — Les chaudières à gaz (fig. 176 à 180) diffèrent essentiellement des chaudières à charbon par le rapport entre les surfaces de chauffe directes et indirectes.

Dans les chaudières à gaz, la surface de chauffe directe est minime et la surface indirecte considérable, ce qui explique en partie l'excellent rendement de ces appareils et les mauvais résultats généralement obtenus dans les tentatives de transformation de chaudières à charbon en chaudières à gaz par simple adaptation d'un brûleur.

Fig. 180.
Élément de chaudière Standard.

Accessoires des chaudières à gaz. — On munit les chaudières à gaz des mêmes accessoires que les chaudières à charbon.

Les thermostats ou régulateurs des chaudières à gaz qui mettent les brûleurs en veilleuse dès que la chaudière atteint la température fixée sont beaucoup plus sensibles et beaucoup plus efficaces que les régulateurs de chaudières à charbon.

Il est quelquefois prudent de prévoir sur la conduite d'amenée de gaz à la chaudière un dispositif de sûreté (siphon hydraulique) qui obture automatiquement la conduite de gaz au cas où, par suite d'une chute accidentelle excessive de pression, les brûleurs viendraient à s'éteindre.

Cuisine et chauffage par le gaz. — Il existe des cuisinières à gaz combinées à des chaudières à gaz,

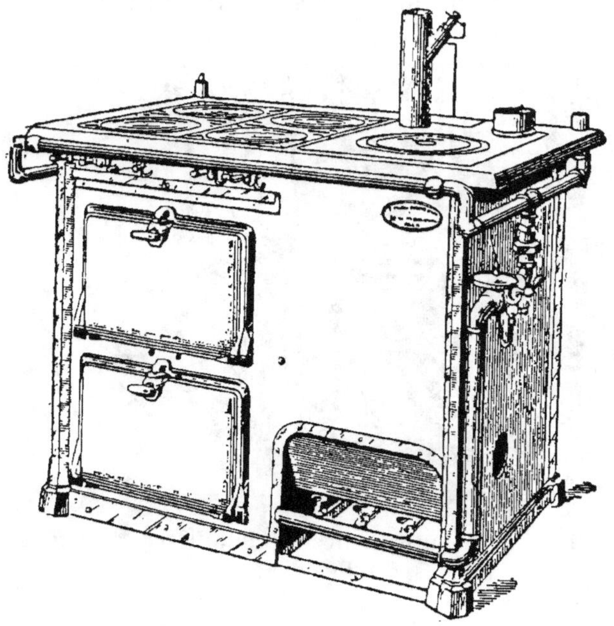

FIG. 181. — Chaudière-cuisinière.

en un seul appareil dont l'aspect extérieur est celui d'un fourneau de cuisine (fig. 181).

Ces appareils présentent les avantages des fourneaux de chauffage alliés à ceux de la cuisine par le gaz.

CHAUFFAGE CENTRAL AU MAZOUT

Le mazout (ou fuel oil) est un résidu liquide de la distillation des huiles brutes de pétrole dont l'emploi comme combustible présente des avantages analogues à ceux de l'emploi du gaz.

Le mazout est livré en France à domicile par des camions citernes analogues à ceux qui sont employés pour le transport de l'essence. A l'étranger, on le transporte fréquemment dans des tuyaux (pipe-lines).

Fig. 182. — Équipement de chaudières « Idéal » au mazout.

On transforme facilement une chaudière à charbon en chaudière à mazout en y adaptant un brûleur spécial qu'on fixe généralement sur la porte de chargement. Cette transformation améliore généralement le rendement de la chaudière.

Brûleur au mazout. — Le brûleur est un organe qui réalise le mélange en proportion convenable et aussi homogène que possible du mazout (pulvérisé par un jet d'air sous pression) et de l'air nécessaire à sa combustion. Le débit du brûleur est réglable. La difficulté est d'assurer un mélange d'air et de mazout en proportions constantes quel que soit le débit.

Installation générale. — L'installation générale nécessaire pour l'alimentation d'une chaudière au mazout (fig. 182), dont le prix de revient est assez élevé, et qui est toujours exécutée par des spécialistes comporte :

Une soute à mazout, dont la capacité est proportionnelle aux besoins de combustible et à la fréquence des réapprovisionnements ;

Un réservoir comportant un réchauffeur parcouru par un courant d'eau ou de vapeur fourni par la chaudière de chauffage et dont le rôle est d'accentuer la fluidité du mazout ;

Un ventilateur électrique qui fournit l'air nécessaire à la pulvérisation du mazout et au mélange combustible (1) ;

Un brûleur.

Un dispositif de sécurité qui empêche le déversement du mazout liquide dans la chaudière en cas d'extinction accidentelle de la flamme ;

Un régulateur, qui peut être actionné par l'intermédiaire d'un régulateur de température ou de pression et qui agit sur le débit du brûleur.

CHAUFFAGE AU CHARBON PULVERISÉ

Le charbon pulvérisé ne peut convenir que pour l'alimentation de foyers importants (générateurs des centrales thermiques par exemple) parce que son emploi exige des dispositifs accessoires de séchage, broyage, transport, et des précautions spéciales contre les risques d'explosion.

Les frais accessoires d'installation et exploitation

---

(1) Dans certains brûleurs, l'air sous pression peut être emprunté directement à la distribution de ville.

sont récupérés par l'utilisation intégrale du combustible qui est mélangé intimement à l'air de combustion dans des brûleurs spéciaux, par la possibilité d'utiliser des combustibles de seconde qualité qui brûleraient mal en morceaux et par la simplification de manutention (le charbon pulvérulent étant déplacé par un simple courant d'air).

CHAUFFAGE CENTRAL ÉLECTRIQUE

Chauffage par accumulation. — Comme l'utilisation directe du courant électrique au chauffage serait trop onéreuse, on a tourné la difficulté en réalisant des chauffages par accumulation.

Les compagnies de distribution d'électricité consentent des tarifs spéciaux réduits pour les appareils de chauffage par accumulation.

On profite de ce courant à bas prix pour accumuler l'énergie. Une centrale électrique ne peut pas mettre l'électricité en réserve comme peut le faire l'usine à gaz dans ses gazomètres, elle la dépose donc chez l'abonné sous une autre forme, en chaleur.

Il existe deux procédés différents d'accumulation :

a) *Echauffement de l'eau accumulée dans des réservoirs*, ceux-ci jouant le rôle de chaudières par rapport à des corps de chauffe ordinaires installés comme ceux de n'importe quel chauffage à eau chaude. (Malheureusement les réservoirs sont coûteux, lourds et encombrants.)

b) *Accumulation directe de l'énergie* et restitution sous forme de chaleur par le même appareil. Le principe est d'utiliser une masse à haute chaleur spécifique, à grande densité, et susceptible de pouvoir être chauffée à 700° de façon à donner, sous un volume réduit, l'équivalent de l'eau. (Seul corps dont la chaleur spécifique soit l'unité, mais qui ne peut être chauffé qu'à 100°.)

On réalise ces appareils par des blocs accumulateurs que l'on peut chauffer à 700°. Ces blocs restituent les calories accumulées à des alvéoles qui, au contact de l'air, se refroidissent mais le réchauffent.

Dans la pratique, on arrive à un rendement de pouvoir accumulateur, de 60 à 70 % de l'énergie consommée.

Mais alors que dans le paragraphe *a)* l'installation se comporte à la manière générale des chauffages centraux composés de tuyauteries et d'eau y circulant, dans le paragraphe *b)* l'affaire se résume uniquement en un travail d'électricité : pose de lignes, tableaux, etc. Seul, le calcul des déperditions est commun aux deux systèmes.

Ce second procédé paraît appelé à un grand avenir en raison de sa simplicité, de sa propreté et de sa grande commodité, et surtout si le prix de vente du kilowatt peut être abaissé. Et il peut l'être, les centrales électriques ne tournent pas le 1/3 du temps à plein rendement, elles ont les heures de pointe surchargées et des heures creuses où elles tournent quelquefois quasiment à vide.

CHAPITRE XI

DISTRIBUTIONS CENTRALES D'EAU CHAUDE

APPAREILS

Un service de distribution centrale d'eau chaude comporte essentiellement :

Un générateur de chaleur;

Un réservoir accumulateur d'eau chaude;

Une tuyauterie de distribution.

Générateur. — On emploie couramment comme générateur de chaleur les chaudières de chauffage ordinaires à charbon, à gaz, etc. et les fourneaux de chauffage.

On installe et on équipe ces appareils comme pour les chauffages ordinaires. Les générateurs à eau chaude sont munis d'un vase d'expansion, les générateurs à vapeur, d'un dispositif de sécurité hydraulique.

Réservoir d'eau chaude. — Les réservoirs accumulateurs d'eau chaude généralement employés sont des réservoirs cylindriques en tôle d'acier soudée à l'autogène et galvanisée (fig. 183).

On trouve dans le commerce des réservoirs éprouvés aux pressions de 4, 7, 10 et 15 kilos correspondant aux pressions usuelles d'alimentation. Avant toute proposition, il faut se renseigner sur la pression de l'eau froide, soit auprès des compagnies de distribution, soit par une mesure au manomètre ordinaire, ou, ce qui vaut encore mieux, au moyen d'un manomètre enregistreur placé pendant vingt-quatre heures, par exemple, sur la distribution d'eau froide.

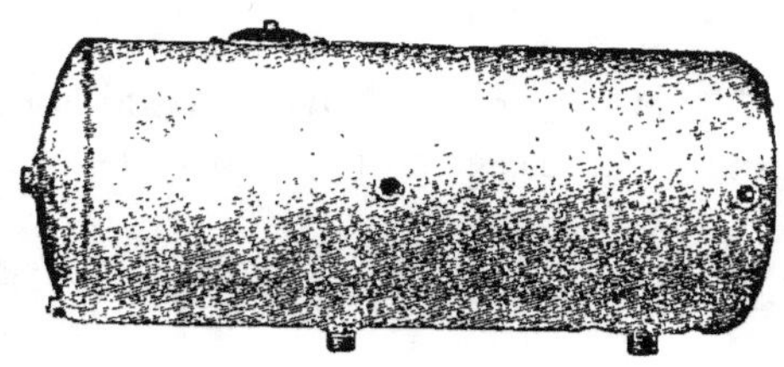

Fig. 183. — Réservoir d'eau chaude.

Il est bon que les réservoirs d'eau chaude soient munis de tampons autoclaves, de buses ou de fonds démontables permettant la visite et le détartrage.

La surface extérieure des réservoirs d'eau chaude rayonne une quantité de chaleur considérable si l'on ne prend pas la précaution de calorifuger très soigneusement le réservoir. Certains constructeurs livrent avec leurs réservoirs des jaquettes calorifuges en tôle doublée de feutre d'un emploi très commode parce qu'elles dispensent de recourir aux spécialistes dont l'intervention est nécessaire pour réaliser le travail assez délicat du calorifuge d'un réservoir.

Fig. 184. Soupape de sûreté.

Les réservoirs sont munis : d'un robinet d'alimentation en eau froide; d'un robinet de vidange; et, lorsqu'ils sont sous pression, d'une soupape de sûreté. Cette soupape (fig. 184) protège le réservoir contre les fatigues anormales qui peuvent résulter des dilatations excessives ou des coups de bélier. *On la choisit tarée à une pression égale à la pression d'épreuve du réservoir.*

On peut placer un thermomètre sur le départ d'eau chaude pour la commodité des usagers.

RĚCHAUFFAGE DE L'EAU

Va-et-vient. — Un procédé simple pour réchauffer l'eau du réservoir accumulateur consiste à réunir

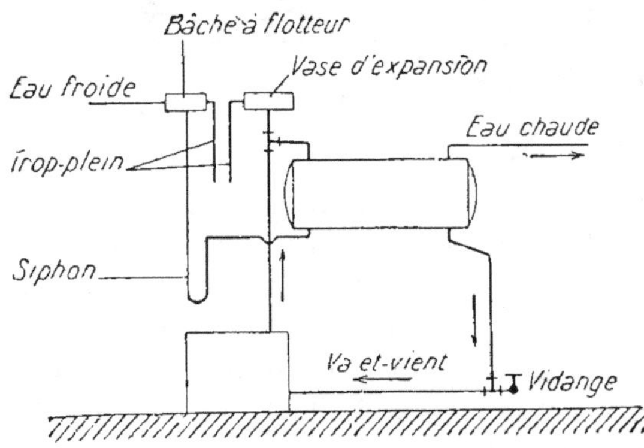

Fig. 185. — Va-et-vient.

celui-ci par une double tuyauterie de gros diamètre à la chambre d'eau d'un générateur à eau chaude.

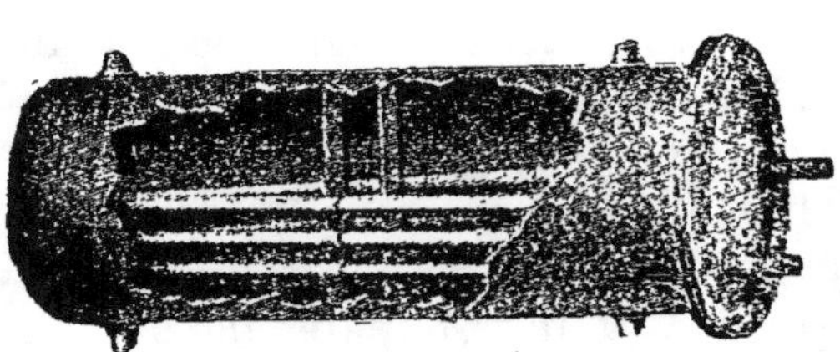

Fig. 186. — Réchauffeur à serpentin.

Une circulation ou va-et-vient s'établit par thermosiphon entre le réservoir et le générateur et l'eau se réchauffe au cours de son passage dans le générateur.

La figure 185 donne le schéma général de l'installation.

Pour éviter la pénétration de l'eau chaude dans la

bâche d'alimentation, ce qui pourrait amener la destruction rapide du robinet à flotteur, on peut

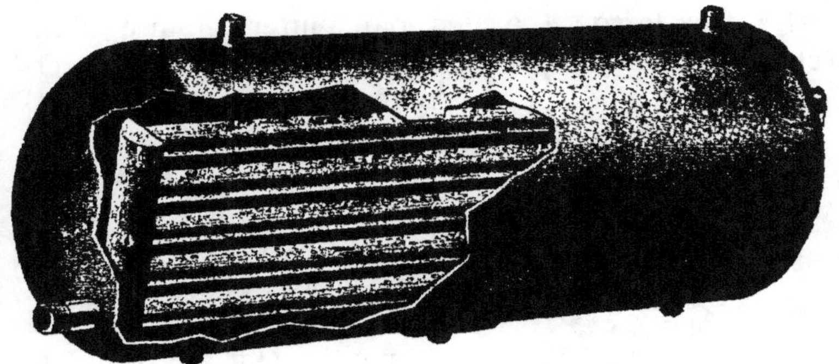

FIG. 187. — Réchauffeur tubulaire Pinchart-Denis.

établir un petit siphon sur la tuyauterie d'alimentation.

L'inconvénient capital de ce dispositif est l'entar-

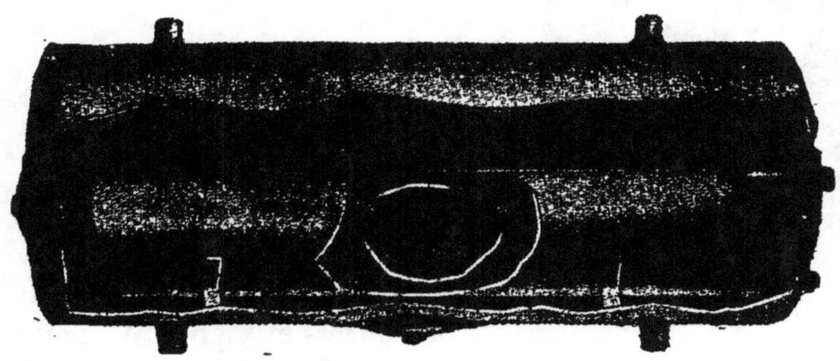

FIG. 188. — Réchauffeur annulaire.

trage rapide du générateur (qui peut être par suite victime de coups de feu), du réservoir et de la tuyauterie de va-et-vient qui peut ainsi s'obstruer. En effet toute l'eau chaude consommée passe par la chaudière. Ce système est peu employé.

Réservoirs à réchauffeur. — L'échange de chaleur entre le générateur et le réservoir s'effectue dans de bien meilleures conditions lorsqu'il est indirect, c'est-à-dire lorsqu'il a lieu par l'intermédiaire d'un réchauffeur disposé à l'intérieur du réservoir et parcouru par un courant d'eau ou de vapeur fourni par le générateur. L'eau de chauffage étant alors indépendante de l'eau de consommation.

Le réchauffeur est un serpentin (fig. 186) ou un faisceau tubulaire (fig. 187), ou une capacité annulaire (fig. 188) ou bien simplement cylindrique.

Certains réservoirs sont traversés par le tube de fumée du générateur (fig. 189). Le réchauffeur auxiliaire ainsi constitué permet la récupération d'une partie de la chaleur emportée par les gaz de combustion.

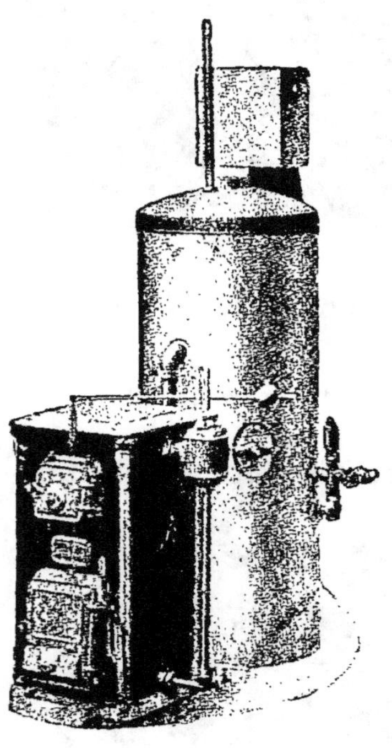

Fig. 189.
Réservoir Chappée.

Les *réchauffeurs à eau chaude* conviennent pour les services domestiques et pour les installations qu'on ne veut ou ne peut pas surveiller. Si l'on veut des réchauffages rapides, il faut utiliser des réchauffeurs à faible contenance d'eau, puisque contenant moins, ils seront plus rapidement réchauffés.

Les *réchauffeurs à vapeur* permettent le réchauffage rapide de grandes quantités d'eau, mais les chaudières à vapeur exigeant une surveillance, l'emploi des réchauffeurs à vapeur est limité aux installations dont l'importance justifie la présence continuelle d'un chauffeur (bains-douches, grands hôtels, etc.).

Le pouvoir de transmission d'un réchauffeur dépend, tout comme celui d'un radiateur : de sa forme, de ses proportions, de sa position dans le réservoir, de la vitesse du fluide chauffant, de celle du fluide chauffé, de l'écart de température entre le fluide chauffant et l'eau à réchauffer.

Comme cet écart entre la température du fluide, qui est à peu près constante, et celle de l'eau chauffée diminue au fur et à mesure de l'échauffement de l'eau, le pouvoir de transmission est de plus en plus faible à mesure que le réservoir s'approche de sa température maximum.

En moyenne, on peut adopter les valeurs suivantes :

Réchauffeurs à eau chaude : 8 à 10.000 calories-heure par mètre carré de surface de chauffe.

Réchauffeurs à vapeur : 25 à 30.000 calories-heure par mètre carré de surface de chauffe.

INSTALLATION DES RÉSERVOIRS

Dispositions générales. — Les réservoirs d'eau chaude se placent verticalement sur socles, trépieds ou consoles, ou bien horizontalement sur consoles ou supports en fer profilé.

Dans les petits groupes « Classic » la chaudière sert de support au réservoir (fig. 190).

Les réservoirs horizontaux doivent être posés en pente pour faciliter la purge d'air dans le cas du réchauffeur à eau chaude, et la purge d'eau de condensation dans le cas du réchauffeur à vapeur.

Les réservoirs verticaux à réchauffeurs à eau

chaude doivent être raccordés sur la tuyauterie de chauffage de telle façon que la purge d'air soit assurée directement sur le vase d'expansion. Lorsque cette disposition, qui est la meilleure, est impossible ou trop onéreuse, on peut se contenter d'une tuyauterie de purge permanente ou d'un purgeur à main.

Pour parer au manque d'eau, on peut alimenter le circuit des réchauffeurs à eau chaude par une bâche à flotteur qu'on peut utiliser comme vase d'expansion (fig. 191). *Le flotteur travaille alors dans l'eau chaude.*

Température de l'eau puisée. — On réchauffe l'eau des réservoirs accumulateurs à une température maximum de 70 à 80°.

Lesréservoirs étant généralement établis sous pression, l'eau chaude qu'on en tire est remplacée par de l'eau froide qui vient abaisser par mélange la température de l'eau en réserve. La température de l'eau puisée diminue donc

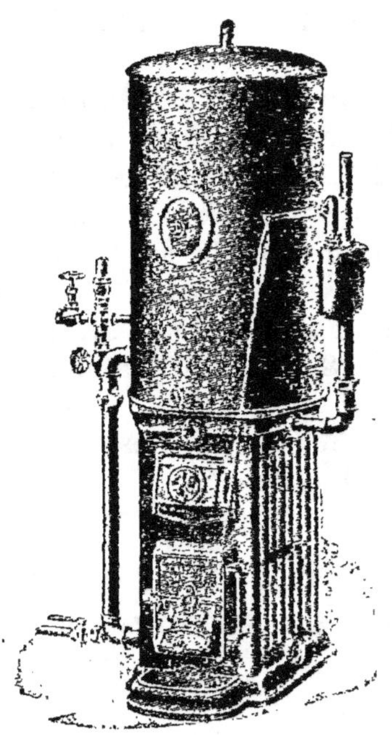

Fig. 190. — Groupe classic.

au fur et à mesure du puisage. Il peut arriver que l'afflux d'eau froide dans le réservoir perturbe le puisage à un tel point qu'il devienne impossible d'obtenir une quantité d'eau chaude suffisante à température convenable.

Pour réduire cet inconvénient au minimum, il faut :

Employer des réservoirs de capacité suffisante pour que la masse d'eau chaude présente une certaine inertie qui brisera l'afflux d'eau froide même si la pression d'alimentation est élevée;

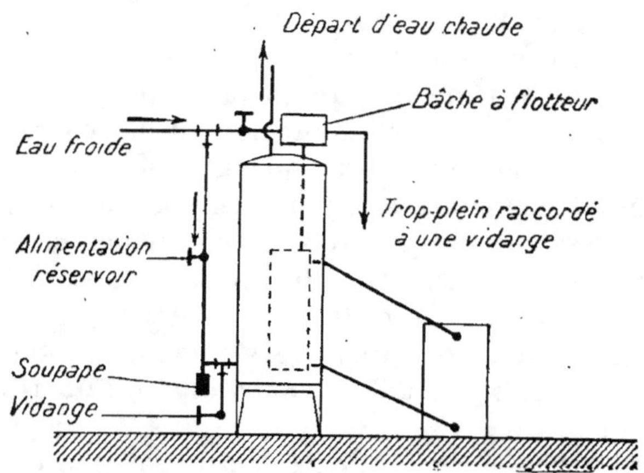

FIG. 191. — Service d'eau chaude avec chaudière à eau chaude.

Employer de préférence des réservoirs verticaux dans lesquels le brassage des eaux chaude et froide

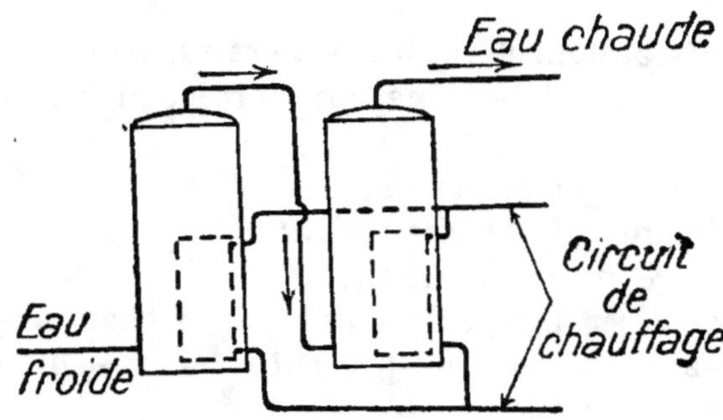

FIG. 192. — Réservoirs en série.

est moins violent et la surface de mélange plus réduite que dans les réservoirs horizontaux;

Utiliser l'orifice de départ pour la distribution placé du même côté que celui d'entrée de l'eau de réchauffage et raccorder l'eau froide sur l'orifice inférieur le plus éloigné du précédent.

La disposition représentée par la figure 192 évite l'inconvénient du mélange de l'eau chaude en réserve et de l'eau froide d'alimentation. Elle consiste à employer au lieu d'un réservoir unique deux réservoirs dont la capacité est, par exemple, la moitié de celle du réservoir unique, et à les monter en série. Le premier réservoir seul est alimenté en eau froide et le second seul est raccordé sur la distribution d'eau chaude. Les effets du brassage s'amortissent dans le premier réservoir qui débite pour ainsi dire à travers le second.

Un avantage accessoire de cette disposition est que les deux réservoirs sont souvent plus faciles à loger que le réservoir unique.

CALCUL DES SERVICES D'EAU CHAUDE

Eléments et considérations générales. — Les valeurs à calculer pour déterminer un service d'eau chaude sont :

La capacité du réservoir;

La puissance de la chaudière;

La surface du réchauffeur.

Un gros réservoir permet une petite chaudière et le système ainsi constitué présente au maximum les avantages économiques de l'accumulation.

La surface du réchauffeur s'obtient dans tous les cas en divisant la puissance de la chaudière par le pouvoir de transmission moyen du réchauffeur. C'est une erreur que d'adopter sans examen, dans tous les cas, les réservoirs de série dont le réchauffeur a une surface calculée en vue de certains résultats qui n'ont quelquefois aucun rapport avec ceux qu'il faut obtenir dans un cas particulier.

Les éléments à prendre en considération pour le calcul d'un service d'eau chaude sont :

Le débit et la température d'utilisation de l'eau;

La température maximum de réchauffage;

Le temps de réchauffage;

Les phénomènes parasites.

Un puisage d'eau chaude est caractérisé par la quantité d'eau qu'il nécessite et par la température d'utilisation de l'eau. Voici les valeurs généralement admises :

Baignoire......	150 à 200 litres à 38°		par bain.
Lavabo........	6 à 8	—	par puisage.
Bidet.........	6 à 8	—	—
Douche........	10	—	par douche, lorsque le robinet de commande n'est pas à la disposition de l'usager.
Douche........	15 à 20	—	par douche, lorsque le robinet de commande est à la disposition de l'usager.
Évier.........	variable à 70°.		

Le débit horaire ne peut être fixé avec exactitude que dans les cas particuliers où, le service devant fonctionner au commandement, le nombre et la fréquence des puisages sont bien déterminés. C'est le cas des établissements de bains-douches.

Dans tous les autres cas, le débit journalier dépend du nombre d'usagers et de leurs habitudes. Il varie d'heure en heure et ce serait une erreur de tabler sur un débit moyen qui à certains moments est notablement dépassé. Ainsi, si l'on considère par exemple le cas d'un hôtel, il est certain que dans les premières heures de la journée, au moment habituel de la toilette, le débit horaire sera considérable alors qu'en cours de journée il sera relativement faible et à peu près nul pendant la nuit. *Un service d'eau chaude ne peut donner satisfaction que lorsqu'il a été calculé pour répondre aux pointes de débit.*

Lorsqu'un service d'eau chaude est combiné avec une installation de chauffage central à eau chaude, la température de réchauffage, toujours inférieure de quelques degrés à la température de marche qui varie normalement avec la température extérieure, peut, lorsque le temps est doux, tomber à 50°. Dans ce cas, c'est sur cette température la plus défavorable qu'il faut tabler pour calculer le service d'eau chaude et non pas sur une température maximum de réchauffage de 70 ou 80°.

Le temps de réchauffage est un élément élastique; il n'est vraiment utile d'imposer un temps de réchauffage très court que lorsque le fonctionnement est intermittent et que le service ne doit être mis en route que quelque temps avant son utilisation. Dans tous les autres cas, il y a intérêt à réchauffer lentement, au cours de la nuit, par exemple, la masse d'eau nécessaire aux besoins diurnes. Le réchauffage lent est particulièrement intéressant lorsque le service d'eau chaude est combiné avec une installation de chauffage dont on veut éviter de renforcer la chaudière outre mesure. C'est d'ailleurs le procédé le plus économique du point de vue de l'exploitation. Il n'a que l'inconvénient de nécessiter de gros réservoirs.

Dans la détermination des services d'eau chaude, il ne faut jamais perdre de vue le phénomène parasite possible de brassage de l'eau en réserve par l'eau froide d'alimentation qui a été examiné plus haut.

Services d'eau chaude domestiques. — Le problème courant est d'assurer les besoins en eau chaude d'une famille de deux à quatre personnes. On doit alimenter une salle de bains et l'évier, puis, dans certains cas, la buanderie une fois par semaine. Le service est généralement assuré en hiver par la chaudière du chauffage et en été, soit par la chaudière du chauffage, procédé assez peu recommandable, soit par un chauffe-bains ou un petit générateur à gaz (voir plus loin).

De tels services sont convenablement assurés soit par un réservoir vertical de 150 litres, soit par un réservoir horizontal de 200 litres.

Il n'y a pas intérêt à utiliser des réchauffeurs à grande surface qui obligent à renforcer la chaudière exagérément. Une puissance de 2.000 à 3.000 calories-heure suffit.

Si la température moyenne de marche de la chaudière est de l'ordre de 70°, les services ainsi établis permettent d'obtenir par mélange d'eau très chaude et d'eau froide un bain toutes les trois heures environ sans que la température du réservoir soit jamais abaissée en dessous de 40°.

Si la température moyenne de marche de la chaudière est plus basse (temps doux), on fait le bain par épuisement du réservoir, c'est-à-dire en tirant les 150 ou 200 litres nécessaires qu'il contient sans avoir recours au robinet froid de la baignoire. Il faut naturellement attendre dans ce cas un plus long temps avant qu'un autre bain soit possible et le réservoir reste pendant quelque temps après le bain à une température inférieure à la température d'utilisation, ce qui interdit tout puisage.

Cas général. — Un exemple montrera comment on peut résoudre un cas courant.

Exemple. — Déterminer le service d'eau chaude capable d'assurer les besoins d'un hôtel comportant 60 chambres avec lavabos et 2 salles de bains. Le service doit être assuré en hiver par la chaudière du chauffage et en été par une petite chaudière spéciale à charbon fonctionnant à eau chaude en service continu.

On base la détermination de la puissance calorifique nécessaire sur le débit journalier.

On peut faire l'hypothèse de débit journalier suivante :

15 bains de 200 litres à 38°, soit 3.000 litres à 38°.
150 puisages de 6 litres à 38°, soit   900   —

Au total........... 3.900 litres à 38°.

Si l'on suppose que la température de l'eau froide est de 8°, la puissance calorifique journalière nécessaire est de 38 — 8 = 30 calories par litre d'eau utile, soit au total : 3.900 × 30 = 117.000 calories.

Ce qui correspond à une puissance calorifique horaire de :

$$\frac{117.000}{24} = 4.900 \text{ calories.}$$

Il est prudent de majorer de 20 % environ pour tenir compte des pertes par rayonnement. La puissance de la chaudière du chauffage devra donc être augmentée de 6.000 calories-heure en vue du service d'eau chaude.

Comme une chaudière d'été d'une puissance de 6.000 calories-heure nécessiterait un rechargement en cours de la nuit, inconvénient à éviter, on adoptera pour l'été une chaudière de 8 à 10.000 calories.

On base la détermination de la capacité du réservoir sur l'hypothèse de débit de pointe.

La pointe de débit peut être placée de 7 à 10 heures du matin et estimée comme suit :

6 bains de 200 litres à 38°, soit 1.200 litres à 38°.
90 puisages de 6 litres à 38°, soit   540   —

Total............. 1.740 litres à 38°.

Ce qui correspond à une puissance calorifique de :
1.740 × 38 = 66.000 *calories environ.*

Les usagers obtiendront ces 1.740 litres à 38° en mitigeant l'eau trop chaude du réservoir par de l'eau puisée aux robinets froids des appareils.

Les 66.000 calories nécessaires seront fournies en partie :

1° Par la chaudière qui, pendant les trois heures de pointe, débite 3 × 5.000 = 15.000 calories *utiles ;*

2° par l'eau froide entrée dans le réservoir ou puisée aux appareils qui apportera :

$$1.740 \text{ litres} \times 8 = \underline{13.920} \text{ calories.}$$

$$\text{Soit total.....} \quad 28.920 \text{ calories.}$$

L'eau accumulée dans le réservoir devra fournir le reste, soit : 66.000 — 28.920 = 37.000 environ.

Comme on l'a vu plus haut, la température du réservoir s'abaisse d'une façon plus ou moins régulière au fur et à mesure du puisage. Elle ne doit pas descendre au-dessous de 38 à 40°, ce qui rendrait le réservoir inutile. D'autre part, la température du réservoir à 7 heures du matin ne peut être admise supérieure à 60°, car à certains jours la chaudière de chauffage fonctionnera à peine à cette température. On ne peut donc emprunter à chaque litre d'eau accumulé que 60 — 40 = 20 calories.

La capacité du réservoir devra donc être de :

$$\frac{37.000}{20} = 1.850 \text{ litres.}$$

Il est prudent de majorer légèrement pour tenir compte des gaspillages, du refroidissement de l'eau dans les baignoires au cours de leur remplissage et des pertes diverses. On adoptera donc définitivement une capacité de 2.000 litres.

En réalité, le raisonnement ci-dessus est quelque peu illusoire, car il néglige les phénomènes parasites dont il est d'ailleurs très difficile, sinon impossible, d'apprécier mathématiquement les effets. Suivant qu'on adoptera deux réservoirs en série, ou un réservoir vertical, ou un réservoir horizontal, la capacité trouvée ci-dessus pourra être trop large ou trop faible. On ne peut être renseigné convenablement que par des essais pratiques. Les auteurs ont d'ailleurs entrepris sur des services installés une série d'expériences documentaires et c'est encore l'expérience de l'installateur ou de l'ingénieur qui reste le meilleur guide.

NOTA. — Le problème de la détermination des éléments d'un service d'eau chaude est plus simple et peut être résolu plus sûrement lorsqu'il s'agit d'assurer un service qui doit débiter au commandement (bains-douches, par exemple), car la puissance calorifique horaire nécessaire et le débit sont alors connus exactement.

Ces services fonctionnant généralement par intermittence, on est amené à choisir des chaudières puissantes permettant le réchauffage rapide des réservoirs dans les heures qui précèdent immédiatement la mise en service.

La puissance utilisée étant plus élevée, la capacité des réservoirs peut être diminuée.

Les chaudières à allumage rapide et simple, les chaudières à gaz par exemple, et les chaudières à mise en régime rapide (chaudières à vapeur) sont particulièrement intéressantes pour ces services.

TUYAUTERIES DES SERVICES D'EAU CHAUDE

Généralités. — Le plomb et les poly-métaux de remplacement se déforment sous l'action de la chaleur, le cuivre coûte assez cher, les tuyauteries de service d'eau chaude sont souvent installées par l'entrepreneur de chauffage. Toutes ces raisons expliquent l'emploi des tubes de fer *galvanisés* qui présentent d'ailleurs divers avantages : rigidité, résistance mécanique, épaisseurs plus faibles que celles des tuyaux de plomb pour une même résistance et un même débit.

Les tubes galvanisés à chaud que l'on reconnaît à la présence de traces de gouttelettes de zinc sont préférables aux tubes galvanisés à froid qui laissent aux mains des traces blanchâtres caractéristiques.

Les tubes galvanisés ne doivent pas être cintrés au feu, ce qui ferait disparaître le zinc et il est prudent de les assembler au moyen de raccords galvanisés si l'on veut éviter des taches d'oxydation sur les appareils sanitaires.

Lorsque la tuyauterie est courte, on l'établit comme une tuyauterie d'eau froide.

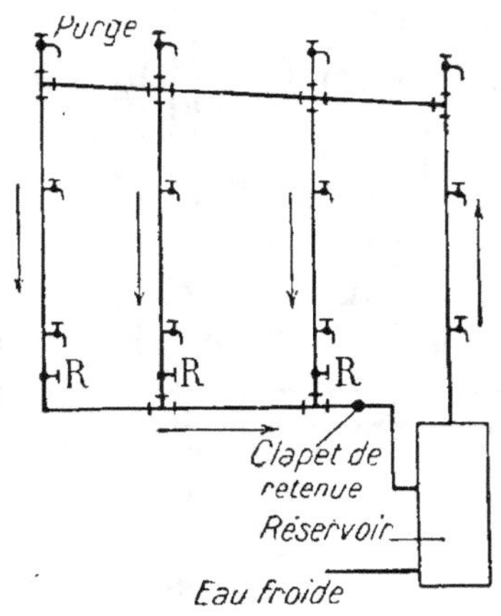

Fig. 193.
Distribution en circuit.

Distribution en circuit. — Si les appareils d'utilisation sont éloignés du réchauffeur, l'eau se refroidit dans la tuyauterie entre deux puisages et il peut arriver que pour obtenir à un lavabo éloigné quelques litres d'eau chaude on se trouve dans l'obligation d'attendre et de faire couler préalablement et inutilement plusieurs litres · d'eau froide.

On peut calorifuger les tuyauteries d'eau chaude, mais elles prennent alors un aspect disgracieux.

On peut également revenir à l'installation directe sans circuit en entretenant la température de l'eau dans la tuyauterie par une petite fuite permanente juste assez importante. On perd ainsi une petite quantité d'eau et de chaleur, mais ces deux pertes

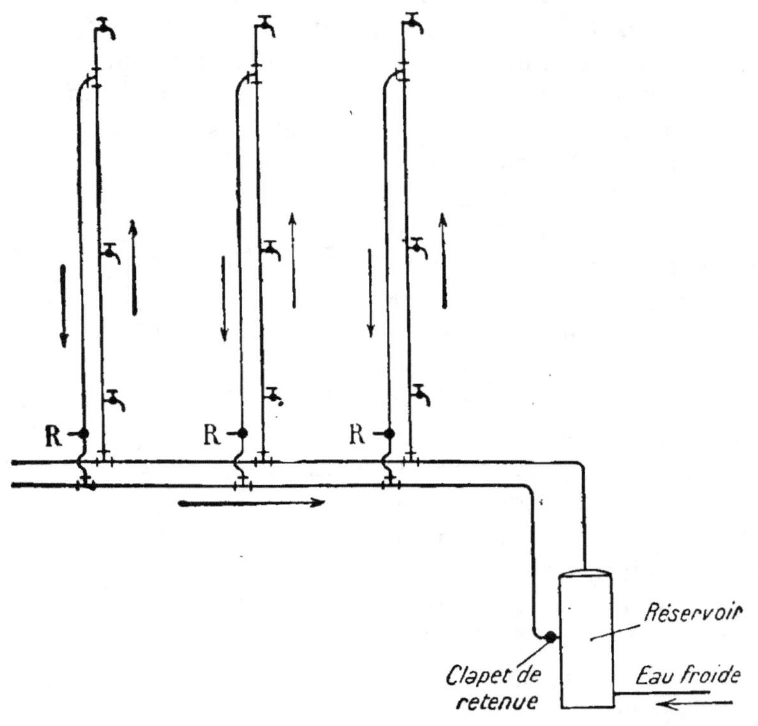

Fig. 194. — Distribution en circuit.

sont assez faibles. On préfère quelquefois ce dispositif.

On remédie plus généralement au refroidissement de l'eau en établissant une distribution en circuit suivant l'une des figures 193 et 194.

Les tuyauteries et le réservoir constituent alors une véritable installation de chauffage par thermosiphon dont le réservoir est le générateur et dont les tuyauteries sont les corps de chauffe. On calcule les diamètres pour qu'il s'établisse une circulation naturelle dont la cause est dans la différence de densité de l'eau dans les différentes colonnes et de telle façon qu'en aucun point du circuit la température ne soit très inférieure à la température d'utilisation.

Le calcul est assez délicat. On majore les diamètres pour tenir compte de ce que la circulation continuelle provoque un entartrage important. Un clapet de retenue (fig. 195) empêche le renversement du sens de circulation, qui pourrait se produire lorsqu'on ouvre un robinet de puisage placé près du réservoir sur les tuyauteries de retour. Malheureusement, le fonctionnement de ce clapet de retenue est souvent capricieux (entartrage, grippage).

FIG. 195.
Clapet de retenue.

Comme dans toute installation de chauffage, l'air contenu dans l'eau tend à se rassembler dans la partie supérieure du circuit où il ne tarde pas à entraver la circulation. On s'arrange pour qu'un robinet de puisage se trouve placé au point le plus haut, vers lequel montent toutes les tuyauteries horizontales. L'usager purge alors la tuyauterie sans s'en douter lorsqu'il puise à ce robinet. Lorsque cette disposition est impossible, on place au point haut une bouteille d'air et un purgeur à main.

Des robinets à boisseau ou des tés spéciaux à mamelons régulateurs placés en R (fig. 193 et 194) permettent de régler les débits calorifiques des tuyauteries de façon à équilibrer les températures dans les diverses colonnes.

On peut également, en prévision des arrêts futurs nécessités par des réparations, placer des robinets d'arrêt. Il faut alors en mettre sur les colonnes d'aller et de retour.

La distribution d'eau chaude en circuit attire les critiques suivantes :

Le prix d'établissement élevé puisque la longueur de la tuyauterie est sensiblement double de celle d'une distribution simple et que les diamètres peuvent se trouver augmentés;

Le rayonnement gênant en été des tuyauteries de distribution;

La perte continuelle et assez importante de chaleur, c'est-à-dire de combustible, par rayonnement des tuyauteries. Ce rayonnement est d'ailleurs dans une certaine mesure nécessaire au fonctionnement de la circulation.

Raccordement des appareils sanitaires sur les tuyauteries en fer. — Bien que cette question sorte un peu du cadre de cet ouvrage, on peut signaler que s'il est parfaitement logique de raccorder en fer les appareils bien fixes et solides, comme les plaques de robinetterie de baignoires, par exemple, il est de bonne règle de raccorder par une tubulure souple, en plomb ou en cuivre, les appareils fragiles tels que lavabos, bidets, etc... On trouve dans le commerce des raccords fer-cuivre, fer-plomb, qui permettent des combinaisons faciles, élégantes et économiques (1).

DISPOSITIONS SPÉCIALES

Chauffage central et service d'eau chaude combinés. — Lorsqu'on doit établir dans le même bâtiment une installation de chauffage central et un service d'eau chaude, il est à première vue très séduisant de combiner la chaudière du chauffage avec la chaudière

---

(1) Voir *Traité de plomberie* de Magué et Charlent, à la même librairie.

qui doit assurer le service d'eau chaude, de façon à ce qu'en hiver le service soit assuré simplement par l'unique chaudière du chauffage.

Cette disposition n'est pas très rationnelle, c'est-à-dire qu'en pratique elle est moins économique qu'elle ne le paraît, parce que le chauffage exige une puissance variable avec la température extérieure, alors que le service d'eau chaude exige une puissance variable avec d'autres éléments tels que le débit, la température de l'eau puisée, etc...

D'autre part, lorsque la chaudière de chauffage est à eau chaude, la température du réservoir, qui est toujours inférieure de quelques degrés à la température de marche de la chaudière, varie suivant la température extérieure et peut même descendre à certains moments en dessous de la température d'utilisation de l'eau chaude, ce qui rend impossibles tous puisages utiles.

En tout cas, dans le calcul du réservoir, on ne peut tabler que sur une température maximum de réchauffage de 50 à 55°, correspondant à la marche de la chaudière de chauffage par temps doux, ce qui conduit à augmenter la capacité du réservoir par rapport à ce qu'elle serait pour une température maximum de réchauffage de 70 ou 80°.

Si on veut éviter d'augmenter la capacité, le débit ne peut plus être garanti que sous réserve que l'on forcera, avant tout puisage important, l'allure de la chaudière pendant un temps suffisant pour porter toute la capacité du réservoir à 70°, par exemple, ce qui n'est ni pratique ni économique, surtout avec les chaudières à charbon. En tout cas il n'est pas nécessaire d'augmenter beaucoup la puissance de la chaudière du chauffage, car on dispose généralement de toute la nuit pour accumuler dans le réservoir la quantité de chaleur nécessaire. C'est ainsi qu'a été comprise, sans aucune modification à la chaudière du chauffage, l'adjonction d'un service d'eau chaude avec réservoir de 200 litres à l'installation dont la réalisation est présentée au chapitre V (voir les plans).

La figure 196 montre une disposition correcte dans le cas d'un chauffage à eau chaude. Les vannes A et B

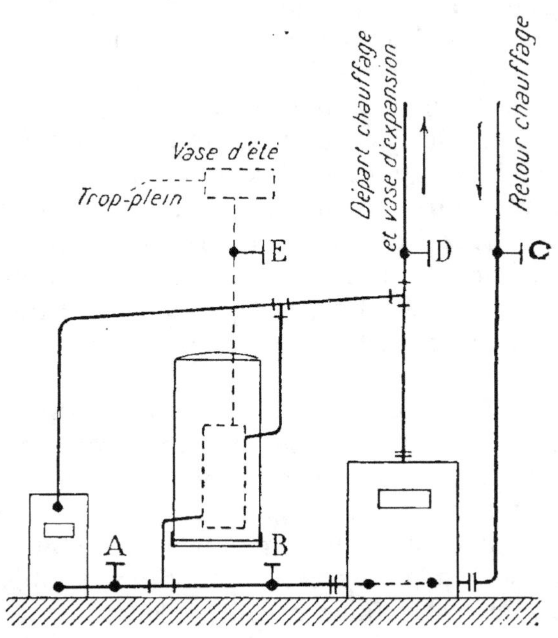

Fig. 196. — Chauffage et service d'eau chaude combinés.

permettent a mise hors circuit de la chaudière éteinte. La vanne B sert également en hiver pour modérer l'appétit du réchauffeur lorsqu'il menace de nuire au fonctionnement du chauffage.

La chaudière d'été peut utiliser le vase d'expansion du chauffage (fig. 196), mais la colonne montante chauffe alors en été les locaux traversés, ce qui est assez désagréable et provoque généralement une perte importante en raison du diamètre de cette colonne.

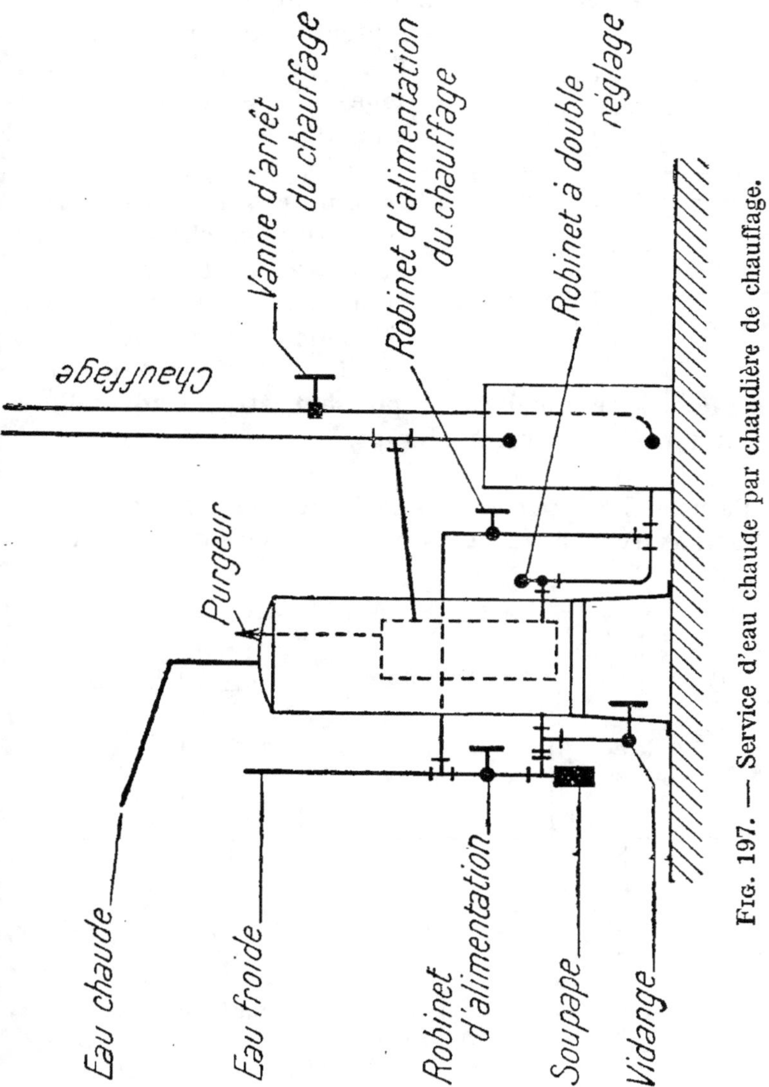

Fig. 197. — Service d'eau chaude par chaudière de chauffage.

On peut placer un vase d'expansion spécial pour l'été au niveau du vase d'expansion du chauffage, ou tout de suite sur le réchauffeur. Dans ce dernier cas, trois vannes C, D, E (fig. 196) sont nécessaires pour éviter le déversement de l'eau du circuit de chauffage par le trop-plein du vase d'été.

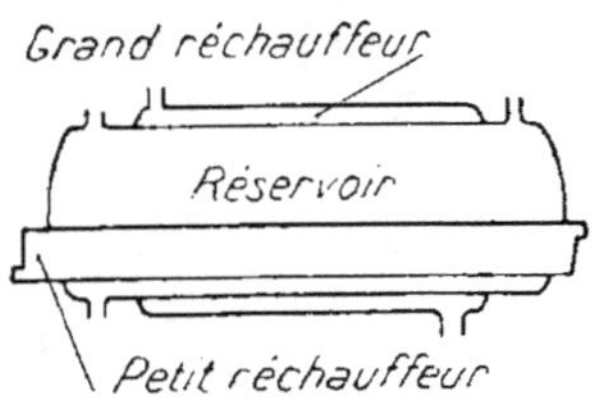

Fig. 198. — Réservoir à deux réchauffeurs «Loiseau».

Les vannes C et D présentent le gros inconvénient de priver la chaudière du chauffage de toute expansion, c'est pourquoi il est prudent d'asservir les vannes D et E l'une à l'autre de façon à ce qu'elles ne puissent être accidentellement fermées en même temps.

Service d'été par la chaudière du chauffage. — Il n'est pas avantageux d'assurer le service d'eau chaude

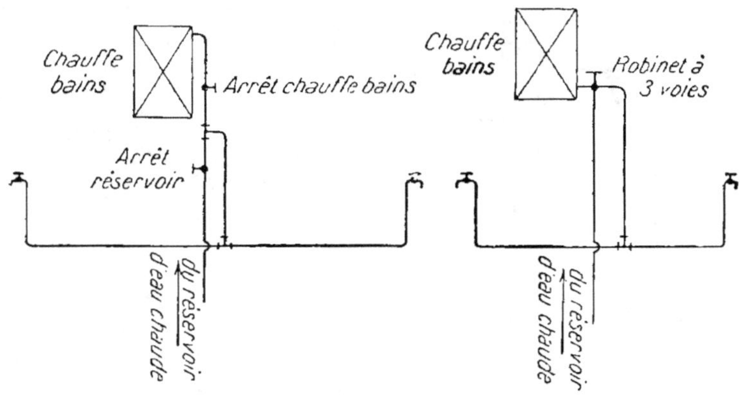

Fig. 199. — Combinaisons de chauffe-bains et de réservoirs.

en été par la chaudière du chauffage, car celle-ci est généralement trop puissante pour ce seul service. On gaspille alors le combustible et la chaudière s'emballe continuellement. D'ailleurs, les allumages répétés des chaudières à charbon sont fastidieux.

La disposition, admissible seulement pour les très petites installations et lorsque le débit d'eau chaude est suffisamment important, est représentée par la figure 197. Une vanne permet de bloquer le circuit de chauffage et un robinet à double réglage commande le réchauffeur en hiver.

Le fonctionnement peut être satisfaisant si l'on prévoit un réservoir à deux réchauffeurs (fig. 198); l'un de faible surface qui permettra le réchauffage lent sans nuire au chauffage en hiver, l'autre de grande surface qui permettra le réchauffage rapide en été de toute la capacité du réservoir qui, bien calorifugé, et de capacité suffisante, pourra assurer le service pendant un ou deux jours, après quelques heures de marche de la chaudière qu'on laissera ensuite s'éteindre.

Service d'été par appareils spéciaux. — Il est généralement plus avantageux d'employer pour l'été un procédé de chauffage spécial : chauffe-eau ou chauffe-bains à gaz ou électriques. Deux robinets d'arrêt ou un robinet à trois voies placés sur les tuyauteries de distribution permettent un changement de service facile (fig. 199).

On peut encore employer le générateur à gaz « Ochod » (fig. 200), sorte de très petite chaudière à gaz qui n'exigeant qu'un compteur 5 becs et fonctionnant sans ventilation s'installe très simplement. Cet appareil peut alimenter en été le réchauffeur alimenté en hiver par la chaudière de chauffage

Fig. 200.
Chauffe-eau
« l'Ochod »
de Maladry.

central et permet de conserver les avantages du service d'eau chaude à accumulation (fig. 201).

Service d'eau chaude par fourneau de cuisine. — Les services d'eau chaude assurés par les fourneaux de cuisine sont particulièrement pratiques pour les petites habitations où le même appareil assure ainsi en hiver un triple service : cuisine, service d'eau

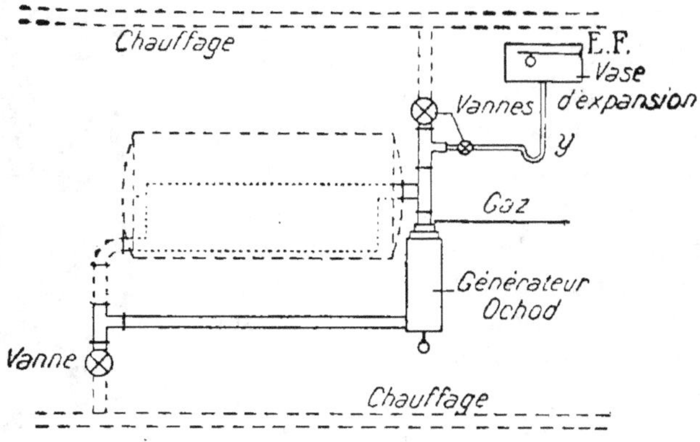

Fig. 201. — Installation d'un « Ochod » en by-pass.

chaude et chauffage et en été le double service de la cuisine et de l'eau chaude.

La présence d'un réservoir d'eau chaude a d'ailleurs l'avantage accessoire de régulariser la marche du fourneau en été. Il ne faut pas se faire trop d'illusions sur l'efficacité des foyers d'été et il est toujours prudent d'adjoindre à un chauffage par fourneau de cuisine un petit service d'eau chaude qui absorbera en été la chaleur transmise par le foyer au bouilleur.

Les services d'eau chaude par fourneaux de cuisine conviennent également pour les propriétés où l'on ne dispose pas du gaz et pour les grandes cuisines de restaurant dans lesquelles les fourneaux à charbon fonctionnent en toutes saisons.

Service d'eau chaude par chaudières à gaz. — La souplesse des chaudières à gaz, leur facilité d'allumage, de conduite et d'extinction en font des générateurs extrêmement pratiques pour les services d'eau chaude, particulièrement lorsque le débit est intermittent et présente des pointes fréquentes.

Réchauffage par barbotage de vapeur. — Pour des usages industriels, on réchauffe l'eau plus rapidement que par l'emploi de réservoirs à réchauffeurs en y injectant directement de la vapeur sous pression empruntée à l'un des générateurs de l'usine.

Mélangeurs thermostatiques. — Les mélangeurs thermostatiques (fig. 202) qui, recevant d'une part de l'eau froide, d'autre part l'eau chaude à température variable provenant d'un réservoir à réchauffeur, fournissent de l'eau chaude à

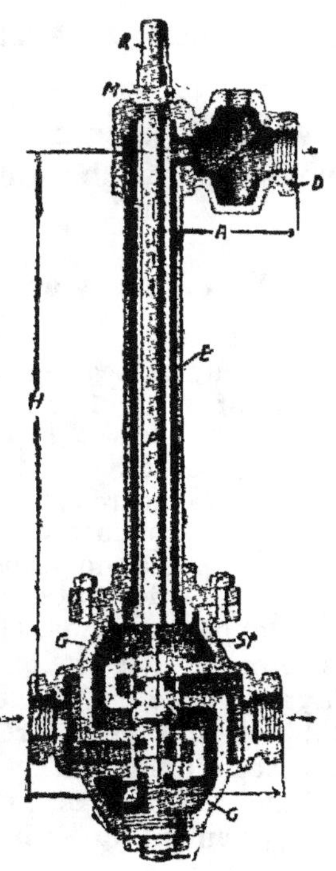

Fig. 202.
Coupe d'un robinet
thermostatique.

température constante et facilement réglable, présentent un grand intérêt parce qu'ils permettent la suppression des gaspillages qu'entraîne toujours le mitigeage à la main par les usagers au moyen des robinets froids des appareils.

Mais les thermostats sont d'un fonctionnement assez

délicat et coûtent cher, ce qui limite leur emploi aux installations importantes : bains, douches, immeubles, hôpitaux, etc...

RÉALISATION
DES SERVICES D'EAU CHAUDE

Voici ci-dessous un modèle de prix de revient d'un service d'eau chaude.

Prix de revient d'un service d'eau chaude.

Générateur et ses accessoires (voir chauffage)..... »
Réservoir vertical ou horizontal, d'une capacité
     de ...x m^3.......................... »
     éprouvé à la pression de ...x *kilogs*...... »
     avec réchauffeur du type .... et d'une
     surface de ...x m^2.................... »
     avec ou sans autoclave, buse ou fond
     démontable......................... »
Enveloppe calorifuge (1)...................... »
Socle ou consoles............................ »
Tuyauterie de chauffage avec raccords........... »
Robinet ou vanne de réglage du réchauffeur....... »
Robinet d'alimentation du réservoir............. »
Robinet de vidange du réservoir,............... »
Raccordement du robinet de vidange sur une vi-
dange (2)................................ »
Soupape de sûreté........................... »
Thermomètre indiquant la température de l'eau au
départ du réservoir (2)..................... »
Tuyauterie pour distribution d'eau chaude (cuivre ou
fer galvanisé)......................... »
Tuyauterie pour alimentation en eau froide du réser-
voir (plomb ou fer galvanisé) (1).............. »
Raccords. Colliers. Ingrédients.. .... »

---

(1) Travaux toujours nécessaires, laissés quelquefois aux spécialistes.

(2) Généralement laissés de côté par économie.

Clapets de retenue (pour distribution en circuit)..   »
Calorifuge des tuyauteries de chauffage et d'eau
    chaude (2)...............................   »
Robinets d'arrêt ou raccords à souder en attente pour
    les appareils................................   »
Raccordement des tuyauteries sur les appareils à des-
    servir (plomb ou cuivre) (1)...................   »
Robinets de puisage (évier, buanderie, etc...)......   »
Transports, camionnages et octrois...............   »
Main-d'œuvre.................................   »
Déplacements et voyages.......................   »

---

(1) Travaux toujours nécessaires, laissés quelquefois aux spécialistes.

(2) Généralement laissés de côté par économie.

CHAPITRE XII

MONTAGE

L'outillage courant d'un monteur en chauffage pèse environ 250 kilogrammes et comprend :

Un établi avec étau à tube (fig. 203) et étau à pied;
Une forge à ventilateur (fig. 204) ou à soufflet;
Une caisse d'outils;
Une échelle de 2 mètres;
Un seau;
Accessoirement un étau pliant (ou pionnier) (fig. 205).

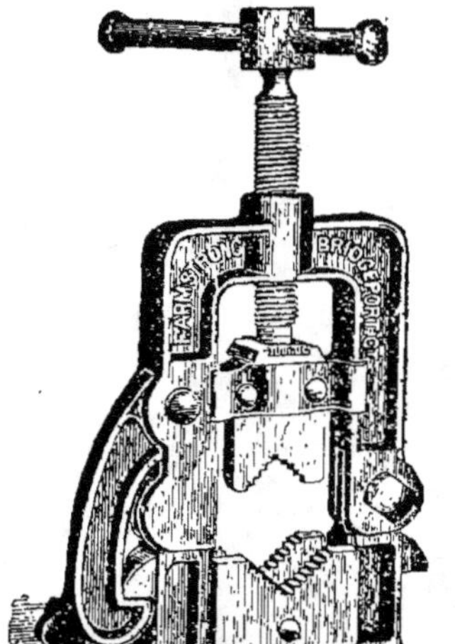

FIG. 203. — Étau à tubes.

Etabli. — L'établi, ou bahut, doit être solide, stable, démontable, et approprié à la taille de l'ouvrier.

Il n'y a pas d'inconvénient à ce qu'il soit léger (ce qui augmente sa maniabilité et facilite son transport) pourvu qu'on ait la faculté de l'amarrer au sol par des rappointis ou de charger le bâti pour l'immobiliser

La rigidité du bâti est facilement obtenue si l'on

emploie pour sa construction des cornières (de 35,
par exemple) disposées en triangle (fig. 206).

Le plateau est constitué par deux madriers séparés
par une planche épaisse. On dispose ainsi, au milieu

Fig. 204. — Forge à ventilateur à main.

de la table, d'une sorte de caisson commode pour
placer pendant le travail les raccords et les outils.

Sur le bahut sont fixés un étau à tube et un étau à
pied (autant que possible à mâchoires épaisses). Une
bonne disposition de ces deux outils est celle représentée par la figure 207.

Des trous peuvent être percés dans le plateau pour
placer des broches, des guides de cintrages.

Caisse d'outils. — La caisse d'outils est un coffre
solide fermant à clé, et comportant autant que possible un casier pour les petits outils.

A cette caisse unique, on peut ubstituer deux coffres qui, plus légers, seront plus maniables.

FIG. 205. — Étau pionnier.

Voici les outils nécessaires pour le travail des tubes jusqu'aux diamètres de 50/60 :

2 marteaux d'ajusteur; 1 jeu de poinçons; 2 burins; 1 bédane; 1 jeu de tamponnoirs ordinaires et de tamponnoirs creux (fig. 208); 2 coupe-tubes à molettes (fig. 209), ou mieux, 1 coupe-tubes à lames (fig. 210); 1 scie à métaux avec un jeu de lames; 2 alésoirs (fig. 211); 1 lime d'Allemagne; 1 lime bâtarde; 1 lime ronde; 1 scie à bois à 3 lames; 1 vilebrequin à cliquet avec 1

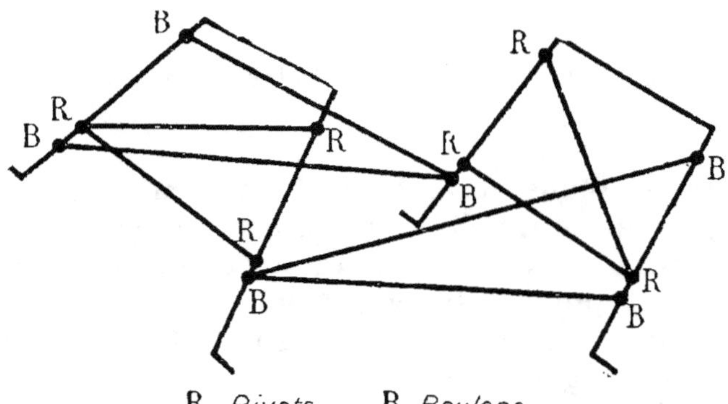

FIG. 206. — Support d'établi.

jeu de mèches à bois de 20, 25, 30, etc...; 2 ciseaux à bois; 1 gouje; 1 râpe à bois; 1 jeu de mèches à pierre; 1 filière extensible à 4 coussinets

avec 3 jeux de couteaux à droite et 3 jeux de couteaux à gauche (fig. 212); 4 clés à tube « Stilson » (n⁰ˢ 10, 14, 18 et 24) (fig. 213), 2 griffes à chaîne (n⁰ˢ 10 et 18) (fig. 214);
1 clé à molette; 1 pince universelle; 1 tenaille; 1 jeu de tournevis; 1 cisaille; 1 tenaille de forge; 1 truelle brettelée dite « Berthelé » (fig. 215); 1 truelle ordinaire; 1 spatule; 1 petite auge à plâtre; 1 niveau à bouteilles; 1 niveau à bulle en bois de 30 à 40 centimètres; 1 double mètre pliant; 1 fil à plomb; 1 équerre à 90° de 40 centimètres; 1 fausse équerre; 1 chignole avec un jeu de forets américains de 6, 8, etc...; 1 jeu de tarauds; 1 dresse-tubes (fig. 216); 1 outil pour gratter les joints; 1 jeu d'outils spéciaux pour le montage et le démontage des radiateurs (fig. 217); 1 clé spéciale pour le montage et le démontage des robinets (fig. 218), 2 gamelles; 1 lot de rappointis; 1 servante; 1 tas.

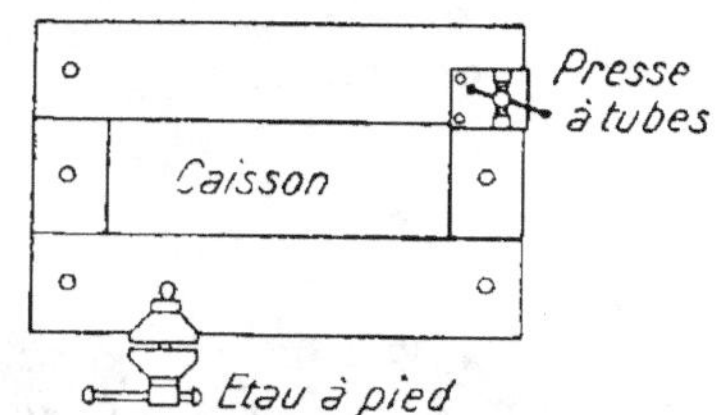

Fig. 207. — Établi.

TRAVAIL DU TUBE

Les auteurs n'ont d'autre prétention que de rappeler ici quelques principes généraux utiles aux débutants et à ceux qui sont appelés à surveiller les montages.

Coupe des tubes. — Les petits tubes (12 et 15) peuvent se couper à la scie. Les tubes plus gros se coupent au coupe-tubes. Lorsqu'on emploie un coupe-tube à molettes, il faut ébarber après la coupe l'extérieur du tube à la lime et l'intérieur à l'alésoir. Le

FIG. 208.
Tamponnoir creux.

FIG. 209.
Coupe-tubes à molettes.

FIG. 210. — Coupe-tubes à lames.

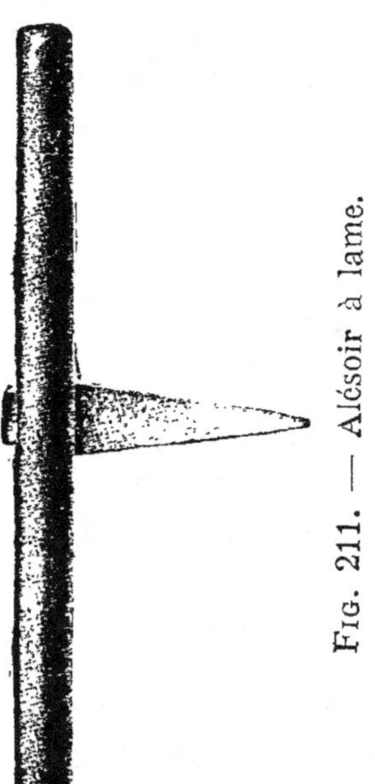

FIG. 211. — Alésoir à lame.

FIG. 212.
Filière à couteaux réglables.

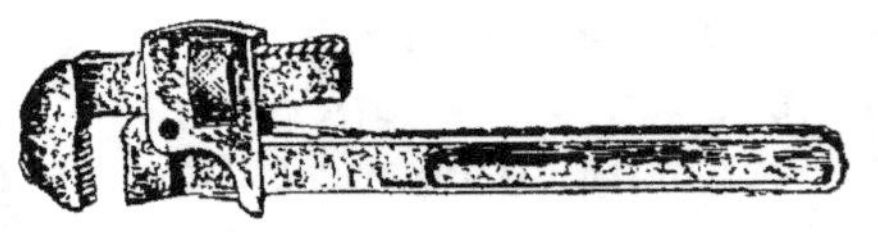

FIG. 213. — Clef Stillson.

FIG. 214. — Clef à chaîne.

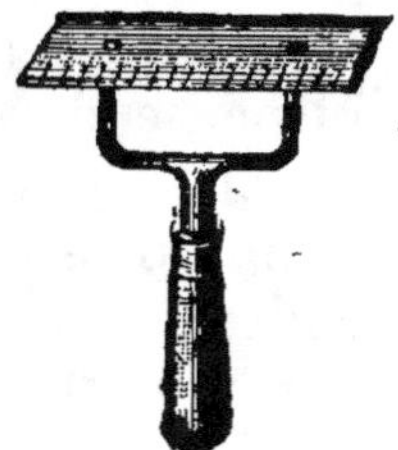

FIG. 215.
Truelle Berthelé

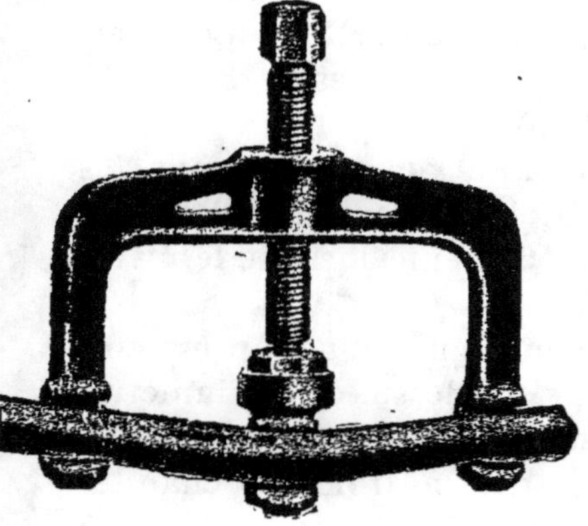

FIG. 216. — Dresse-tubes.

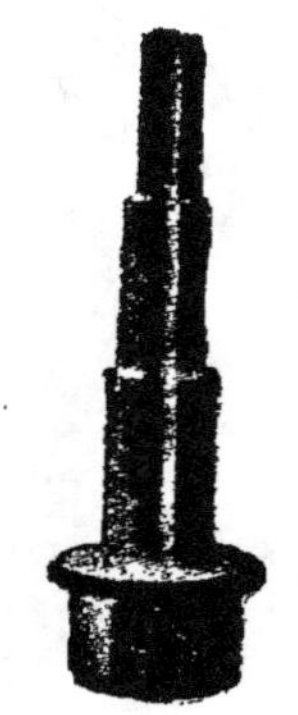

FIG. 218.
Clef de
montage des
robinets.

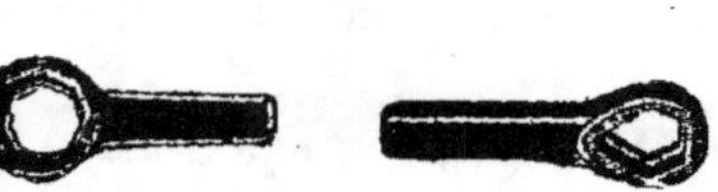

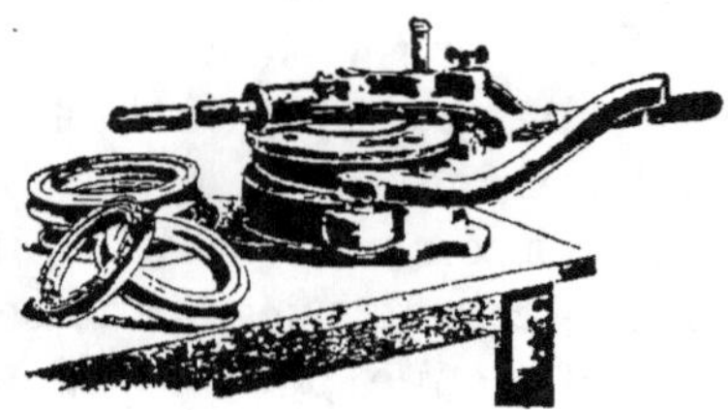

FIG. 217.
Barre de montage. — B. Clé à carré.
C. Clés à bouchons.

FIG. 219. — Machine à cintrer.

coupe-tube à lame, qui donne une **coupe franche**, dispense de ces travaux accessoires.

Dans le montage des tubes il faut employer le moins possible de coudes de commerce. Ces raccords coûtent chers, ils sont disgracieux et provoquent des pertes de charges importantes.

Cintrage des tubes. — On peut cintrer les tubes :

A froid, à la machine à cintrer, jusqu'aux diamètres de 33 et 40 (fig. 219).

A chaud, **au rouge, sans les remplir,** jusqu'aux diamètres de 40, et 50 même lorsque le métal est bon;

A chaud, au rouge, après remplissage, au-dessus de ce diamètre.

Les tubes galvanisés doivent être cintrés à froid ou chauffés très modérément de façon à éviter la destruction de la galvanisation.

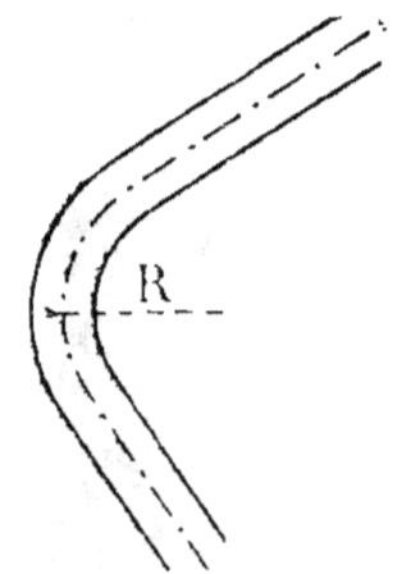

Fig. 220.
Rayon de courbure.

On peut s'aider pour cintrer les tubes de broches, poulies, guides, crampons, etc...

Pour remplir un tube, on le bouche avec un fort tampon de chiffons et on y verse du sable fin et sec, ou mieux, du grès, que l'on tasse au fur et à mesure en frappant l'extrémité du tube sur le sol et en le martelant régulièrement sur toute la longueur.

Pour cintrer, il y a intérêt à placer la partie faible du tube, c'est-à-dire la ligne de soudure sur le côté du cintrage.

Le rayon normal de courbure R (fig. 220) est d'environ **trois fois** le diamètre du tube pour le 26, trois fois et demie pour le 33, quatre fois et demie pour le 40, etc...

On évite l'aplatissement des petits tubes en enga-

geant la partie à cintrer entre les mâchoires de l'étau
à pied préalablement ouvertes d'une quantité égale
au diamètre extérieur du tube.

La partie à cintrer est repérée par trois traits de
craie et, après chauffe, on refroidit soigneusement à
l'eau les parties de tube qui se trouvent au delà des
traits extrêmes.

On coude sans brusquerie. Les petits diamètres se
coudent en une fois. Les gros diamètres demandent
plusieurs chauffes. Il faut placer l'équerre à plusieurs
reprises au besoin de façon à ne pas dépasser l'angle
voulu, car on ne peut généralement pas rouvrir un
coude sans déformer le tube.

Filetage. — Pour fileter les tubes, on peut employer
des filières à un coussinet fixe, mais ces filières exigent
surtout pour les gros diamètres des efforts considérables et ne permettent pas de rattraper l'usure
du coussinet, ni d'ajuster exactement le filetage des
tubes à ceux des raccords qui ne sont pas toujours
rigoureux.

Les filières ajustables à deux ou mieux encore à
quatre coussinets (fig. 212) n'ont pas ces inconvénients
et permettent de fileter les gros diamètres en plusieurs passes.

Il est regrettable que les machines à fileter de chantiers soient aussi peu employées. Il en existe des
modèles marchant à bras, dont le prix n'est pas trop
élevé, et qui, tout en ménageant les forces de l'ouvrier,
permettent de réaliser des économies de main-
d'œuvre (1).

Montage des tubes. — Les tubes sont assemblés au
moyen de raccords en fonte ou en fonte malléable,
noirs ou galvanisés (voir page 76).

---

(1) Voir *Le Traité de filetage*, librairie Garnier frères.

Pour les raccords en fonte, taraudés coniques, on fait les joints au minium clair, sans filasse. Pour les raccords en fonte malléable, taraudés cylindriques, on fait les joints à la filasse de chanvre enduite de céruse ou de minium. Les joints doivent être soigneusement nettoyés après les essais.

FIG. 221. — Manchons.
droite-droite   *droite et gauche*

On peut raccorder les tubes par manchons droite et droite ou par manchons droite et gauche. Les nervures **extérieures** des manchons droite et gauche sont fendues en deux parties, ce qui permet de les distinguer extérieurement (fig. 221).

Voici de quelle façon sont établis dans la plupart des cas les joints démontables :

Manchons droite et droite. — Les deux tubes sont filetés à droite. Sur l'un au moins des deux, on donne au filetage une longueur (fig. 222) au moins égale à celle d'un manchon plus un écrou (longue vis), on engage un écrou et un manchon sur la longue vis, on prépare le joint sur l'autre tube, on aboute les tubes, et,

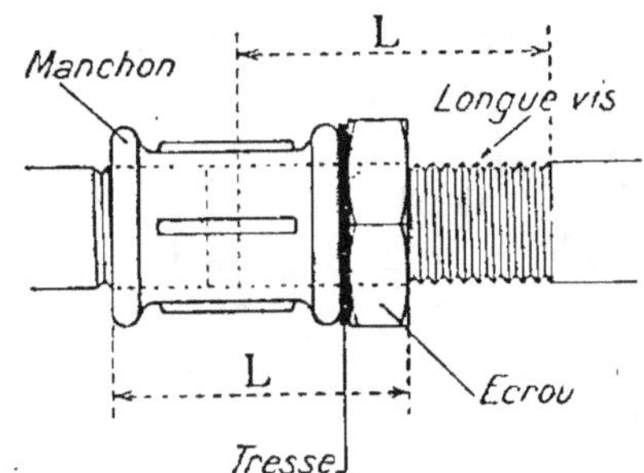

FIG. 222. — Longue-vis.

dévissant le manchon de la longue vis, on le visse sur le joint préparé. Dès qu'il serre, ce qui doit normalement se produire lorsqu'il est vissé à peine de sa demi-longueur, on rapproche l'écrou et on interpose entre lui et le manchon une tresse de chanvre enduite de céruse ou de minium.

Certains placent un écrou sur chaque tube, ce qui offre quelquefois plus de sûreté, mais coûte plus cher.

Manchons droite et gauche. — Un tube est fileté à droite, l'autre à gauche. On place le manchon entre les deux tubes, et on le visse en même temps sur les deux tubes qu'il rapproche.

Ces deux procédés d'assemblage ont des avantages et des inconvénients dont les principaux sont les suivants :

L'assemblage par manchons droite et droite nécessite des longues vis dont l'exécution sur les gros diamètres est très fatigante. Il exige une ou deux pièces de plus (écrous), mais il présente l'avantage d'une exécution facile du joint.

L'assemblage par manchons droite et gauche nécessite deux jeux de couteaux de filière. Il est d'une exécution rapide, mais il est assez difficile d'obtenir en même temps sur les deux tubes un serrage correct. Son inconvénient principal est que les tubes se déplacent lorsqu'on fait ou défait le joint, c'est-à-dire qu'un certain dévêtissement est nécessaire, ce qui complique le montage des parties cintrées.

FIG. 223.
Raccord « Union ».

Raccords unions. — Les raccords unions (à rodage, de préférence) permettent des montages faciles (fig. 223). Un installateur avisé doit se rendre compte que l'emploi modéré et judicieux de ces pièces permet de réaliser des économies sensibles de main-d'œuvre.

Pour les gros tuyaux, on emploie les brides et les collets battus.

La soudure autogène est de plus en plus employée. Elle exige un matériel onéreux et une main-d'œuvre spécialisée. Le monteur qui sait souder à l'autogène possède sur ses camarades un avantage marqué qui s'accroîtra de plus en plus.

Il existe de petits postes de soudure autogène portatifs qui permettent de réaliser économiquement les petits travaux courants : piquages sur tuyauteries existantes, etc...

Méthode de travail. — Une bonne méthode de travail est indispensable. Voici comment on peut procéder : dès l'arrivée sur le chantier, s'assurer avec les plans en mains de la possibilité de réaliser les dispositions prévues (passage des tuyauteries, emplacement d'appareils, etc...). Ranger le matériel (les raccords par diamètres pour faciliter leur recherche) et vérifier le matériel suivant les listes remises par l'installateur. Rendre compte immédiatement des erreurs, omissions ou manquants.

Tracer les percements, soit après mise en place des corps de chauffe, soit en prenant simplement leurs cotes.

Percer tous les trous. Les percements délicats doivent être faits par le monteur et pas par un aide plus ou moins habile ou plus ou moins soigneux. De grosses difficultés rencontrées à ce moment peuvent justifier, quelquefois nécessiter des modifications du tracé prévu sur le plan. Ces modifications ne doivent en aucun cas être faites sans l'avis du conducteur de chantier.

Les trous percés, on monte la chaudière et on la met en place.

On établit ensuite le réseau de tuyauteries principales, puis les colonnes, et l'on termine par les raccordements des corps de chauffe.

Certains monteurs tracent sur les murs toutes les

pentes, d'autres montent les tuyauteries sans aucun traçage. Cette dernière méthode, plus rapide, exige qu'on se rende bien compte au préalable de la position de tous les points hauts et bas.

Les bons monteurs prennent toute une série de mesures et préparent un lot de tuyaux qu'ils montent ensuite par séries. La meilleure façon de prendre les mesures est de se repérer suivant les axes des tubes et des raccords. Il faut toujours garder la même méthode. La mesure d'axe en axe a le mérite de donner les cotes des tuyaux *mis en place*.

Recommandations générales. — Le monteur ne doit jamais perdre de vue les points suivants :

Percements. — La bonne règle est de placer dans les percements, des fourreaux en tôle ou en carton ondulé (plus maniables et plus faciles à arraser que les fourreaux en tôle ou les chutes de tubes). Ces fourreaux permettent la libre dilatation des tuyauteries.

Les piquages verticaux doivent traverser les planchers par des *trous ovalisés* de façon à permettre un certain jeu latéral correspondant à l'allongement de la tuyauterie horizontale. On peut d'ailleurs masquer l'orifice du trou par une rosace.

Après pose des tuyaux, les fourreaux doivent être arrêtés et les trous proprement rebouchés au plâtre fin.

Chaudière. — Ne placer la chaudière que sur une assise bien nivelée. La disposer de façon à ménager l'emboîtage et le déboîtage faciles du tuyau de fumée.

Bien faire les joints au mastic spécial entre les éléments des chaudières en fonte pour éviter toute entrée d'air dans le foyer et toutes sorties de fumée.

Bien s'assurer du libre jeu des articulations, poulies, chaînes, etc... des appareils de réglage.

Tuyauteries. — Les tuyauteries horizontales se règlent en pente de 3 *à 5 millimètres au maximum par mètre*. Les tuyaux se placent à 2 centimètres des murs et à 12 ou 15 centimètres des sols.

Les tuyauteries en caniveaux ou en gaines ne doivent comporter de joints que dans les cas de nécessité absolue.

Joints. — La première condition d'un bon joint est un filetage régulier et bien calibré, qu'on ne peut réussir qu'avec des couteaux bien affûtés et propres.

Il est bon d'enduire de graisse Belleville avant le montage tous les joints métal sur métal (raccords coniques, robinets en bronze, etc...) et de mouiller les joints en amiante à l'huile de lin, à la rigueur à l'eau.

Colliers. — Les colliers ne doivent jamais brider les tuyauteries. Ils doivent être bien scellés (surtout les colliers de butée placés en vue de guider les allongements résultant de la dilatation).

Sur les petits tuyaux, on peut placer les colliers de 2 en 2 mètres et sur les gros tuyaux de 3 en 3 mètres.

Les colliers de plinthes (colliers à pattes) doivent être vissés et non cloués.

Radiateurs. — Placer les radiateurs de niveau, à une distance de 5 à 7 centimètres des murs pour faciliter le mouvement des courants d'air chaud (courants de convection).

Les radiateurs sur consoles se placent à 12, à 15 centimètres du sol, pour permettre le balayage.

On ménage le démontage facile des radiateurs en plaçant sur l'orifice de sortie un raccord à trois pièces droit ou coudé, de préférence à joint conique (unions 341 ou coudes 98), ou un raccord spécial en bronze (fig. 224).

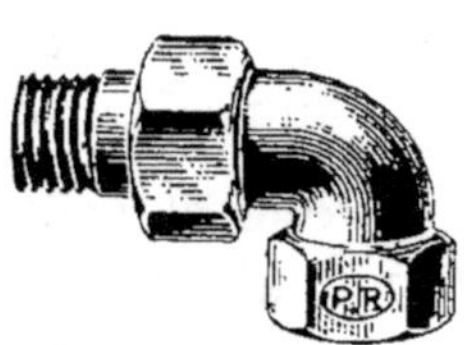

Fig. 224.
Coude démontable.

Les branchements des radiateurs à eau chaude qui doivent se purger sur la distribution *montent* à partir du radiateur. Les branchements de radiateurs portant des purgeurs d'air *descendent* à partir du radiateur.

Les branchements des radiateurs à vapeur descendent vers le radiateur (sauf le cas d'impossibilité absolue), de façon à ce que l'eau de condensation et la vapeur circulent dans le même sens. Il faut prendre la précaution, si le robinet est éloigné de la colonne, d'en entailler légèrement le pointeau de façon à permettre l'écoulement de l'eau qui pourrait se rassembler entre la colonne et le robinet fermé, dans la tuyauterie de branchement et qui serait violemment projetée dans le radiateur à la réouverture du robinet.

Tuyaux à ailettes. — Les tuyaux à ailettes se règlent en pente pour faciliter la purge d'air dans les chauffages à eau chaude et la purge d'eau de condensation dans les chauffages à vapeur. Leurs supports doivent être bien scellés.

Démontage d'installations. — Le démontage d'installations pour réfections, extensions ou autres modifications présente certaines difficultés parce que les joints oxydés offrent des résistances quelquefois énormes.

De grandes précautions doivent être prises pour éviter le bris des éléments des chaudières ou des radiateurs.

Pour faciliter le démontage, on peut chauffer à la lampe à souder ou à la forge les parties qui résistent ou les marteler à petits coups pour ébranler les joints.

Forfait de montage. — Il est indispensable de fixer à l'avance le prix de revient de la main-d'œuvre soit pour établir un devis, soit pour traiter avec un tâcheron.

Bien que ce soit une méthode courante, établir un forfait de montage d'après le nombre de radiateurs est un non-sens qu'on peut comparer à celui qui consiste à établir le prix d'une installation suivant le nombre de radiateurs.

Les éléments qui ont le plus d'influence sur le temps nécessaire à un montage sont certainement la longueur, le tracé et le diamètre des tuyauteries. Les conditions plus ou moins favorables du travail doivent, d'autre part, être prises en considération dans chaque cas particulier.

A titre d'indication, on trouvera ci-dessous des éléments d'appréciation du temps nécessaire à une équipe (monteur et aide) pour le montage des installations. Cette méthode pratiquée depuis plusieurs années à notre connaissance a donné généralement satisfaction aux installateurs et aux monteurs.

Temps nécessaire de monteur et son aide pour des montages effectués dans des bâtiments vides : déballage, manutention, montage, mise en place sur massif préparé à l'avance et habillage (c'est-à-dire mise en place des accessoires, du tuyau de fumée, etc...) :

D'une petite chaudière........   2 à 3 heures.
D'un fourneau de chauffage...   —
D'une grosse chaudière........   10 h. par tonne en moyenne.

Pose de tuyauteries de chauffage, pour 10 mètres de :

	12 $\frac{m}{m}$	15 $\frac{m}{m}$	20 $\frac{m}{m}$	26 $\frac{m}{m}$	33 $\frac{m}{m}$	40 $\frac{m}{m}$	50 $\frac{m}{m}$	60 $\frac{m}{m}$	66 $\frac{m}{m}$
heures	4	5 ½	7	8	9	11	12	13 ½	15

Manutention, habillage, mise en place et branchement d'un radiateur : 2 à 3 heures. (Pour radiateur sur consoles, ajouter 1 heure ½.)

Manutention et pose de tuyaux à ailettes en fonte de 2 mètres.

1° Sur supports au sol, par tuyau : 1 heure.

2° Sur supports scellés à moins de 0 m. 50 du sol, par tuyau : 2 heures;

3° En élévation ou sous plafonds, par tuyau : 2 h. ½.

Manutention et pose de tuyaux à ailettes en acier : (en grandes longueurs) diminuer les chiffres relatifs aux tuyaux en fonte de : 30 à 50 %.

Habillage et pose d'un vase d'expansion : **2 à 3 heures**

Pose de tuyauteries galvanisées, diamètres, 12, 15, 20 : pour 10 mètres, 5 heures.

Manutention, pose et habillage (c'est-à-dire mise en place de jaquette, accessoires), de réservoirs d'eau chaude de 100 à 200 litres :

Sur socle ou sur chaudière....   3 à 4 heures.

Sur consoles..................   5 à 6   —

Majorations sur le total pour difficultés particulières :

Locaux meublés...............   5 %

—   —   et habités.......   10 %

—   très encombrés.........   15 %

Installations d'étage...........   5 % plus 3 % par étage.

Travail dans un espace restreint.   10 %

Très vieilles constructions, gros percements..................   5 %

Pour des installations importantes, les nombres ci-dessus peuvent être réduits en considération de l'importance relativement plus faible du temps de mise en route.

Législation. — On trouvera ci-dessous, à titre documentaire, quelques réponses intéressantes pour les tâcherons en chauffage et leurs employeurs.

Voici d'abord un extrait du journal *l'Usine* en date du 6 mars 1926, et relatif à la loi de 1898 sur les accidents du travail.

Les ouvriers monteurs en chauffage central ou en sanitaire doivent-ils être assurés par leur patron lorsqu'ils traitent des montages à forfait et que, par leur accord :

1° Ils font ou peuvent faire des installations avec fournitures pour leur compte personnel, c'est-à-dire comme entrepreneurs;

2° Ils prennent pour exécuter leurs travaux des aides ou des sous-traitants qu'ils rétribuent et font travailler comme bon leur semble;

3° Ils sont responsables de leur travail, c'est-à-dire des

malfaçons résultant du montage et qu'ils travaillent sans contrôle, en commençant et finissant aux heures qui leur plaisent;

4° Ils peuvent travailler pour d'autres entrepreneurs, le cas échéant, et touchent la même rémunération, que le travail se fasse sur place ou au loin.

Voici la réponse :

Nous retenons dans l'hypothèse qui nous est présentée ci-dessus que les ouvriers-monteurs dont il s'agit traitent des montages à forfait. Le mode de rémunération à forfait n'est pas exclusif du contrat de louage de services. Cette considération n'est donc pas un des éléments essentiels du problème.

Ces ouvriers font ou peuvent faire des installations avec fournitures pour leur compte personnel, et on ajoute « c'est-à-dire comme entrepreneurs ». S'il s'agit de clients personnels aux dits ouvriers, si les ouvriers ont passé eux-mêmes le marché, s'ils courent les risques de non-paiement et de la responsabilité du travail, pendant qu'ils effectuent ces travaux ils ne se trouvent plus liés par aucun lien avec le patron et sont bien « des entrepreneurs ». Il n'y a donc pas d'application de la loi sur les accidents du travail; mais nous insistons sur ce point : le motif de cette exclusion, c'est que l'ouvrier traite directement avec le tiers et non le patron. C'est le tiers qui devient l'embaucheur.

L'emploi par ces ouvriers d'aides ou de sous-traitants ne modifie pas le caractère du contrat passé avec eux. S'ils embauchent, s'ils sous-traitent, c'est comme mandataires du patron. Ils ont été eux-mêmes embauchés, ils sont surveillés par le patron et effectuent un travail qui ne leur a pas été demandé personnellement. Ils restent donc des ouvriers. La loi s'applique.

La responsabilité des malfaçons qui incombent à des ouvriers n'est pas inconciliable avec le louage de services. A mesure que la responsabilité s'accroît, les salaires augmentent, mais le lien de subordination subsiste. C'est le patron qui a traité le marché avec un tiers, il ne peut dégager sa responsabilité patronale en mettant à la charge de son préposé certaines obligations. La loi s'applique encore.

Le droit qu'ont ces ouvriers de travailler pour d'autres entrepreneurs ne suffit pas non plus à les faire considérer eux-mêmes comme des entrepreneurs. Un ouvrier peut appartenir à tour de rôle à plusieurs entreprises.

Peu importe encore que ces ouvriers ne voient pas modifier

leur rémunération, qu'ils travaillent sur place ou au loin. Ils n'en restent pas moins des ouvriers.

A quelque point de vue que nous examinions le contrat envisagé qui ne pourrait, en raison du caractère d'ordre public de la loi, prévaloir contre cette dernière, nous ne trouvons pas que ces ouvriers monteurs aient le caractère d'entrepreneurs chaque fois du moins que le marché passé par le patron est exécuté sur les ordres de ce dernier, surveillé par lui, donc en définitive la responsabilité incombe au seul patron vis-à-vis des tiers, l'ouvrier ne courant aucun risque d'insolvabilité de ce dern'er, ne fournissant pas les matériaux.

Nous estimons en conséquence que les ouvriers dont il s'agit restent bénéficiaires de la loi de 1898.

Voici une réponse du ministre des Finances à une question écrite d'un député relative à l'application de l'impôt sur les bénéfices industriels et commerciaux aux tâcherons. Cette réponse a été publiée par le *Journal du Bâtiment et des Travaux publics* en date du 18 avril 1926 :

M. Couhé, député, demande à M. le ministre des Finances : 1° Si un ouvrier travaillant comme tâcheron, pour le compte d'un entrepreneur de bâtiments, avec des matières premières fournies exclusivement par ce dernier, et n'occupant qu'un compagnon, et, pendant six mois de l'année environ, un deuxième ouvrier (à l'exclusion d'un apprenti au-dessous de seize ans) doit être considéré comme un entrepreneur passible de l'impôt sur les bénéfices industriels et commerciaux; 2° Ou si cet ouvrier entre dans la catégorie des personnes assujetties à l'impôt sur les salaires, en vertu de l'article 10 de la loi des Finances du 30 juin 1923. (Question du 2 mars 1926).

Réponse : Pour bénéficier des avantages prévus en leur faveur par l'article 10 de la loi du 30 juin 1923, les façonniers et artisans doivent, aux termes mêmes de cet article, remplir, entre autres conditions, celle de ne pas utiliser le concours de plus d'un compagnon étranger à leur famille. Dès lors qu'il fait appel à une main-d'œuvre supplémentaire pendant une partie de l'année, le tâcheron en question ne se trouve plus dans les conditions exigées par la loi et il est susceptible, par suite, d'être assujetti à l'impôt sur les bénéfices industriels et commerciaux et à la taxe sur le chiffre d'affaires, suivant les règles du droit commun.

APPENDICE I

MODÈLE DE RÈGLEMENT GÉNÉRAL

pour les Marchés, Travaux, Essais et Réceptions et Installations

---

I. — EXECUTION DES TRAVAUX — DÉLAIS

1. Le constructeur n'est tenu de commencer les travaux qu'après la pose des parquets et l'achèvement des emplacements des appareils.

2. Les délais de livraison sont maintenus dans la limite du possible. Les retards ne peuvent, dans aucun cas, justifier l'annulation de la commande.

3. Dans le cas où un délai est fixé pour l'achèvement des travaux, le constructeur ne peut accepter d'amendes pour retards que s'il lui est alloué une prime équivalente pour avances.

4. Dans aucun cas l'amende ne peut être supérieure à 1 % du montant de la commande par semaine de retard sans pouvoir dépasser au total 15 % du montant des travaux.

5. Le constructeur est dégagé de tout engagement relatif au délai de livraison :

a) Dans le cas où les conditions de paiements n'ont pas été observées par le client ;

b) Dans le cas où il a été retardé par les autres corps d'état ;

c) Dans le cas de guerre, grève, empêchements de transports, incendie de tout ou partie du matériel.

Le constructeur doit, dans tous les cas, prévenir son client de ces incidents dès qu'il en a eu connaissance.

6. Si les travaux d'installation sont interrompus en dehors de la volonté du constructeur, il lui est alloué, à titre d'indemnité, le prix de quatre jours pour chaque ouvrier employé, plus les frais de voyage et déplacements.

7. Si au cours des travaux, ou pendant le délai de garantie, le client fait déposer les appareils pour peinture ou pour toute autre cause, les frais de dépose et de repose sont à sa charge.

8. Les devis remis ou les marchés sont limités aux fournitures expressément désignées et constituent un contrat de vente ferme.

9. *Les travaux supplémentaires, ainsi que les travaux d'entretien, font l'objet d'un devis ou sont réglés sur la série de la Chambre syndicale du Chauffage.*

10. Pour les travaux exécutés en province, les déplacements pour supplément de renseignements après conclusion d'une affaire, les frais de voyage pour assister aux rendez-vous autres que les déplacements prévus au forfait pour la conduite du chantier, les journées de chômage imposées aux ouvriers par le client, les frais d'octroi et les transports de marchandises et matériel de la gare d'arrivée à pied d'œuvre et retour sont payés par le client.

11. La peinture, les calorifuges, les percements, les fouilles, fosse : pour chaufferie, l'amenée de l'eau froide, l'évacuation des buées et du trop-plein; le terrasson sous les bâches et en général tous travaux appartenant aux autres corps d'état ne sont pas prévus au devis.

12. Les appareils ne peuvent être utilisés pour le séchage du bâtiment qu'après leur réception provisoire. Les frais de toute nature en résultant sont à la charge du client.

II. — ESSAIS — RECEPTION

13. *A la fin du montage et avant le départ des ouvriers, il est fait un essai d'étanchéité qui constitue la réception provisoire. La réception définitive est acquise de droit un an après la réception provisoire.*

14. A la mise en service des appareils, il pourra être procédé à une constatation contradictoire des températures obtenues, en présence du propriétaire et du constructeur, ou de leurs représentants. Dans ce cas, les frais de main-d'œuvre et déplacements seront à la charge du propriétaire. Tous les locaux de l'immeuble chauffé seront clos, secs, meublés et occupés suivant leur destination. Le chauffage aura fonctionné, portes et fenêtres closes, d'une façon continue, pendant un temps suffisant, variable suivant la température extérieure et la nature des locaux, pour établir le régime. Les locaux non chauffés adjacents à une pièce chauffée sont supposés etre à une température au moins égale à $+ 8°$.

15. Dans le cas où les essais auraient lieu avant l'occupation et l'aménagement des locaux, les températures promises seraient diminuées de *trois degrés.*

16. Les températures intérieures constatées seront celles prises au milieu des pièces à 1 m. 50 du sol. La température extérieure servant de base sera celle minima constatée officiellement dans la localité dans les vingt-quatre heures du jour des essais. Ceux-ci pourront être faits tant que la température extérieure minima officiellement constatée ne sera pas supérieure à $+ 5°$ centigrades ni inférieure de plus de $2°$ à la température minima prévue.

17. Si la température extérieure constatée officiellement est inférieure à celle prévue au marché, l'installation devra donner un demi-degré en moins par degré d'écart entre le minimum prévu et celui constaté.

18. Si la température minima extérieure constatée officiellement est supérieure à celle prévue au marché, l'installation devra donner un quart de degré en plus par degré d'écart entre le minimum constaté et celui prévu.

19. Si les conditions ci-dessus sont réalisées, l'installation sera considérée comme ayant rempli complétement les engagements relatifs aux températures.

20. L'eau et le charbon pour tous les essais seront fournis par le propriétaire et il ne sera employé pour les appareils que de l'anthracite de première qualité et de grosseur convenable.

21. Pendant la période de garantie, le propriétaire s'engage à faire faire l'entretien de ses appareils par le constructeur.

III. — PAIEMENTS

22. Les paiements sont faits en monnaie française et sans escompte: quatre dixièmes au commencement du montage; quatre dixièmes au cours des travaux; un dixième aussitôt l'essai d'étanchéité formant réception provisoire; un dixième trois mois après.

23. Si le constructeur accepte d'autres conditions de paiement, il compte dans son devis l'intérêt à 5 %.

24. Les termes de paiement ne peuvent être retardés par le client sous aucun prétexte.

25. Si le client suspend les travaux, les paiements des sommes dues sont exigibles par le constructeur au plus tard le jour où les travaux auraient dû être terminés et cela sans préjudice des indemnités dues pour arrêt de chantier.

26. Toute modification aux conditions de paiement doit, pour être valable, être acceptée par écrit par le constructeur.

IV. — RESPONSABILITÉ — GARANTIE

27. Le constructeur donne une garantie de bon fonctionnement d'un an et une garantie de six mois contre tout vice de construction et de matière à dater de l'essai d'étanchéité.

28. Cette garantie ne s'applique pas aux conséquences de l'usure normale telles que le remplacement des grilles ou barreaux de grilles, des tubes de chaudière, de ceux de niveau d'eau et des revêtements réfractaires ou autres des foyers, ni de celles qui pourraient résulter de la mauvaise conduite des appareils, et en particulier de non-observation des instructions spéciales remises par le constructeur, de la négligence du personnel, de la malveillance ou du fait des tiers.

29. La responsabilité du constructeur sera complètement dégagée si l'installation vient à être modifiée en dehors de lui ou si l'on en change les conditions de fonctionnement.

30. La responsabilité du constructeur étant strictement limitée à sa fourniture et à la réparation ou au remplacement pur et simple des pièces défectueuses, il n'accepte aucune autre responsabilité, ni réclamation pour dommages ou pertes causés directement ou indirectement au client. Il en est de même lorsque les modifications ou changements à faire par le constructeur, pendant le délai de garantie, entraînent un arrêt plus ou moins long du chauffage.

31. Dans le cas où, malgré les modifications apportées à l'installation, les résultats prévus ne sont pas atteints, et si le constructeur est contraint d'enlever ses appareils, il n'est tenu qu'au remboursement des acomptes reçus, sans aucune indemnité.

32. *La responsabilité en ce qui concerne les tuyaux de fumée utilisés pour les chaudières, est limitée aux indications fournies par le constructeur.*

33. Le constructeur ne peut donner aucune garantie de consommation de combustible, mais reste garant du rendement de la chaudière.

34. En cas de désaccord, les parties acceptent la juridiction du domicile du constructeur.

35. En cas d'urgence, les marchandises prises dans les magasins de Paris subiront une majoration de 5 %, et celles expédiées en grande vitesse la plus-value occasionnée par ce mode de transport.

36. Le client doit mettre à la disposition des ouvriers un local pouvant servir d'atelier, à défaut, l'aménagement d'un abri reste à sa charge.

APPENDICE II

CALCUL DE SURFACE, VOLUMES ET POIDS USUELS

Surfaces des tôles :

On obtient la surface d'une tôle rectangulaire en multipliant ses deux dimensions l'une par l'autre

La surface d'un disque de tôle s'obtient en multipliant le rayon par lui-même et le résultat par 3,1416. On peut également multiplier le diamètre par lui-même et par 0,7854.

Lorsqu'on veut calculer la surface d'un réservoir en vue de son calorifuge, il faut augmenter toutes les dimensions de 5 centimètres, car les spécialistes basent leurs estimations sur la surface extérieure du calorifuge terminé.

Volumes des réservoirs.

Pour obtenir le volume d'un réservoir, multiplier la surface de base (voir ci-dessus) par la hauteur.

Si l'on prend les dimensions en décimètres, on trouve le volume en décimètres cubes ou litres.

Poids.

On obtient le poids d'un corps en kilogrammes en multipliant son volume en décimètres cubes par sa densité (voir tableau, p. 96).

Le poids d'une tôle s'obtient immédiatement en kilogrammes en multipliant la surface extérieure exprimée en mètres carrés par l'épaisseur exprimée en millimètres et par 7,8 (densité de la tôle).

TABLE DES MATIÈRES

CHAPITRE IV

CHAUFFAGE A EAU CHAUDE DIT PAR THERMO-SIPHON.

CHAPITRE V

EXEMPLE DE RÉALISATION D'UNE INSTALLATION DE CHAUFFAGE A EAU CHAUDE PAR THERMO-SIPHON.

CHAPITRE VI

CAS PARTICULIERS ET SYSTÈMES SPÉCIAUX DE CHAUFFAGE A EAU CHAUDE.

CHAPITRE VII

CHAUFFAGE PAR LA VAPEUR A BASSE PRESSION.

CHAPITRE XI

DISTRIBUTIONS CENTRALES D'EAU CHAUDE.

CHAPITRE XII

MONTAGE.

TABLE DES TABLEAUX

Paris. — Imp. Paul Dupont (Cl.) 55.7.29